主编/张焕君

日月其迈
山西文化名人访谈录

执行主编/杨秋梅

科学出版社
北京

图书在版编目（CIP）数据

日月其迈：山西文化名人访谈录/张焕君主编. —北京：科学出版社，2016.2

ISBN 978-7-03-046336-4

Ⅰ.日… Ⅱ.①张… Ⅲ.①文化-名人-访问记-山西省-现代 Ⅳ.①K825.4

中国版本图书馆CIP数据核字（2015）第270052号

责任编辑：陈 亮 杨 静 / 责任校对：郑金红
责任印制：张 倩 / 封面设计：黄华斌
编辑部电话：010-64026975
E-mail：chenliang@mail.sciencep.com

科 学 出 版 社 出版
北京东黄城根北街16号
邮政编码：100717
http://www.sciencep.com

中国科学院印刷厂 印刷
科学出版社发行 各地新华书店经销
*

2016年2月第 一 版　开本：787×1092 1/16
2016年2月第一次印刷　印张：21
字数：338 000
定价：89.00元
（如有印装质量问题，我社负责调换）

日月其迈

陆忠民题

《山右文库》总序

山右便是山西。明清二代，定都北京，太行山如华北之脊，分断东西，京津冀之外，山东为左，山西为右，乃是膏腴福地，京畿屏障。上溯至三代汉唐，始有唐尧定鼎陶寺，继而三晋图霸称强，汾渭之畔，沃野千里，十三朝西安得以雄立，河东始终乃紧要大郡。故有表里河山之美誉，人杰地灵，无时或辍。

风流自古难聚易消。尧都平阳，舜耕历山，选贤举能，天下辑睦，固然早已成为文人儒士口中的常谈。百五十年间，晋国称霸中原，襄扶周室，戈矛剑盾，公筵赋诗，也已是千古绝响，人间罕闻。汉唐而下，名人胜流，难以枚举。卫霍子弟尚武，河东旧族右文，终于成就汉武帝一世英名，万里拓土；大唐诗坛的半壁河山，同辉日月。西河遗教，时闻涑水之上；雁门雄关，又见晋商足迹。大槐树上，乌鸦盘旋，百万移民遍布南北诸省；模范省份，六政三事，南北同蒲成就一时翘楚。

人过留名，雁过留声。繁华纵可失去，但叶落归根，终能肥美地力，滋育后人。三晋大地，历史文化遗存深厚异常，时时令人瞠目结舌。自北而南，汉魏碑碣，唐宋寺观，辽金壁画，元明戏台，星罗棋布，保存完好。祠庙香会，社火戏剧，所在多有；婚丧嫁娶，四时祭祀，略存古礼。行脚之处，或可税驾古村落，风物静美；晋商大院，亦可息肩小书墅，诗书怡情。山右多贤良，原不必忠烈祠边凭吊，古书堆中翻检，偶经寻常巷陌，亦见风教翕然。

文库之编撰，起意在壬辰之年（2012）。是年，偶得机缘，一群人志同道合，接手《山西档案》，尝试用"大档案"视角，走出档案办档案，加大对历史、文化领域的研究力度。为此，创设了《人物档案》、《壁画档案》、《古风晋韵》等栏目，走乡穿野，寻访古迹遗珍，叩门入户，遍访三晋贤士。目的十分简单，就是让原本来自民间的档案脱离神秘，回归民间，再现活力。大而言之，借助先贤留下的文化档案，民族之根得以舒展、延伸，地方记忆得以复活、保存，文化传承因此有脉络可循，民族精神借此可发掘提升。

"飞龙在天，利见大人"，语出《易经》。又云："同声相应，同气相求，云从龙，风从虎。"敢于承担，勇于创新，就能得道多助，友朋云集。倘若欣逢盛世，更能风生水起，飞龙在天，成就一番绝大事业。无需辗转反侧，何必阔论高谈，父母桑梓之地，华夏文明之源，表里山河，瑰宝无限。只要能意诚心正，步步追寻，或亲临现场，登门拜谒；或细心探索，考证发掘。追索来龙去脉，展现真实生活，无论距离千年百年，心同理同，如万世一系，如扪镜自览。社会百态得以呈现，文化血脉因此承传。

岁月轮回，逝者如水。三年之间，同道十余人，谋定后动，不甘僵化浮泛，不畏青涩手生，尝试同仁办刊，力求触碰真实。精诚所至，幸得不辱使命。一年六期，如同无中生有，聚沙成塔。时而独守青灯，披阅文献；时而聚首陋室，热烈讨论；有时奔波于道路，扫描拓印；有时倦极而求闲，酒肴蒸腾。闹市寻隐，聆听希声之言；深山问路，侍坐乌茇之畔。四季熙攘，无涉名利，同道之谊，固然铭刻五内，而能时时得到师友教正，更增豪情逸兴。标举"大档案"之理念，牵涉众多，壁画寺观，戏台古建，档案卷宗，考古发现，皆在其选。如此改弦更张，而能谬承方家赐稿，读者订阅，其中深情厚意，心中岂无感念？

言及文化，总会提到国运。以今日之平和视野来看，当今中国，否极泰来，国运舒张，四海昇平，百年屈辱，一扫而空，文化发展，自然亟需提上日程。不过就事论事，还需有所区分。对于拥有五千年灿烂文明的中国而言，在经历过欧风美雨的百年吹袭之后，所谓文化早已斑驳陆离，传统与现代、自生与舶来、城市与乡村，掺和混搭，难分彼此，面目不清，主体不明。同一块神州大地，中外古今，杂彩纷呈，貌似丰富，实则飘零。割断与文化母体的联系，便如同悬浮半空的巨人，飘荡摇摆，无所归依。同样，无视现代文明的特征，一味沉溺于传统社会中的青灯古卷、宁静田园，又不免与世隔绝，食古不化。为此，就需要明确：唯有继承，才能发展；欲求发展，必先兼容。所谓继承，举凡我中华大地，天南地北，无论是儒法释道，四书五经，抑或是残碑断碣，竹帛钟鼎，只要能体现我民族之根、国人之魂者，皆需认真梳理，仔细研究，激活潜力，抉发生机。所谓兼容，在明体用，本体不明，遑论包容？欲明本体，既需游心传统，去粗存精，亦须骋目域外，采择琼英。如果我们相信，一个历史悠久的民族，曾经创造出辉煌的文明、优雅的艺术、诗意的生活、深邃的思想，产生过先秦诸子、孔孟之道、李杜诗篇、魏晋风度，必定有其内在的生存价值，有其符合天理人道的天然逻辑，那么在实现传统文化的现代转化过程中，在拔剑四顾寻找伴随现代化而来的文化乡愁时，我们就可以眼明心亮，气量恢弘。虽然不免探索的艰辛，但言谈举止间，就可以多些自信，有自己独特的精气神，民族文化的发展与繁荣，才能更有张力，更为从容。

人在途中。茅店月小，板桥霜浓。前路正远，栉风沐雨，仍需奋力前行。动极思静，歇足逆旅，先操刀锥之功。身形一旦停顿，三年来所思所见，铺陈在这般神秀河山间，草蛇灰线，蜿蜒而动，勾连出千年来勾魂摄魄的雕梁画栋，彩袖殷勤。吕梁巍巍，太行浩荡，多少人物辉映其中，吴带当风，庙貌雄浑，山川为之增色，生命因其恢宏。铺纸磨墨，莫停留！记录中传承，反思中延伸，历史从来不离人性，书写岂能缺少温情？

《山右文库》第一辑由此面世，分为壁画、人物、历史三卷。需要说明的是，人物卷中钱存训先生一篇，乃国家图书馆林世田先生赴美访谈所得，文中按语及注释则为编者所加。钱先生并非晋人，一生也未在山西做事，收入书中难免有自坏体例之嫌，但有感于钱先生保存文化命脉之功，更动心于彼时文人之遭际与情怀，还是破例收入，并向慨然惠赐的林先生三致谢意。在文库的整理、编写过程中，又得到山西师范大学、壁画艺术博物馆、山西省档案局、山西师范大学现代文理学院等单位的大力支持，以及山西师范大学历史学院同仁的鼎力协助，在此一并致谢。

是为序。

张焕君

乙未仲秋上浣谷旦书于平阳默庐

序　言

十几年前，负笈京师，听老师讲思想史，说盛世平庸，多无思想。初时听来，并无多虑，觉得其中或许有深意，但是书生闲谈，充其量也就是一得之见。返乡糊口，七八年来，心态已非当年，江湖夜雨，秉烛而游，多见奇形异状，妖冶成群，迥非白日所见。等而上者，盛称门第，不是出身一流名校，便是诞育上流家庭，矜持能作大言，开口不离先进。西学中学，俨然贯通，儒道耶佛，十分亲近。无需体用之辨，大道缝补而成。偏能灵珠在握，挟势宣讲似真。等而下者，凡所谋划，不离糊口之术，唱念做打，皆为利禄之门。高台上，视之巍巍然，冠盖辐辏，气象庄严。无人处，精打小算盘，加减乘除，计算精确。常夸雄文见于名刊，又获大奖若干，官家筵上之宾，领导手边骨干。国运何以转势，民生何以愁苦，关卿底事？自当另有人念。精神何以独立，思想何以自由，何必较真？不过是故老相传。吮毫泼墨，下笔千言，高者志在帝王师，乘势而为，风光无限，人生得意须尽欢；卑者亦擅名利场，苟且钻营，言不由衷，孔方自能解风情。是以，虽年年有煌煌巨著盈眼，却因少了关怀，多了私念，言者虽谆谆，听者却藐藐，世间遂多理想王国，特色争辩，看似十分喧嚣热烈，却无半分中正刚健。人云亦云，随波逐流，有大佬可依附，得资源而自雄，思想本非追求所在，信念更是痴人说梦。谓之平庸，岂是恶评？

盛世既多平庸，遭逢纷纭乱世，又当如何？倘若不论乱世人命贱如草，兵燹盗匪，天灾人祸，但从思想而论，检之过往史籍，倒也值得一说。春秋战国，礼坏乐崩，王纲解纽，庶人议政，才有了活力四射的士人阶层，异说蜂起，百家争鸣。两汉大一统之后，党锢之禁才除，玄学新论已起。王事鞅掌，皆是身外之物；言意有无，则见心性之明。家国君父，孝先于忠，家园乃是立身之本；卿卿我我，情重于理，圣人不免于有情。风流所及，王子猷雪夜访戴；临危能静，嵇叔夜目送归鸿。正始开其端，竹林可聆清论；元康承其绪，南渡犹见玄风。清季民初，西风东渐，除旧布新。帝制之敝冠已弃，民主之大业未成。在朝者无绝对之权威，在野者有放言之自由。大江南北，学堂遍地，名师辈出。言论不必全出三民主义，教材可为深思之心得。草创之际，依样葫芦，粗陋在所难免；立论之时，借力打力，意在针砭时弊。战乱连年，内忧外患，既有恒心，何虑恒产？高轩华宅，不足以喜；藜藿短褐，不足以忧。思接千载，视通万里，视官威为淫滥，振人心于眼前。著书立说，阐扬独立自由之精神；投身实务，揭橥书生救国之赤诚。情之所钟，非声色犬马；心之所系，乃士气国运。惟其如此，方能顶天立地，取义成仁，如狮子吼，发黄钟声。

逝者已矣。书帛虽在，斯人难存。更何况百年累积，泥沙俱下，瓦釜也可作雷鸣，尤须火眼金睛，披沙沥金。威权从未绝迹，祸乱犹在人心。翻检断烂朝报，谀词攀龙颂圣。曲学阿世之徒，多如过江之鲫。敷衍做事，苟且做人，以平庸为神圣，视谄媚作忠诚。一统之下，双重标准，人格易分裂，独立成奢谈。偶尔心头愤恨，所谓"正说"，泛滥若此，倘能再燃一把秦火，哗啦啦烧个干净，倒也落得神清气爽，耳目清静。

于是掉头去，不顾功与名。弹指四年，埋首道路，有心侍坐于村老之侧，无暇理会得大师之言。思想云云，已是昨日之幻念；行事历历，反见君子之有恒。同道二三子，不惮寒暑，无分城乡，寻访不遇之隐士，拜谒经霜之老者。惊马凌空，犹忆当年青春浴火，须发尽张；霜冷板桥，念及此生颠沛流离，心绪难平。抚卷读旧文，踔厉奋发之气，偶见眉梢；倚杖谈晚景，渔歌莲叶之间，触手江湖。或因革命而入仕，历居显要，不失本心；或缘鼎革以僻居，多经沉浮，情怀弥现。或治经史之学，或擅笔墨之功，或通音律而抚琴，或精武术而沉静。所业或有不同，成就亦有高低，然心志笃定，情怀真诚，忧绝学之不传，叹人生而多艰，则仿佛相似。阅历既丰，心智愈明，中行倘不可得，狂狷亦可为之。狂者进取，狷者有所不为，修身以敬，待人以诚，新以为进，旧以为守，天下有道则见，无道则隐，富润屋，德润身，学与养合，心随事明。聆教既多，受益匪浅。世间早无圣人，原不必奢求久远之论。从来是上有所好，下必甚焉。不过古人活得讲究，大而言之，礼义廉耻，国之四维，不迷信，不盲从，能慎独，能笃行，虽有专制暴政，奈何我挂冠而去，人如飘萍？是以多能保全性情之真。有斯人也，饱经沧桑，观其言，察其行，犹见旧时风骨，流风余韵。

楚材晋用，其道斯文。山西地居两京之间，向为京畿腹地。抗战军兴，更成华北抗战中心。二战区背靠黄河，坐西面东；八路军屯驻太行，可退可进。当时热血青年，纷纷投笔从戎。战旗猎猎挥舞，成就多少英雄。战后改造建设，马放南山，屡经蹉跎，"拨乱反正"，人心思治，始得太平。其中曲折荣辱，非亲历之人难以言说。到今日，愤慨或已不显，思考仍在纠缠。三千年故国神州，百年来立新破旧，虽有劫运之说，根源何在？其间起承转合，又当何以解说？乡邦自古难离，父母桑梓，乡音饮食，皆能勾动回忆，唤起乡愁。段义孚先生曾有"地方感"一说，谓其乃人与地方互动之物，予人以安全感与归属感，可建构身份，亦可形成地方认同。四年行走于三晋乡野，对此深有同感。家国之思，家为实，重血缘，国为虚，重义理，由实入虚，情感得以扩展，文化因此延伸。为国舍家，如非应时之举，则是别有用心。时有艰难，国有厄运，好男儿自当奋起，舍生成仁。用严刑酷法，搞帝王崇拜，用心之处，如同当年秦政。能记录一地之人，视其所以，观其所由，察其所安，便是一地之人文，思想历历在目，精神寓含其中。神气宛然，风骨清凛，佛在此中，何需外求？

本书所录人物，刊于《山西档案》2012—2014年，收入之时，依据原刊先后次序，并遵照出版社要求，对部分内容、图片或删节或调整。书生谠言，古称清论，《春秋》大义，曲笔以寻。倘有雅趣，可寻原刊对证。十八人中，已有三人辞世，风雨苍黄，老成凋谢，令人感伤。然心事俱在，神思清明，有心之人，扪卷而问，犹可睹焉。

是为序。

张焕君

乙未葭月望日识于平阳默庐

目　录

《山右文库》总序

序言

河汾古刹毓神秀　丹壁无声待后人——柴泽俊先生访谈录……001

有为有守　泽被三晋——姚奠中先生访谈录……016

书生未解登临意　戏语从容意转沉——张颔先生访谈录……028

心怀现实　放眼历史——林鹏先生访谈录……047

梅骨多清峻　大气自纵横——赵梅生先生访谈录……068

雕虫自娱治碎瓦　正道平流茹素心——水既生先生访谈录……086

黄衫褪去，阑干拍遍，谩说笔墨无虬髯——侯恺先生访谈录……106

世事沧桑心事定　胸中海岳梦中飞——王镛先生访谈录……118

乐观看世界　大道可通天——皇甫束玉先生访谈录……131

书于竹帛仁者寿　光裕后昆烈士风——钱存训先生访谈录……150

今逢四海为家日　故垒萧萧芦荻秋——芦荻先生访谈录……164

乱石未迷归山眼　疏枝凌空适可依——李零先生访谈录……181

五音六律十三徽　龙吟鹤响思庖羲——李庆中先生访谈录……203

征程不歇鞍　犹发少年狂——顾棣先生访谈录……226

块然独立能陆沉　山人泼墨尚萧森——陆贤能先生访谈录……241

谁知燕赵悲歌士　多在鱼盐版筑中——宋光华先生访谈录……263

遗山诗教甘豹隐　书画余事爱林泉——陈巨锁先生访谈录……283

秋蝉盈耳桐叶落　汾水无声拥雪翁——陶富海先生访谈录……304

河汾古刹毓神秀　丹壁无声待后人
——柴泽俊先生访谈录

被采访人： 柴泽俊（简称柴）
采 访 人： 张焕君（简称张）　王杰瑜（简称王）
录音整理： 李淑芳
执 笔 人： 张焕君

2011年12月，我们采访了我国著名古建筑专家柴泽俊先生。柴先生从事古建筑及地上文物的考察、研究和保护工作已有50多年，实地勘察和研究过上千座古建筑实例，对古建筑的类型、构造特征及其内部的壁画、塑像等艺术内容都非常熟悉，参加主持、指导和修缮了芮城永乐宫、五台山南禅寺、太原晋祠圣母殿等百余处古建筑文物，是享受国家津贴的专家，两次被评为优秀专家，获全国科技奖、省科技奖、优秀论文奖8项。

采访时，特邀太原师范学院历史系副主任王杰瑜博士同行。王先生精擅历史地理之学，尤其钟情于山西文物与地理沿革，使访谈增色不少。采访结束后，录音稿由山西师范大学历史学院李淑芳女士整理，一并致以谢意。

张： 柴先生您好，非常钦慕您在山西壁画及文物保护方面取得的成就。您对山西壁画、古建筑做了那么多贡献。我以前不懂，现在买了一堆相关的著作想从头学起。在您的书中，也透露出这么好的东西没有人重视，没有人研究，这的确也是令我们感到遗憾的。

柴： 是的。大家都说对壁画这个东西没办法摸，不知道是什么内容，说不清楚。一些大专院校的教授也说讲课的时候都在回避，很多时候含蓄地一笔就带过去了，不好说。

张： 我们就是想结合《山西档案》这个刊物把档案的范围扩大，不能只

▲ 图1 张焕君主编、柴泽俊先生、王杰瑜先生（从左到右）在柴泽俊先生家中采访

局限于档案系统的档案，壁画、古迹、彩塑，这些也都是咱们的文化档案。

王：山西纸质档案留下的就是明清以来的档案，但这些档案据说阎锡山撤离太原时烧了三天三夜，已经所剩无几；明清以前的档案就是柴老说的古祠、古建、壁画，壁画就是档案。

柴：这个事情我鼓励你们去办。可以先搞一个山西壁画展。如果这个事情办成的话，外省要紧的一些壁画也搞成。中国壁画展览馆搞到太原这就是你们的本事。先搞寺观壁画，再把敦煌搞上去，石窟搞上一小部分，这就是中国壁画展览馆，而不是寺观壁画展览馆，连墓葬也搞上去，就是中国古代壁画展览馆，那就是一生办成的一件事。

王：《山西档案》这个刊物就是为这个工作做准备的。

柴：要用雄心壮志把它搞成。一生干成一件事，死可瞑目，否则只是吃吃喝喝，人生又有什么意思。

王：现在用两年多的时间，把佛光寺的、大云院的、开化寺的、应县木塔的、崇福寺的、岩山寺的、永乐宫的、青龙寺的、广胜寺的、稷益庙的、圣母庙的壁画全部扫描完了，建立了数据库。

柴：稷益庙画的比圣母庙还好，确实好。明代的壁画画成那种程度很难。河北石家庄的毗卢寺比稷益庙差多了。

王：全国明代壁画留下的多不多？

柴：明代还差不多，正定也有。明代壁画还不少，但是相比之下精品不是很多，包括大佛寺的壁画也不是那么精彩。明代稷益庙不管是人物形象还是内容都很好。

张：现在有个问题就是西壁有脱落，泥皮已经起来了。

柴：保护很重要。姜嫄点播的第一颗种子，伯益种的第一颗种子就在稷益庙壁画上有反映。还有很多东西比如烧荒，古代野兽很多，老虎、蛇都会干扰人们的经济生活，只有烧荒后才能耕种，这些活动在壁画中都有反映。

王：华严寺墙皮里面发现了壁画？

柴：是善化寺。善化寺后殿原就有画，原来修的时候，墙没有垒起来的时候就有。

王：1994年维修的善化寺，那是明代的吧？

柴：清代的，大概是康熙年间的。明代的画底，清代重描，有清代题记。还有好多画没有清理出来，平遥的慈祥寺有金代壁画，冀郭村有元代的壁画，长治南宋村五凤楼后土庙也有元代壁画。搞起这个寺观壁画，把这个东西摆出来，谁看了谁都会说好。我年轻的时候陪彭德怀看晋祠。彭德怀说："大家都不要掉队。"看完了一圈还说："咱的人都在吧？没有人掉队吧？刚才参观期间我说的好或不好都不算数。"朱德则把话说得很透。他看了四个小时，看得很细致，看的时候一声不吭，你说话的时候就点一点头。最后我们叫他题字。二位在文物保护上都非常积极。

王：您身体怎么样？

柴：颈椎有问题，不能低下头。积极锻炼，尽量活动吧。我认为做文物保护不一定要写多大的论述，要把实实在在的东西留下来，虚夸的不要。20年以后你把资料分类成册展览，壁画、寺观、风俗、神庙，包括关帝庙、墓葬，现代的、古代的，包括民国年间留下的东西；把它们一类一类、一项一项分开，组织几个编辑把它分类成册出版，这是一件好事，不过太费精力。

张：中央开会要文化大发展，大家很受鼓舞。山西也有走西口文化、晋商文化，而在古建筑方面，山西也是独具特色的。我们借助这样的发展环境，想要做好，让更多的人了解壁画。以前画册只有美术系的学生看，但他们从他们专业的角度去看，对画的内容不懂，背景也不懂。

柴：对，那些教授们就说过让他们提意见，他们只能讲线条流畅，造型逼真，画的什么东西不知道，什么时代的也不清楚。所以我试探着把山西寺观壁画的内容说说，不然大家都不知道是什么东西。

王：对文化产业要做深入细致的研究。您可以写一些关于壁画的东西。

柴：我在《修缮文集》上有一篇专门讲壁画的东西，题目叫《山西寺观壁画的艺术成就》。把壁画的内容说清楚太难了，光是翻阅佛经就很累人。

张：有教授写了一部书，专门研究晋南壁画群，谈到了现在收藏在美国的广胜寺壁画，这些壁画都是金元时期的，他的思路和您就比较接近。广胜寺壁画被揭走了，卖了，有一部分在美国、在加拿大。关于壁画的内容，这位教授说主佛是药师佛，为什么是药师佛呢？东壁、西壁，还有什么佛呢？他分析这是元大德七年（1303）地震之后修了好几次，修了以后余震又塌了，一直从1306修到1315年，当地瘟疫流行，但人们还是坚持不断地修。在那个时候这几尊佛就有特殊的含义，它实际上跟佛经有关系，但跟佛经又不

▲ 图2 汾阳圣母庙明代壁画

一样，反映了人们的一种需求，人在那种环境中的需求。

柴：是的。

王：听说华严寺盖了一个七开间的仿金代的建筑，满壁的壁画。

柴：那房子本身盖的就没有考究。

王：那么大，超过了大雄宝殿。

柴：故宫有哪个建筑超过太和殿？佛寺也没有哪个建筑能超过大雄宝殿。

王：七开间，超过了大雄宝殿，门口还弄了钟楼和鼓楼，我觉得也不对。

柴：当然。辽代就没有钟鼓楼。钟鼓楼是宋代以后才有的，宋代建筑从来都没有。山西保存下来的最早的钟鼓楼是天镇县的慈云寺，是元代的，没有比这更早的。

王：元代就是最早的了？

柴：山西现在见到的就是这样。你在宋代壁画比如开化寺壁画上见到钟鼓楼了吗？

王：那岩山寺壁画上有没有？

柴：没有啊。

王：慈云寺壁画上有没有？

柴：后来有没有重画过我不知道。你是不是弄的第三次文物普查的资料？它把很多现代的壁画也包括进去了。

王：现在文物普查为了增加地点，一个地方拆成两处。

柴：我很不赞成这样做。

王：现在社会"大跃进"，文物也在"大跃进"。

柴：不是"大跃进"，是在吹牛。"大跃进"宣传亩[1]产玉米3万斤[2]，亩产红薯10万斤。我算了算，把玉米搁在地里铺10厘米厚铺1亩地都不一定够1万斤。红薯垒在地里垒30厘米够不够10万斤？我很不赞成这样做，尤其是做

注释：

① 1亩≈666.7平方米。

② 1斤=500克。

学问的人。我经常和国外一些学者进行壁画和古建筑保护方面的交流。美国的、英国的、加拿大的学者都曾经专程来拜访我。

王：因为您已经是古建筑方面的名人了。

柴：呵呵，自己从没有把自己看成名人。

王：实事求是地说，在文化系统真正进行思考的人并不多，您绝对是思考最深入的人。

张：柴老师这么多地方都跑过了，很多古建筑都摸过了，有这种经历的恐怕找不出第二个人来。

柴：我准备这几年如果精神允许的话写一本《山西古建筑文化》。

王：谈美学吗？

柴：不一定谈美学，实际上是社会文化。

张：和历史恐怕是有些结合。

柴：我是想有些结合，但也不完全，想从社会文化的角度。我前边写了

▲ 图3　新绛稷益庙明代壁画

些山西古建筑的概况，简单把各个时期建筑的精华罗列一下，精华部分说得细一些，比如说广胜寺，我有意识地把它作为元代建筑的代表；永乐宫，也作为元代建筑的代表。宋、辽、金和明、清概况写了1万来字。另外一个我想写建筑文化，不要从建筑技术的角度，而单从文化的角度，比如说选择地点，就有风水学，朝南还是朝北，大门向哪个方向开，也是风水学。不要把风水学都忘了；造型有造型文化，什么形象的喜欢，什么形象为什么不喜欢，这就是造型文化；它的结构和力学功能，也不要从计算上说，比如应县木塔，它的结构式是里面一圈柱子，外面一圈柱子，用梁把它们连接在一起，这就是最早的套筒式结构。里面一个筒，外面一个筒，套在一起，这种结构现在还是高层建筑的科学尖端，实际上在1000年前，木结构的套筒式结构在中国早已形成了，现在也还存在。

▲ 图4　2001年8月晋东南古建勘察现场

王：应县木塔就是一个实例。

柴：所以从文化的角度，而不是从科学的角度和技术的角度，从建筑文化的角度来谈这个问题。

王：到了您这种阶段，才能思考这些问题、看这些问题了。

柴：再一个像传统文化，写一两万字，谈谈风水学、宗教建筑、宗教学等内容，比如佛教的原意是什么，道教的原意是什么，儒教是什么；宗教建筑，比如塑像壁画，其中的艺术成就和文化是紧紧联系在一起的。你不要光说是什么造型，它的文化成就是什么，而是更要关注它的塑画文化，塑像和壁画的文化，历代有什么信息留下来，比如说地震、战争在建筑上有什么反映。

王：我们办的是档案，您说的这个就是档案。古建筑里就蕴含了地震学的档案，比如自然灾害史、水灾、旱灾，在这个里面都可以得到体现。

柴：对的。有人说你要修元代建筑，但维修的时候把当时的大梁什么的都改变了,那是不行的。因为元朝弯曲的大梁是当时社会经济贫乏的反映,因为经济贫乏,所以随便用块木头作为大梁就用上了。为什么唐代、宋代就整整齐齐,为什么元代这样?元朝光顾打仗了,就没有钱弄。如果把它换成直的,这个信息就没有了。我把文化这个东西思索了一年,最后想写一篇保护古建筑文化的文章,比如如何保护,注意哪些问题等。

张:对。

柴:应注意哪些问题?比如故官,故官油漆彩画,可以贴金,可以描龙绣凤,可以油漆成崭新崭新,什么道理?权力还是宰相府,富贵还是帝王家。帝王家的荣华富贵表现在留下的建筑上的就是金碧辉煌。金碧辉煌就是故官的原貌,不金碧辉煌就不是故官的原貌。但其他的寺庙你想搞成故官一样的你就叫犯上,在旧社会你欺压帝王,那叫犯罪。如果你连文化都不保护那就是胡闹,那是文盲。我主张把有些东西明确一下,不明确就会胡修。中国传统建筑研究会在山西开个会,要我发言,我就说了古建筑修缮的观点:一般的古建筑不要油漆成明光锃亮的,没意思。以前修完晋祠,市委书记曾经说过花了那么多钱,怎么和没修一样。国家文物局局长说这就对了,他说你觉得你的评价是贬低的,但我觉得这是最高的。维修古建筑的最高评价就是和没修一样。能达到这种程度的专家实在不多。

王:是啊,全国大型的建筑绝对离不开人才。柴老曾经是布达拉宫专家组的组长。

柴:折腾了几十年。

王:那不叫折腾,那是对专业的专注,值得后来的年轻人学习。

王:关于古建筑的文化价值的研究太少了,文物系统还没人思考这个问题。比如您说的地质文化的信息,包括自然灾害的信息、能反映当时经济社会状况的信息;比如元代的建筑构件比较粗[①],弯弯曲曲,就反映出元朝的特点,这不仅仅是个审美取向问题。

注释:

① 构件:构成建筑物的各个要素。建筑物当中的构件主要有:楼(屋)面、墙体、柱子、基础等。

柴：对，这就是古建筑上的信息文化，从信息能看到某种文化现象。比如说天龙山石窟，修复几个可以，但是我不主张全部修复，因为现在的天龙山石窟是帝国主义时期、半封建半殖民地的中国，美国、日本盗窃了那么多文物留下的痕迹。大家看到后就会产生对帝国主义的憎恨、对国家无能的悲伤，从而激起我们的民族感情。你都把它修好了，抹掉了，它就失去了原来的意义。

张：它本身也已经成为历史，成为档案。历史本身分很多个层面。

柴：我觉得有些东西是一种信息文化，它比这些文字可靠得多，准确得很。

张：我觉得把建筑和文化联系起来非常有价值，不是孤立地研究。研究壁画就不仅是研究它的画法，而是和当时的社会背景联系起来，和审美观、社会心理等联系起来。有很多领域是空白的，需要我们捕捉。

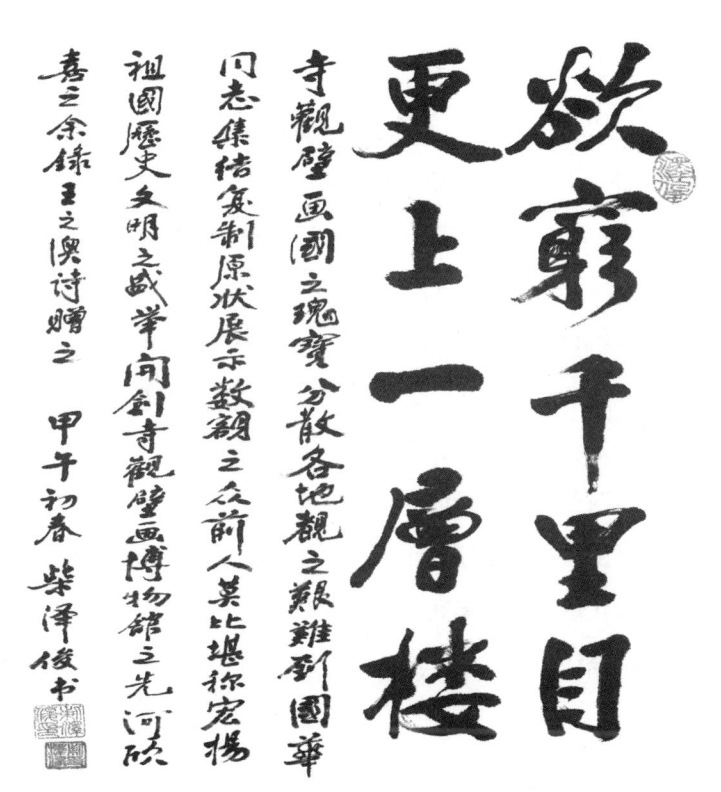

▲ 图5　柴泽俊书法

王：实际上您很多部书中都谈到过这个内容，需要把它系统地总结出来。

柴：有几个上海佛学院的大和尚来山西看双塔寺，说双塔寺弥陀佛站像居中、释迦在左、药师佛在右，是不懂佛教的人随意的摆放方法，是很令佛教徒反感的。实际上释迦佛在旁边的情况也有很多，双塔寺是净土宗寺庙，弥陀佛就应居中，没什么奇怪的。我在中国古代彩塑壁画中专门论述了双塔寺佛像的移位问题。弥陀佛放在前面的例子，不仅一个，双林寺也有，玄中寺也是，大同华严寺、崇福寺、长子的崇庆寺，都是在释迦前面安放弥陀佛像。但在佛经中一直找不到这样摆放的原因。1977年我第三次陪赵老①的时候，专门请教了赵老。赵老说净土宗在明代最为盛行，因为净土宗念阿弥陀佛就可以成佛，不需要再修行，不需要坐禅，也不需要从小学佛，只要你放下屠刀，一心向善，念阿弥陀佛就可以到极乐世界，而且可以接引你到极乐世界成佛，死后不到阴曹地府，不入六道轮回，所以大家都信净土宗，信净土宗的人很多。正因为大家都信净土宗，布施的人很多，和尚也很多，所以立了站像阿弥陀佛，释迦摆放在左，药师佛在右。有的相反。这是净土宗一度被中国人奉为最灵验也是世界上的人都能学成的宗派的反映。华严宗要背，禅宗要坐禅，而净土宗只要一心念阿弥陀佛就成佛了，因此一度盛行于全国，南北都是，这是净土宗盛行的产物，是历史现象。其实人人都可能知道的比我们还详细，所以要说就一定要说得准准确确的。

张：是的。

柴：以前我给戏校的学生讲舞台，哪处元代舞台有题记，在什么地方有题记，哪处舞台是什么时代的，造型是什么，结构是什么，都要说得清清楚楚，而且不仅有时代特点，最好能找到文字根据。元代早期的舞台都是三面围观，后来舞台围墙砌起来还有印记。记住，看东西一定要真实。早期的舞台是三面观，元代后期至正年间才成了一面观。金代后期两面有了墙，是只有后面的墙，前墙还是三面空，这就是舞厅，和亭子一样，大家从哪个角度

注释：

① 赵朴初（1907—2000），安徽太湖人，著名佛学家、社会活动家、书法家，中国佛教协会原会长。

都可以看。所以对这个事情必须进行认真的思考。不管是侯马的金墓还是临汾的舞台，王曲的舞台，我特意把做了墙和后来砌的墙的砖缝都照了相，现在三面墙都砌起来了。

王：柴先生你觉得出现这种情况是什么原因？是思考不深入？认识不透？

柴：不研究，原状是什么样不知道。所以我准备写山西古建筑文化的时候写一篇一两万字的文章谈保护古建筑文化。首先要认识，其次要保护，不是保护某一根柱子、某一根梁，而是整个形状、整个布局、整个内容、整个文化。不要把弯梁改成直的，觉得换成了好材料就好。你觉得做好了，但我觉得做坏了。

王：这就是您提出的古建筑维修"修旧如旧"的观点。

柴：是的，这个问题要从文化的角度对待它。比如修魏村戏台的时候，他们把门脸改成了洋式的，用了水泥，原来的椽子都锯断了，三面墙都砌起来了。我把它扒了看，后面的墙是有基础做起来的，前面的墙是在戏台上墁了砖做的，就没有基础，是后加的。临汾王曲戏台的抱厦是1958年加的，仿清代的，把原来的都挡住了，这样就无法保留历史信息。但不分优劣、不分是糟粕还是精华、不论对文物有无妨碍作用，一味保留也没有意义。比如喂饲料的牲口槽你保留不保留，地震棚搭在戏台上你保留不保留？1954年以前佛光寺全部是群众住。文殊殿是粮仓，放粮食的地方；窑洞就是牲口圈，喂牲口的地方；两边厢房群众住，保留还是不保留？保留吧。那也是一段历史。

▲ 图6 2001年，柴泽俊、日本铃木嘉吉、罗哲文（从左到右）现场研究木塔保护方案

王：但都保留就成了大杂烩。

张：戏台有戏台的功能。

柴：信息应该是有益的、有价值的信息，如果不分优劣，全部保留，那就成了无知。要认真琢磨、认真研究，比如说留白，意大利洋灰柱子、凯旋门柱子维修的时候，的确留一块白，但并不是都这样。我看了那么多的罗马遗址的修复，绝大部分都是修旧如旧，达到以假乱真的程度，看不出修的痕迹，只有极个别地方留白。如果中国所有的构件都留白，比如说万荣的飞云楼，至少缺了的小斗不下200个，全部留白，那就成了白斗啦；房上的瓦，全部换成白瓦，那就不成样子了。首先，按照各国的国情执行，如果连国家的文化都不懂，那么留白留红毫无价值。我们的做法是支撑的构件一定要和原构件有区别，后人添加的构件也不可能和原来的一样，更换原有构件应该有所标识。凡是更换的构件大构件10米以外看见是一样的，近处看还是有差别；小构件3米、5米之内能看见，8米、10米以外看不出来，这些东西都必须严格记录在修缮档案上。其次，凡是更换的大构件必要的时候可以挂个牌。这个柱子是更换过了，但不要别的都是红的，你把它却刷成白的。我觉得任何道理都要经过认真对比、反复思考，认真对比后根据中国的文化传统、根据国际的可能做应对。比如说国外，在欧洲，石头建筑、砖建筑、泥建筑会维修，但如果说中国的木雕坏了就让它坏着，这就是胡说。外国有外国的传统，中国有中国的传统。我到了意大利拿回一块公元前4世纪的砖，非常坚硬，而中国的砖也不是200年、300年就不行了，解州关帝庙，那是盐碱地碱得不行了。各国有各国的传统。

王：是个方法的问题。

柴：看国际上，有些是实用，但不要机械地搬用，要认真地和中国的传统相结合。还有我在保护古建筑文化时想讲的是不要把历史的东西看成落后的、过时的、无用的，一律抛弃。比如说，打灰土，房基下打灰土，很简单，白灰泼上水，粉成粉末，过了细筛子拌上黄土，黄土过了细筛子，拌起来，干湿的调和程度是握起来一捏就是一团，撒下去散开就是一片，铺30厘

▲ 图7　2003年年底勘察佛光寺东大殿

米打20厘米，铺25厘米打15厘米，用小头木夯打，几十年不变。我迁移的明代牌坊、清代牌坊，元代建筑至少四五百年的灰上了，驴蹄子是啥样就是啥样。但有个条件，拌到那个程度，必须在12小时内、最迟在24小时内打完，过了24小时，效率就失去一半以上，如果放够36小时，就全部失效。现在修马路的水泥经常一放就一个月，遇到下雨就凝固了，再用来筑路，路怎么能结实耐用？你不能歪曲历史的东西，又说历史是落后的、过时的、不可用的。

王：三合土打下的远远超过现在的水泥。现在的水泥放100年，肯定成了马粪了。

柴：而且人家打起来一圈，真正和地下的圈梁结合得很紧。华严寺大雄宝殿那么大，应县木塔那么大，为什么地震散不了？华严寺7道圈，晋祠圣母殿5道圈，一般的建筑也有三四道圈，把屋顶箍得很紧。圣母殿向东南移了70厘米，房屋高差东南角和西北角差60厘米，房顶卡得很紧，所以散不了。

王：很多传统的东西不能简单地用数学的方法来解释。

柴：我跟你说，有三个学结构学的优等生，到朔州崇福寺维修文物。崇福寺里佛像前面支撑的9根柱子向外面倒了，后边的柱骨，就是里边主要的木头折断了。我算了一下，金刚座7吨，就那个力度和前面的小杆顶着。他们说这个柱骨按照结构学的计算，不应该断啊。我说它已经断了，而且裂缝很宽啊。我把它前面撑回来，里边和柱骨拉住，又从后边拽住，在地下埋上石头，把铅丝和石头缠到一起，重新加固柱骨，最后把前边支撑的柱子都撤了。他们都很奇怪，说你敢撤了这个？我说怎么了，就可以撤掉！撤了多少年，都没有任何问题。

王：应县木塔，二层扭曲得很厉害，当年您没退休的时候曾经要修，现在您退休了，没人敢修。我记得您跟我讲过修的方法：一种是大拆了，再重建；另一种是把二层抬起来，先移到半空，先修二层，修完二层修三层，这样往下修，那就不是问题。

柴：历史的东西不要轻易地否定，就像我前边说的灰土制作方法，永乐宫修了50年了，动也不动。

王：山西很难再出像您这样的人才了。

柴：难说，现在科学先进、技艺先进。

王：现在处理、对待传统的东西不能用现代的手段，最简单、最原始的方法最有效。

柴：对。

王：用最先进的东西会弄坏。

柴：在这个问题上有些人的思维成问题，用现在的话说叫理念有问题，比如房顶的檩子断了，房脊边上都看见天了，赶紧用柱子顶上，这一顶，就坏了，因为原来的房子结构应力被破坏了。你旁边没有顶回去，这一用力，不就散了？过去我在讲课的时候，反复说在抢险支撑的时候，一定要避开应力点和接点，接点就是折断点。

张：您在古建所没带徒弟？把这么多年积累下的东西传下来。

王：徒弟相当多。柴老这样有实践经验和理论水平的才能讲出来。

张：那您刚才说的三合土是从哪学来的？

柴：是从老匠人那里，都是从实践中摸索出来的。临汾鼓楼恢复到半截的时候，白清才①去了，回来对我说鼓楼是你设计的？那一股风刮了怎么办？我要他们组织地质勘探部门勘察台基，鼓楼搁上去台基撑得起撑不起？只要地基没问题，就不会有问题。

张： 鹳雀楼呢？

柴： 也是我设计的。很多人都缺乏硬性的东西，所谓硬性的东西就是说说似乎都知道，但具体怎么办不知道。比如说到华严寺的壁画大家都说很好，但具体内容是什么又说不出来，不能糊里糊涂地哄人，一定要实打实地说。

张、王： 对。您这种严谨的态度也非常值得年轻人学习。

采访结束了。在采访过程中，我们分明感受到一位博学老人对古建筑、对山西文化的挚爱，感受到柴老严肃认真、勤奋好学、一丝不苟的学术态度。我们衷心地祝愿柴老健康长寿，希望他为山西和全国壁画及古建保护工作作出更大的贡献。

注释：

① 白清才（1932— ），山西五台人，1983—1985年任山西省副省长兼省计委主任，1985—1990年任中共山西省委常委、山西省副省长。

有为有守　泽被三晋
——姚奠中先生访谈录

被采访人： 姚奠中（简称姚）　李星元（简称李）
采 访 人： 张焕君（简称张）
录音整理： 阎海燕
执 笔 人： 张焕君

姚奠中先生，1913年生于山西稷山南阳村，原名豫泰，别署丁中、樗庐等。曾先后在运城、太原、无锡、苏州求学，章太炎先生晚年入室弟子，山西大学教授，古典文学专家、诗人、书法家。曾先后兼任全国政协委员、山西省政协副主席、九三学社中央委员、山西省书法家协会名誉主席、山西大学书法研究所名誉所长。先生执教60余年，桃李满天下，被山西省人民政府授予"泽被三晋"光荣匾。

2012年3月31日、4月1日，我们一行三人，两次登门拜谒，采访了姚奠中先生和他的弟子李星元老师。2013年是姚先生诞辰百年，在北京国家博物馆举办"薪火相传　翰墨流光·章太炎、姚奠中师生书艺展"，在太原也举行了庆祝活动。人生百年，历经风雨坎坷，各种荣辱

▲ 图1　李星元先生、阎海燕编辑、张焕君主编、姚奠中先生（从左到右）在姚奠中先生家中采访

▲ 图2 1935年姚先生于无锡国专　　▲ 图3 1936年章门弟子合影（右一为姚先生）

有为有守　泽被三晋

虚实，先生早已勘破，读书看报之余，后门外的亦曲园中小坐片刻，静观云气沉浮，心志沉潜，一派祥和气象。姚先生诗、书、画、印俱臻精妙，号称"四绝"，2009年获得第三届"中国书法兰亭奖"终身成就奖，声名远播海内外，但在先生心中，国学及其背后蕴藏的文化精神，却是念兹在兹，未能忘怀的。我们的采访也以此为中心，姚先生未能多谈的，则参用李星元老师的说法，力图对此有所捕捉，有所呈现。这样的文化精神，也正是《山西档案》今后致力追求的目标。

张：姚先生，能谈谈您年轻时的求学经历吗？20世纪30年代的山西，一般人认为还是很闭塞的，您怎么就想到远赴江南的无锡国学专修学校求学？在那里学习仅仅半年，您又去了苏州，投师于章太炎先生门下。您能给我们简单介绍一下吗？

姚：我从稷山第一高小毕业后，1928年考入运城菁华中学。在那里，遇到两位好老师，一位是教历史的李荐公先生，一位是教国文的焦卓然先生。焦先生是前清举人，精通诗文，对我帮助很大。我在那里学习了4年，后来在焦先生的帮助下，考入太原的山西教育学院。

李：姚老在山西教育学院念书时，与李雪峰、王大任、卫俊秀是前后同学，那一批人中出了好多人才，有的人后来成为华北军的将领，卫俊秀则是著名的书法家。这个学校是阎锡山办的,师资很好,待遇优厚。郭象升先生是院长,被阎锡山称为"山西才子",诗文俱佳。教师中如乔鹤仙、刘烈侯,都是饱学之士。学校食宿免费,每学期都给学生发衣服、补助,还有专门的购书费。姚先生就是用第一学期发的10元购书费,买了涵芬楼的"前四史"。

张:那么,姚先生后来又是为何远走江南的呢?

李:1934年,太原的几个学校闹过一次学潮,姚先生被抓捕过,不过抓起来后也没有什么太大的处分。当时还是很爱惜人才的,只是在判决书上简单地批了一句:"押回原籍,严加看管,永远不许再回太原。"回到稷山南阳村老家后,家人也并没有太多的责备,但是姚先生在太原待了两年,眼界大开,虽然才20出头,但是对自己的人生目标已经很明确了,他想做学问,当学者。有了这样的想法,他当然不能满足于像父辈那样"耕读传家",他有一股常人没有的闯劲儿。

张:所以他就到了无锡国学专修学校?

李:没那么简单。回家没多久,他就又去了太原,完全不在乎押送回来的那条禁令。也是吉人自有天相,到了太原,他虽然举目无亲,但却被当年的老师乔鹤仙毅然收留,在乔老师家中住了半年。看书学习之余,帮助誊抄书稿。后来,太原新民中学的樊杰三先生听说姚先生国学功底好,字也写得好,就请他去帮忙批改作文。樊先生是黄侃、李亮工的学生,对太老师章太炎佩服得五体投地,茶余饭后常常说起,给姚先生留下了深刻印象。后来在他的介绍下,姚先生认识了来太原作讲演的江亢虎先生。江先生对姚先生的才学十分欣赏,亲自写了介绍信,介绍他到无锡国学专修学校学习。姚先生自然十分高兴,从此走上了国学研究的道路。

张:那为何又转学呢?

李:无锡国学专修学校是唐文治先生创办的。唐先生曾做过前清的工商部侍郎,创办过上海交通大学,精研宋明理学,气度谨严,又能兼容并包,因此培养了不少人才。1990年,姚先生曾经故地重游,可惜当年旧址已经全部拆迁,略无孑遗,真是令人感慨!后来,姚先生还专门写了一篇《"国专"

师友散记》，对唐文治、钱仲联等师长，马茂元、乐景溪等同学，都有介绍，情深意长。

张：姚先生是什么时候去的苏州？

李：1935年年底。此前，经同乡郑云飞介绍，他开始旁听章太炎先生的国学课程，越听越高兴，许多思考已久的问题顿时豁然开朗，真是激动莫名。每周两次，他乘火车，从无锡到苏州，风雨无阻。最终决定，从无锡退学，正式报考章氏国学讲习会。章太炎作为国学大师，由于听课学员程度悬殊，影响教学，于是决定招收研究生，没有高学历和著作的学生，需要通过考试才能录取。最后，招了7个研究生，姚先生考了第四名，年龄最小，也是现在唯一在世的一个。

张：姚先生是什么时候开始他的教学生涯的？

李：1936年夏天，章太炎先生因病突然去世。在料理完丧事后，师母汤国梨就邀请姚先生给预备班讲授《文学史》。姚先生认真备课，并撰写了一本《文学史讲义稿》，开始了他60多年的教学生涯。

张：从1932年赴太原求学到1937年毕业离开苏州，5年间姚先生负笈求学，转益多师，奠定了一生的学问基础。您认为这段时间内哪些因素对姚先生的成长最为有益？

李：简单地说，就是得道多助。当然这与姚先生本人从小的家教及个人志向都有关系。从菁华中学毕业时，焦卓然先生在师生合影上有一段题词："讲习相聚不久，一朝两地分手。前程各自努力，有为兼需有守。"既要有所作为，更要有所坚守，要做事，更要做人。可以说，这句话对姚先生一生的影响，无论如何估计都是不过分的。1938年，姚先生在泗县大柏圩创办菿汉国学讲习所，亲手创定十项"教条"，即"以正己为本，以从义为怀，以博学为知，以勇决为行，以用世为归。不苟于人，不阿于党，不囿于陋，不馁于势，不淫于华"。流离失所之际，动荡难安之时，而能有如此定力，如此志向，实在非常人所能及。追溯源头，或许正与焦卓然先生的教导密切相关。

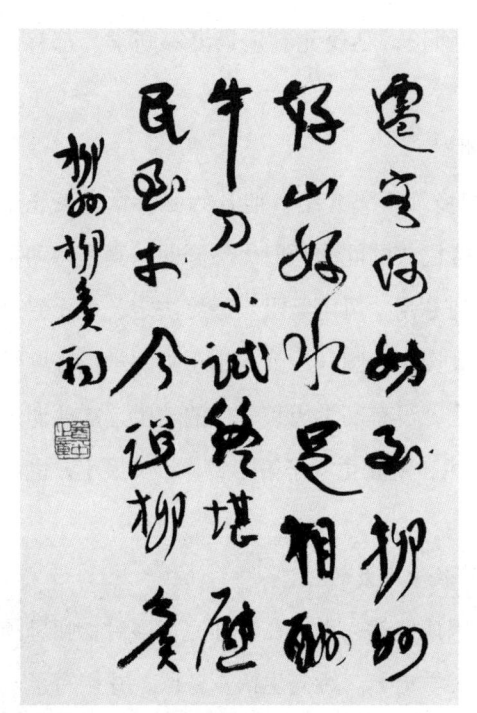

▲ 图4 1981年姚先生于柳州柳侯祠自作诗

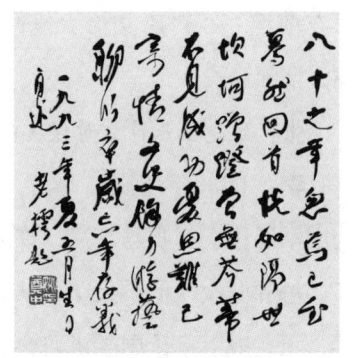

▲ 图5 八十述怀

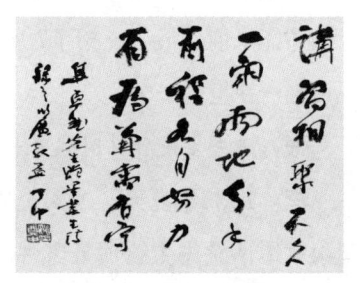

▲ 图6 姚先生书法作品

▲ 图7 2009年姚先生获得"第三届中国书法兰亭奖"终身成就奖

张：姚先生的十项教条，让我想到了当年朱熹为白鹿洞书院所作的"揭示"，其中的"修身之要"规定要"言忠信，行笃敬，惩忿窒欲，迁善改过"，处事要"正其义不谋其利，明其道不计其功"，接物则要"己所不欲，勿施于人。行有不得，反求诸己"。可以说，姚先生的精神追求，以及对人格培养的重视，都体现了中国传统文化一脉相承的精髓。

李：正是如此。抗日战争时期，姚先生还不过是一个20多岁的年轻人，避居大别山，并不知道抗日战争会持续多少年，但是从下面的一首七律中可以看出他的志气与爱国情怀："儒生流落依戎马，故国飘摇风雨间。一片丹心伤碧水，两行红泪哭青山。梦中沉痛诗和血，觉后凄凉月满阛。志士英雄应即作，从头重整旧江关。"他的诗很有味，最后两句更是诗的升华。还有一首五律："风云万里怒，雨雪一朝霏。玉积竹枝桠，寒凝鸣鸟希。山河暂改色，宇宙应重晖。慎履坚冰日，潜龙终可飞。"表达的都是艰难时世中的坚定信念，没有一点萎靡不振和儿女愁肠。

张：现在社会上谈国学的人很多，国学的内涵也人言言殊，我觉得这里面似乎缺少了一些东西，比如为什么要学习国学，国学到底能培养什么样的人格。这些问题不解决，单纯地读古书，背古诗，恐怕培育不出国学在现代社会的生机。

李：1943年，姚先生离开大别山，前往陪都重庆，在船上写了一首诗："江水洪流汽艇斜，漫天风雨向三巴。茫茫前路烟波远，何处神州何处家？"看上去有些消沉，这也是人之常情。但是，需要指出的是，姚先生还有金刚怒目的一面。如果说在运城、太原念书时积极参加学潮，不惜被开除、被遣返原籍，还是血气方刚、少年心性的表现，那么抗日战争时期在大别山区教书时，面对飞扬跋扈、擅闯教室的教育厅长，怒斥其无礼，随后愤而辞职，这样的事情就不是普通学者能够做到的。1946年，姚先生新婚不久，因为反感新任命的特务院长，毅然离开贵阳师院，体现的也是这样一种君子人格。

张：听了您的介绍，我想到了姚先生1987年写给山西省委书记李立功同志的一封信。信中对当时的高校职称评定工作中的种种问题，如论资排辈，不公正、不公平，重人事、不重人才，秉笔直书，毫无保留。在信尾还附了对教育改革的意见，其中就提到"教育投资，逐年增加"，"充分发挥中央、地方、集体和个人的积极性来办学"，学校应有国立、省立、市（县）区和私立的区别，大力支持私立学校，"把教改提到主要日程上来"等。从另外一个角度，显示出了姚先生敢于坚持原则、不苟且、不迎合的人格与作风。

李：就在这一年，姚先生还写过一首诗，也是关于山西教育的："清明才见草生芽，北国难开二月花。寄语东风须着力，但期新绿接天涯。"体现的正是同样的忧患意识。

张：前些年，刘毓庆教授曾经对姚先生做过一次访谈，题目就是"追寻传统文化的当代意义"。谈到中国文化的复兴时，刘教授提了一个观点："修复中国传统，重建礼乐文明。"姚先生十分认可，认为礼乐文明是人类最理想的一种文明制度，礼与道德、教养相联系，负责规范人的行为，较之于法律，更有温情。乐则负责调和性情，化解情绪。礼乐结合，既可保证社会秩序，又可以使人心情愉快，安上治民，移风易俗。这是先贤的智慧，应该继承和发扬。

李：对，这也体现了姚先生"有为兼需有守"的一面，是姚先生对国学精髓的深刻把握。但是，大概是一生经历了太多的磨难和坎坷，也许是他对老庄哲学的深刻领会，他的思想倾向随着年龄的增大，也变得越来越宽容，从金刚怒目变成菩萨心肠。古人说："海纳百川，有容乃大。"说的大概就是这个境界。

张：比如说？

李：姚先生是中文系的全面手，无论什么课，派下来就去上，而且还能上好，就像救火队队员，哪儿需要就去哪儿。"文化大革命"中被打成"右派"，被派去烧锅炉，就这么个事儿，他也干得有声有色。烧锅炉时，他就在琢磨，一铁锹煤15斤重，炉膛八九尺[①]深，必须送得深，撒得匀，煤面铺开，火才能烧好。如果堆成一堆，火就烧得不均匀，暖气也不是很热。所以每当锅炉烧得好的时候，人们就会说是姚先生烧的。他对人很和善，什么字画，什么书，他都不是很在乎，他觉得那些东西是负担。一些年轻人在他面前谈论问题，态度很不谦恭，他也只是笑笑，并无批评。有人写了东西让他看，好的他就会仔细看，满意的时候会点点头，写得不好他看着就摇头，但

注释：

① 1尺 ≈ 33.33厘米。

嘴上从不说。我说姚老咱别看了，他有时候就说咱写个打油诗吧。比如下边这首："不会作诗硬作诗，作来作去不成诗。如能熟读诗三百，才是脱胎换骨诗。"前几年，武汉来征集关于黄鹤楼的诗词，当时姚先生没有答应，但是很有感慨，过后他写了一首："眼前有景道不得，太白当年也自谦。黄鹤楼高题咏遍，只宜吟望不能填。"

▲图8　2010年9月9日山西省省委书记袁纯清（左）来家看望姚先生

张："眼前有景道不得，崔颢题诗在上头"，当年李太白都不写了，别人还在写，这不是自不量力嘛。姚先生对庄子理解得很透彻。春生秋死，想要依靠弄一些浮名虚誉就流芳百世，当真令人心生感慨啊。

李：我曾专门问过姚先生，"文化大革命"时备受折磨想过自杀吗？他则轻轻回我一句，元帅们都那样了，我算啥呀。他总是说他看得很透，我认为整个山西对老人家第一理解不够，第二宣传也不够。

张：1981年，姚先生去柳州开会，参观了柳宗元祠之后，写诗一首："迁客何妨去柳州，好山好水足相酬。牛刀小试终堪慰，民到于今说柳侯。"王叔文改革失败后，柳宗元被贬谪柳州，常常引起后人的抑郁之情，但姚先生眼中却是一片有为气象，毫无颓废，更不自怨自艾。

李：姚先生还有一首《自警》诗："识广胸怀阔，静观气自平。纷繁原历历，化育赞生生。"以出世之心，做有为之事，眼前种种扰攘之事，都变得本末立现，而天地万物的生生不息，更能使人明白生命之恒久，一己之渺小，心情自然可以逍遥洒脱。

张：听说姚先生60岁之后每逢生日都要作诗？

李：是啊，我给你们讲讲他不同年龄段写的诗。1973年5月，他60岁，赋诗一首："蹉跎今六十，曾与古为徒。此日一回首，当年百陋愚。学行成廓落，革命是烘炉。万里方开步，无暇问五湖。"全诗仿照了章太炎先生的韵脚，但又别开生面，不落俗套。70岁时写道："时代不同了，古稀今不稀。犹当争岁月，寰海共朝晖。"80岁写道："八十之年，忽焉已至。蓦然回首，恍如隔世。坎坷蹭蹬，曾无芥蒂。不见成功，忧思难已。寄情文史，余力游艺。聊以卒岁，忘年存义。"2003年，90寿辰，则写道："未能息以踵，九十不蕲期。德业愧前哲，尊闻行所知。"流露的都是同样的谦和心境和不屈精神。2008年，先生过95岁生日，弟子们给他小范围祝寿，心情甚欢，又写道："行年九十五，自儆怀卫武。以此树家风，可大更可久。"卫武公是春秋初期有名的长寿君王，而且十分谦虚，善于纳谏。他在95岁时还写了一首诗，说"靡哲不愚，投我以桃，报之以李"，要求人们无论地位高低，都不要因为自己年纪大了，就不肯说实话，进善言。姚先生引用这个典故，意思是告诉弟子们不要因为自己年长就不敢说实话，只会说好听的。他不喜欢人们的奉承。这首诗还没有公开发表，我是第一读者，之后我曾给好多人讲过。

张：陈寅恪、聂绀弩的诗，都很有名，也都擅长使用典故，其中既有"古典"，也有"今典"，将世间百态、人生经历都蕴含其中，读来让人更觉典雅、深沉。

李：说到这里，我又想起姚老的一首诗："圣人惟寂寞，庄周独多情。隐词皆感激，高歌同哭声。"庄周常常被人们视作超然物外的人，为何反而"多情"，这些都需要慢慢琢磨。还有一首是1999年送梁归智赴大连的诗："海畔名城景色殊，忘言得意即蓬壶。太行挥手遥相送，咫尺天涯德不孤。"姚先生很委婉，似乎只是一首简单的送别诗，但是

▲图9　2012年3月姚先生在亦曲园留影

在第二句却别有深意，用的是《庄子》中的典故"得意忘言"，表面上是说大连，实际上表达的却是对于超脱的人来说，所到之处都是蓬莱仙岛，又何必远赴他乡呢？说起他的超脱大气，还有一件事情。前年夏天，姚先生家中来了一个人，是当年他家佃户王吉善的儿子王新生。姚老是家里的独子，20世纪40年代回家乡时把家里的九亩九分地，连同六间房子、场院全都无偿地赠给王吉善，并立有字据，是用小楷写的。"赠地人姚奠中，见证人（五个）"，当时姚老也不过30多岁而已。事后，姚先生就去了贵阳，毫无挂念。这样的事情，我觉得一般人做不到。

张：现代人最看不开的就是名利，还美其名曰事业、成就，即便专门研究国学、儒学的学者，也有很多人看不开，所学和所行，完全是两回事。姚先生的境界与气量，让我想到苏东坡，都有同样的洒脱，行事独立，才能精神自由。

李：姚先生心比较静，我感觉他就是一个宝库。一个月中我常常会有20多天去与老人家聊天或办事，我每次出入姚府都有一种"虚而往，实而归"之感。2004年，师母去世后，他写了一首纪念老伴的诗，题目是《伤逝》："久病穷医药，成灰亦可哀。精灵应不灭，梦寐好归来。"两年后，又写了一篇，题为《梦醒》："两年一入梦，谈笑如平时。魂飞魄已散，何处觅相知。"姚先生伉俪情深，60年患难夫妻，孰能无情？因此，即便勘破世间万象，诗中仍然难免悼亡诗的凄清、孤独，正是"情之所钟，正在我辈"，原不必刻意矫情。

张：苏轼有一首《江城子》，也是悼念亡妻的。下阙写道："夜来幽梦忽还乡。小轩窗，正梳妆。相顾无言，惟有泪千行。"情景、心情，都颇为相似。

李：姚先生写诗作文，用字精准，这与他阅世知人的智慧分不开。张学良将军100岁时，先生写了一首诗。后来有人评价说，仅仅用40个字就把张学良总结得那么全面，写得那么透彻，十分难得。诗是这样写的："失地谁当罪，将军肝胆伤。西京兵谏后，南国谪迁长。伫看天风变，卧听海啸狂。故园今日好，心定寿而康。"张学良一生的重要经历，包括"九一八事变"、"西安事变"以及之后的长期软禁,还有国共两党的关系、祖国面貌的改变,如同大国手画画,几笔勾勒,就跃然纸上,还带着一股吉祥的劲头,很有意思。

张:细细品味,确实如此。

李:再说一个有情趣的。画家王木兰,画的侍女图很好。说到王木兰,就会想到花木兰,姚先生当场有感而发,挥笔写道:"不必从军不姓花,木兰笔下生烟霞。珠簾绣户多知己,侧耳如闻笑语哗。"武晓梅画了蝴蝶送姚先生,意思是耄耋老人,祝其长寿,姚先生十分喜欢,挂在家中,又赋诗一首:"不作庄周梦,应怜梁祝魂。翩翩留倩影,秀笔可传神。"诗中不带一个蝴蝶,却多有蝶意。朱镞画的鸡很出名,字也和公鸡一样,十分有个性。姚先生为他的书画集题诗:"画有奇趣,书能独造。承传异变,八大同道。"八大山人姓朱,引用巧妙,太精彩了,令人拍案叫绝。

张:八大山人朱耷,所画鱼鸟常常是白眼视人,孤傲冷峻,两人同姓朱,笔法上或许也有神似之处吧。

李:姚先生看书时,曾看到民国时期的张宗昌的故事,说张宗昌到女子学校检查,要求所有女学生都出来列队,自己要训话。可是女学生们站好了,他却憋得满脸通红,讲不出话来,只是说"你们女孩子们像美玉一样,太漂亮了,给你们每人发一块大洋"。姚先生看后莞尔,就作了一首诗:"一块白玉一块洋,将军脸上发红光。几声赞誉传天下,不必拖刀上战场。"信手拈来几句诙谐之语,却可以看出姚先生的真性情。

张:《山西档案》2012年转制改版,提倡走出档案办档案,发掘文化精神,接续民族地气。希望能听听您的建议。

姚:老子曾经担任柱下史,司马迁父子都是太史令,都是史官,管理过档案,他们的成就也与此密切相关。建立文化档案、社会档案,想法很好,但是所收集的资料,一定要确实可靠,这样才能给后人留下真实可信的东西,挖掘的文化精神才不会是空中楼阁,才能真正发挥对现实的指导、匡正作用。

李：我觉得档案就是见证和记忆。作为编辑，他的任务就是见证的时候在场，记录的时候在工作。姚老也写过这样8个字来概况档案：藏往知今，开物成务。档案就是收藏历史，为后人服务。这是我的理解。

采访结束后，我们与姚先生合影留念。说来也巧，那天本来在刮风，天气并不暖和，有些担心先生的身体。但是走到亦曲园时，天色却是一片晴朗，篱笆下的草似乎也绿了许多。或许是上天觑破了我们这些后学晚生的一点苦心，才有这样的垂顾吧。姚先生还是一如既往的随和，听从摄影师

▲ 图10 刘国华社长、张焕君主编、阎海燕编辑（从左到右）与姚奠中先生在亦曲园合影留念

的要求，或坐或站。坐下时，手中的拐杖直直地矗立着，与他挺直的身躯相映成趣。眼睛就有些湿润，不知该喜，还是该悲。但是，可以确定的是，一个拥有辉煌历史、灿烂文明的古老民族，无论遭受怎样的磨难，其文化精神、自由意志终不会灭绝。因为薪火相传中，总有姚先生这样的伟岸人格，一程接一程地守候，一代接一代地传递。

书生未解登临意　戏语从容意转沉
——张颔先生访谈录

被采访人： 张　颔（简称张）　张小荣（简称荣）　李德仁（简称李）
采 访 人： 张焕君主编（简称编）
录音整理： 王　琪
执 笔 人： 张焕君

　　张颔先生2012年已经93岁了。先生，介休人，后汉名士郭泰同乡。幼失怙恃，多经磨难，弱冠之年投身革命，戎马倥偬之际，写小说，办报刊，把玩文物，手不释卷。40之后，渐入佳境，《万荣出土错金鸟虫书戈铭文考释》、《陈喜壶辨》、《庚儿鼎解》相继问世，牛刀小试，"文化大革命"中以戴罪之身编撰《侯马盟书》，一时轰动，积数十年之功编纂而成的《古币文编》，则被誉为传世之作，享誉学林。2005年，中央电视台《大家》栏目来太原为先生拍摄专题，乃山西文史学者走进《大家》的第一人。次年，以特邀社员身份加入西泠印社。2011年，与柴泽俊先生一同被山西省文物局授予"文博大家"称号，可谓实至名归。

　　先生为人，专心学术，淡泊名利，对古往今来的各种文字萦系在心，情有独钟。1958年山西考古所刚成立，

▲ 图1　张颔先生（右）、李德仁教授（中）、张焕君主编（左）在张颔先生家中采访

先生担任第一任所长,不能继续住在生活条件优越的省委大院,两间平房,要啥没啥,打煤饼,生火炉,房顶漏水,十分简陋,先生却甘之若饴,无事打扰,正好读书。七八年间,死记硬背,心思沉稳,工地勘探,认真考察,硬是奠定了一生的学术基础。先生平日常引用宋代一位无名诗人的《题壁》诗自况:"一团茅草乱蓬蓬,蓦地烧天蓦地空。争似满炉煨榾柮,慢腾腾地煖烘烘。"榾柮是老树根,烧起来虽然慢,却最耐久,用来比喻先生一生的治学轨迹,实在是恰当不过。

先生又是一位生性洒脱、趣味横生之人,凡事看得开、放得下,胸襟磊落,言辞机智,颇有名士之风。中央电视台录完《大家》专题后,熟人拜访总爱以"大家"相称,老先生颇不耐烦,笑谓:你看看我住的这地方,区区59平方米,小门小户,怎敢谓大家? 70多岁时,先生与夫人雨湖拍了一张金婚照,照片下边工整题词:张和尚金婚之照。见者愕然,不知所云。实则无他,夫人娘家姓尚,先生童心未泯,戏笔小耍而已。他常作诗自嘲。或云:"深知自己没油水,不给他人添麻烦。"或云:"平生多幼稚,老大更糊涂。常爱泼冷水,惯提不开壶。"严厉一点则说:"笔墨不求缙绅喜,声名勿得狗监知。"对待奸邪之人,则有《扑蝇记》以讽之,不假辞色:"有青蝇止于斋壁,余以拍扑之,蝇逸去。坐甫定,蝇复至。余急扑,复逸。如是者三,蝇终逸焉。妻曰:

▲ 图2　张颔先生与夫人尚雨湖女士合影

拍破败,奈何! 儿曰:老手迟掇,胡怨乎拍? 余曰:皆非也,顾今营营辈特狡狯耳。"格调超逸,似缓实峻,颇有《世说》遗风。

先生治学成绩,尽在《张颔学术文集》、《古币文编》、《侯马盟书》中,近年都有再版,坊间习见。先生之为人处世,学界前贤,如冯其庸、裘锡圭、李学勤、张光裕、降大任诸先生,均有专文涉及,韩石山先生更有洋洋大著《张颔传》问世,以为先生"学津远溯周秦上,风度平居魏晋间",学问性情,描画细致,睿智谦抑,才情毕现。

2012年6月初,我们一行4人,在山西大学美术学院李德仁教授的陪同下,前往先生位于太原文庙附近的家中进行访谈。根据访谈计划,举凡前人多有涉及的内容尽量少谈,侧重山西地方历史与文化的同时,寻求并展现先生的一生磊落风骨。

老夫行年九十余,还能默写《西厢》句

下午三点,文庙后街,20世纪80年代的旧楼房,十分安静。轻轻地敲门,片刻之后,一位和善的中年男子开了门。同行的李德仁先生介绍说:这是张先生的四儿子小荣,先生的日常起居就是由他料理的。几个人鱼贯而入,顿时觉得室中逼仄,果然与"大家"气象迥异。靠北的卧室,兼做客厅,先生正在午睡。没敢打扰,由小荣师兄领进另一间同样不算大的卧室,随意而谈。

编:我们在前两期分别采访了柴泽俊、姚奠中两位先生,这次来是专门拜访张颔先生的。几位先生都是咱山西国宝级的人物,都有不平凡的经历。像张先生,高小毕业后,就去当学徒,然后参加革命,基本上没怎么受过教育,但是却做出这么大的事情来。《侯马盟书》文字古奥,直到现在对于科班出身的古文字学者都不容易释读。这一点让我特别好奇,不知道他是从什么时候开始接触战国文字的? 他对先秦时期的古文献特别熟,这又是什么时候学的?

荣:我更正一下,没有受过教育和没有接受过中等和高等的院校教育不一样。

编:您说的高小是不是相当于现在的初中?

荣:高小就是小学,以前也叫完小,从一年级到六年级。太原的新城街

小学，以前我们叫七完小，咱们太原市的学校现在不听说了。我工作过的内蒙古，至现在还是几完小几完小。一至六年级是完小，四年级以前是初小，高小则是五至六年级，念完高小就是小学毕业了。那时候，有些县甚至连高小都没有，那得看县里的文化条件。家父记忆力特别强，极有天赋。前几天他突然想起小时候我曾祖父耀堂公给他讲的一首介休当地流传的"诗"，就拿笔写下来，你们听听：

花花世界乱如麻，人情假。

哪里跌倒哪里爬，没人拉。

想交几个好朋友，酒肉茶。

患难之中去寻他，不在家。

这都是他小时候的人情世故，有时候就给我们讲这些事情。另外，家父自小博闻强识，见什么背什么，比如说街上贴的一些布告什么的。慈禧太后逃难去西安，路过介休，人们说过些什么事情，贴的些什么，也编成了顺口溜，他都能记住。现在他年纪大了，我给他准备了个册页，告诉他能想起什么来就写些什么。你们等一下，我去拿。

李：那个时候的小学，国文水平比现在中学的国文水平还要高，老师都是些老秀才，学问很大。

荣（拿着册页进来）：这是我去年才给他买下的，上边的东西都是他自己默写的。

编（指着册页上边的一张纸）：这是什么时候写的？

荣：去年。

编（读上边的内容）："碧云天，黄花地，西风紧，北雁南飞。晓来谁染霜林醉，总是离人泪。老夫行年九十余，还能默写《西厢》句。"真是好辞。

荣：山西大学的一位教授看见了，说我掏4万块钱拿走吧。我说这不是个钱的事情，我需要保存我父亲的资料了，不能用价钱来衡量！那天老人家心情很好，就站在那儿写的。（又指着墙上的作品说）这是我父亲手书的阿拉伯字母，一共28个，英文是26个。

编：老先生对文字有一种与生俱来的好奇，一看见各种文字的写法，就不能罢手。你看他用八思巴蒙文写的自己的名字。

李：还有一个，就是他对中国文化有一种使命感。像他这样的人，觉得对中国文化，对中国文字的研究，就是责无旁贷。

荣：家父有个图章："皇天生我欲何如"，老天生下我是要干什么，就是要把该办的事情做完，做不完决不罢休，这就是一种责任！

编（指着册页）：这里说的鼻烟壶有什么故事？

荣：有人给家父做了个鼻烟壶，里边画了一幅他的肖像，他在上边写了"一片冰心"四个字，家父很喜欢这个东西。后来又在册页上写下了几句话："深隐壶中，隔绝嚣尘，一任它骤雨飙风。"家父不是爱喝点酒么，喝着喝着他就瞌睡了。我就陪他喝酒，和他聊天，说"文化大革命"时你要钻到这里面，可能就"任它骤雨飙风"，咱总能"隔绝嚣尘"，什么都不怕。可是当初没有这东西，没地方可钻。

李：他的人品、人格，都在这上面，而且还带着点诙谐幽默。

编（指着册页，轻声读）："2012年1月16日，农历腊月廿三日，是民间祭灶的日期，俗言打发灶王爷上天。旧剧《吕蒙正坐窑》吕蒙正唱曰：今天腊月二十三，灶王爷爷上青天，老天若问人间事，你就说我吕蒙正实实可怜。前若干年有些作家所得的稿费少，则曰：今天腊月二十三，灶王爷爷上青天，老天若问人间事，你就说今世的文章不值钱。"

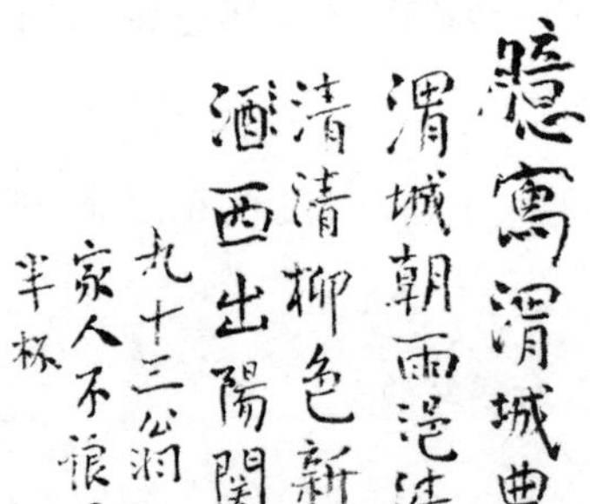

李：这都是他自己背的。有时候我们来了以后，经常有这样的谈话。

编（指着册页，读）："臆写渭城曲（或称阳关曲）：渭城朝雨浥清城（或为轻尘），客舍青青柳色新。劝君更尽一杯

▲ 图3　晚年手迹

酒,西出阳关无故人。"下边题款写道:"九十三翁输液归来,家人不让喝酒,最多限于半杯。"哦,"更尽一杯酒"五个字还都加了墨点以示强调,落款是今年的五月三日。当真是童心一片,天真灿烂啊。

(众人皆笑)

储藏,发现,还要研究

说话间,小荣师兄走进来,说老人家醒了,可以进去了。一干众人,敛声屏气,走进那间兼做客厅的卧室。先生坐在床上,精神很好,看到人多,连连招呼坐下。简单说明来意,并呈上2012年第一期《山西档案》。没想到,老先生居然专心致志地看起来,半天不抬头,偶尔说一句话,也是跟刊物中的文章有关。没办法,只好临时改变采访思路,谈话也就顺着这些文章展开。

编:我们是《山西档案》杂志社的。想通过这个刊物,把山西的地面文物、优秀人才,都介绍出来。此前采访过柴泽俊、姚奠中两位先生,您跟柴先生都是文博大家,希望能听听您的意见。

张:我现在脑子糊涂了,精力也一日不如一日。

编:听说您上午还画画了,看了您在册页上写的东西,思路还很清楚。我们现在跟档案局、文物局、博物馆这块儿合作比较多,山西的地面文物在全国是最多的,但是研究不够,宣传不够,我们想在这块儿加强一下。

(张老只是埋头阅读刊物,不接话茬)

李:这一期专门想介绍一下您,给您出一个专辑。

张:算了吧,没说的。

编:您身上有好多东西,需要我们后辈好好学习和继承。有很多问题,咱们不说,甚至说得少了,年轻人不知道,他们没有那个生活经历,体会不到。所以,也是通过这个杂志做个传声筒,把好东西传递下去。

张(指着封二的辽代采药图):哦,这是应县木塔里的东西。

编:嗯,佛宫寺里的。

张:辽代的。

李:这幅画实际上是唐代的,装到木塔里的时候就是个旧画,出土的时候就能看出来。我早就想写个文章说一下这个事，它不是辽代的画，当时藏进去的那些经书都是新的，这个画却是个古画。

编：您去那儿看过？

李：见过，《考古》上也介绍过，它不是当时的，这个风格完全不是宋、辽的风格。

编：作者能确定吗？

李：确定不了，但时代风格是很明显的，里头有很典型的唐人的时代风格。

编：我觉得老先生身体还可以。

李：他就是腿软些，站起来腿软。另外，稍微有些耳背，但比起一般老年人还可以。

编：视力也不错。

李：现在不用戴眼镜，比我的眼睛好多了。他原先有些近视，现在不近视了。

张（**突然抬头，仍然指着封二，说**）：我见过陕西大雁塔有一个龛，石头上有个像，玄奘取经，他也是这么个情况。他背的这个药篓，前头还吊着灯呢。

编：就像我们原先看的玄奘取经时背的那个架架，前头探出两个把把来，上头还挂个棍儿。

张：从这个地方看是辽代的铸造，看这个斧子（药锄），不是打造的，是模型倒出来的，你看这个斧子，要线有线，要面有面。

李：哦，浇铸，不是锻造。锻造的薄，没有这么厚，是吧？

张：我有一个考古用的斧子，就是浇铸的。把子本来很短，我自己配了个长的。还是个外国货，叫什么来？

李：外国考古的那种，应该是镐吧？

张：原来的那个把子是柞木做的。

编：那木头比较硬。

张："文化大革命"的时候被我们单位的一个人抄家拿走了，后来要还给我，我说不要还了，你也是搞考古的。（指着采药图）这个是麈，不是拂尘。

李："鹿"字下面一个"主"，也叫麈尾，就是马尾刷子。

编：魏晋名士常用，据说是四不像的尾巴做的。

张（边翻边说）：好得很。

编：张先生，像这个水平的画，咱们杂志社做了好多，效果都很好，明代以前山西现存的壁画基本上都扫描下来了。

李：他们用10亿像素的扫描仪把它扫描出来，完了以后复制出来，放在这儿看，一模一样，和真迹找不出区别来。

编：这样做，对这些文物也是非常好的保存。

张：辽代的文化水平很高，应县木塔那个。

编：我老家灵丘有个觉山寺，也有辽代的壁画。

李：辽当时很强盛。

张：但是，后来汉化得也很厉害。

李：辽代文化里大量的汉族知识分子都在那儿发挥作用。

编（指着刊物）：这些都是小五号字，老先生都能看见！

荣：一个牙好，一个眼睛好。

李：张老师这眼睛真好，您不戴眼镜都能看见。

张：嗯，眼睛好。（抬头）辽家他是姓什么，完颜？

编：姓耶律，完颜是金的姓。耶律阿保机，耶律楚材。

张：元朝统一中国的时候，要杀五姓汉人，张、王、李、赵、刘，都杀掉，就是这个耶律楚材救下的，反对，不赞成这个。

李：有人说牙齿好的人记性好，看来真是有道理，张老师的记忆力特别好，牙齿也好。

张：辽道宗叫什么了？那个时候，汉族政权正是宋徽宗。北宋、南宋、辽、金这四个朝代的皇帝都是9个，你看怪不怪。（指着刊物）好事情，这个档案工作，一个是储藏，一个是发现，是吧？（低头看书）

编：对，有储藏，有发现。

李：大盂鼎是在北京吧？

编：在国家博物馆。

李：过去是中国历史博物馆，现在是国家博物馆。

编：第一期介绍的大盂鼎其实和山西没啥关系，从第二期我们就明确了，介绍的国宝都是咱山西出的。所以第二期先弄个晋侯苏钟，把侯马晋侯墓地的那套编钟介绍了一下。第三期准备介绍侯马盟书。省考古所驻侯马工作站的田建文先生，最近正在写与侯马盟书有关的著作，我也跟他约了一篇稿子，正好把文物档案和国宝档案结合起来。

张（翻看本刊副主编侯慧明撰写的《独具特色的五台山佛光寺唐代壁画》）：永乐宫没有介绍？

编：还没到那儿，我们是从前往后介绍。先从唐代，第二期是五代平顺县的大云院，那是石敬瑭天福四年（939）修的。第三期是高平开化寺，是北宋的壁画。

张：好。

编：第四期就到辽代了，以后会依次介绍应县佛宫寺、朔州崇福寺、繁峙岩山寺，等等。而且从第二期开始，每一期我们准备印一个别册，都是高清的壁画图片，免费赠送。

张（翻看《解读南阳画像石的档案学意义》一文）：这是汉朝南阳的画像石，山西也有，在省博物馆二部。汉朝离石左表墓，西河郡的郡治在离石，所以山西这个画像石很重要，陕西也有。原来西河郡的郡治在内蒙古鄂尔多斯左翼前旗[①]，这是西汉时候的西河郡。东汉时就到了离石。离石是西河郡的郡治，汾阳县是西河县。

李：哦，郡和县不在一个地方。

注释：

① 编者按：此为清代称谓，现为准格尔旗，西汉在今准格尔旗东部及东胜区、伊金霍洛旗相关地区设西河郡。

编：离石画像石是什么时候发现的？

李：民国时候就发现了，新中国成立以后又整理的。数量不少，离石现在有汉画像石博物馆。省博二部陈列的就是从那儿调拨过来的。省档案馆收藏的够文物级别的重要档案应该不少吧？

编：主要是抗日战争时期的，清代的、民国的比较少，日本人打进太原前，阎锡山放火烧了不少。

李：阎锡山保存的档案有没有遗留下来的？

编：他的日记留下来了，其他就是根据地档案，还有新中国成立以后历次运动留下的档案。

张（翻看《宗教语言对太平天国文书的影响》一文）：原来的太平天国，建国究竟是哪一年，是什么时候，闹不清楚。太平天国的天历，闹不清楚。后来请教了一个研究天文的老先生，他一句话就解决了。说是，太平天国用的历法，是《旧约全书》，后来他们用的是《新约全书》，所以总是闹不对。还有一个是过礼拜天，现在是星期日过礼拜，他们那个时候是星期五过礼拜。现在的回族还是星期五过礼拜。

荣：我父亲对这些关键的东西记得很准确，不能含糊。

张：很重要。太平天国还专门对臭虫赐名，你们知道不知道臭虫是什么？

李：咱们叫壁虱。咱们山西的方言也很丰富。

编：山西各地方言差别也挺大，好多都能跟古音对上，还保留了入声，这在北方很特殊。

李：有些古音、方言，可能就是北方或西北少数民族带过来的，像蒙古、突厥。

张（指着摄影师）：这是照什么呢？

李：他在选你的角度，想照一个像做封面。

张：不要封面。

编：就像柴泽俊先生这个一样。

张：用不着这么个表现。

荣：我父亲有些累了。（转头）要不你坐在那儿，靠住点儿？

张：行。（换了个有靠背的椅子，看到大家都站着）你们快都坐下啊！这老了的人就没有一点可贵的地方了。

李：老了这是国家的宝贝么。

张：哎，宝贝甚呢。

李：启功先生爱开玩笑。大家在那儿坐着，他来了，就告诉大家，大熊猫来了啊。后来大家问他怎么成大熊猫了？他说他们说我是国宝么，大熊猫才是国宝。

张：启功有意思，看了一个人的字，有人介绍说这人是书法家，启功说这是拿上自来水龙头洗字纸。啥意思？硬冲（充）书法家。

编：老爷子每天吃饭还能喝杯酒？

荣：就是中午喝一杯。

张：对，喝不多。喝酒一个是喝寡酒，寡酒就是不吃菜，光喝酒。一个是要喝酒，一只手杯子一只手豆腐干，介休叫"咬指头烧酒"，就是喝上酒咬上指头。还有一种是喝闷酒，不跟许多人在一块儿划拳猜拳，就是一个人喝，独自喝闷酒。

编：说不定您每天喝一杯酒也是养生的，也起到好作用了。

张：书上说"李白斗酒诗百篇"，那个斗酒是什么斗酒？专门喝酒的叫酒斗，也不大，就是这么大，这么高（用手比划），黑黑的，有个把子，不是现在的斗。

编：我们的杂志您也看了，现在我们的想法，就像您刚才说的，一个是保存，一个是发现。

张：还加一条，研究。博物馆的人物也要关注。

编：山西历朝历代传下来的东西非常多，现在的研究还远远不够，研究的人太少，成果也不集中，零零散散。

张（对小荣说）：你最近买回来的那个日晷仪，拿过来让大家瞧瞧。

编：从哪儿买的？

李：礼拜天到南宫逛地摊买的。

荣：要1200，最后我和人家说了个300块钱就买下了。

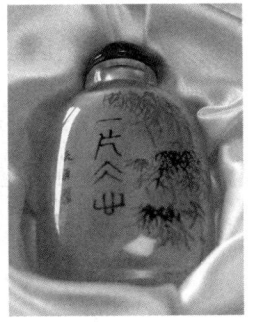

▲ 图4　鼻烟壶内画　　　　　　　　　▲ 图5　手迹

编： 这是个老东西吧？

荣： 应该是18世纪的。

编： 你也每个礼拜去南宫？

荣： 没事干了就去。买回来在网上一查，是中国制造的，仿西洋13世纪的样式，上面镶的是珐琅瓷。

张： 世界上的日晷仪基本上是两种。一种叫平面仪，这就是平面仪，又叫地平式。一种叫倾斜仪，在中国古代是倾斜的，一个盘子，当中有一个针，指在北极线。一般用的是地方子午线，在太原用的是太原的真子午，不用那个指南针，有偏差。

编： 日晷保留的还比较多。

张： 最好的就是用地方子午线，就是等这个地方太阳正了，影子也正了，就叫真子午，真正的子午线，这是平面式。我自己做了一个，根据太原的子午线做的，叫无影塔。

编： 没有影子，是吧？

荣： 到了夏至中午，慢慢就短了，但是肯定是午时，当地的子午时。

张： 12点钟，用的是北京时间。北京时间也不是真正的子午线，它还差了将近半个钟头。北京的子午线是116度多，太原是112度6，差的这么多时间。按时间来说，4分钟差一度。可是北京时间也不是用北京真正的子午，因为它不是整度，实际上用的是秦皇岛的时间，120度。咱们那个磁针也不是很准确的，它有磁偏差。所以这个东西也是中国仿照外国的地平仪。

编：文物这块儿，不论是地面的，还是地下的，都是文化很重要的一部分，老祖宗留下的好多固态的、固定下来的文化，就通过这些文物来体现。这一块儿，我们还有很多不清楚的地方，怎么弄，还没个准主意。太专业的文章一般人看不懂，但是要是不说，就更是一点也不懂。我看您写文章、写诗的风格特别合适，很想知道怎么能够用简单的语言说明问题？

张：辽国的文化，水平很高。宋徽宗时，派了一个叫林摅的大臣，大概是翰林学士，去辽国。派到那儿以后，受到高规格接待，下榻的地方在碧室。林摅问你们这个地方叫甚，对方说是皇帝招待重要客人的地方。碧是哪个碧呢？对方说："白玉石，天子建碧室。"很有文采。林摅不甘示弱，说我们中国皇帝是在明堂，那就是"口耳王，圣人坐明堂"。没想到立刻遭到对方的讥讽，说中国派来的使臣不识字，因为圣（圣）字下面并不是"王"字，而是"壬"字，还是赶紧回去的好，不要给中华上国丢人。①你看看，辽国对中国的文字就是这么熟悉。

编：战国文字这块儿，您是从什么时候开始学习的？

张：我小时候不是爱刻图章么？那时候有个老师告诉我，找篆字，《六书通》千万不要看，要看就看《说文解字》，所以我从那个时候就开始注意《说文解字》，一个字为什么这样写，从那个时候对文字就打下基础了。

编：后来就等于是从《说文解字》再往前推，看战国的玺印、货币文字。

张：《说文解字》是秦始皇统一六国之后的文字，还不是古文。

编：六国文字字形不一样，比较乱。我在北京大学旁听过裘锡圭老师的课，他说研究战国文字，一般的做法就是，读熟《说文解字》，再往前推，要不就看甲骨、金文，两头包抄，最后再看战国文字，因为战国文字最难、最乱。

张：战国文字分两个渠道，一种叫古文，一种叫籀文。从朝廷里传下来的是籀文。秦始皇统一文字，是在籀文的基础上。六国不同，各有各的写

注释：

① 编者按：这个故事见于《续资治通鉴·宋纪八十九》。

法，各有各的发音，所以叫古文。

编：《说文解字》里在小篆之后，列出相应的古文和籀文。

张：《说文解字》上头也有许多错字。

编：这些都是您从小感兴趣，然后自己找书去看，去研究，是吧？我看您弄《侯马盟书》是在1965年，那个时候您40来岁，就有这个功底，边工作边学习，真不容易。您那时就在侯马工作？

李：侯马工作站，他是领导。

张：侯马工作站最初属于文管会，后来变成文物工作委员会。我是在考古所，合并在文管会。战国文字有时候是单纯的音假，比如说越王勾践，他的宝剑上刻的是"越王鸠浅"，这就是单纯的音假，是六国文字里头常见的问题。

编：等于说，当时的汉字还在定型的过程中，只要声音相通，形和义反而不重要，音是最重要的。

荣：休息吧您，累了就休息。越说越兴奋，晚上就睡不着了。

争夺青年一代

李德仁先生是位忠厚长者，待人诚恳，在张先生门下亲炙多年，对先生的为人处世领会颇深。身体硬朗，话不多，语速平稳，这可能和他常年练习形意拳有关。在往返途中的多次闲聊中，他回忆了与张先生将近半个世纪的交往，既令人感慨万端，又对这样的深挚感情心生向往。

编：张先生是遗腹子，民国九年（1920）冬天出生，那年夏天他父亲24岁，突然去世。母亲去世的时候，先生也才9岁，当真不易啊。

李：他父亲是个生意人，在天津介休人开的当铺中做事，得了痨病，回来就去世了。那会儿的肺病治不好，没有好药。

编：鲁迅的《药》中，众人抢夺的那个血馒头，就是为了治痨病，没有药就只好搞迷信。

李：他母亲是一个很要强的女人，和一大家子人一起生活，他的伯父伯母，人家能挣下钱么，就靠人家生活呢，人家总觉得是拖累了，人家吃得好点，给他们吃得不好点。他母亲就和人家讲道理，这样的话，关系反而闹得更不好。她就是不低头。后来，得了病，不给她用好药，舍不得给她花钱。

编：死的时候，只有27岁。

李：说是有买棺材的钱，没有买药的钱。有时候也能理解，吵起架来，甚话也能说出来。

编：张先生学古文字，是什么时候开始的？

李：高小上学时，学校里有些老师喜欢弄点这些，就受影响了。毕业后，他就在铺子里当学徒，做小伙计。当时介休城里有个画会，是在一个商行的楼上，下面做生意，楼上专门有一些房子，专供文人聚会。

编：叫作"行余学会"，大概取的是《论语》中"行有余力则以学文"的意思。

李：对，介休的那一帮子老先生，举人啊，秀才啊，还有些新派的，大学毕业的，还有北京大学毕业的，齐白石的弟子还去过他们那个画会。写诗、画画、写书法、刻印章，还有大量的书籍、字画、碑帖之类。大家有时间就聚在一起，一边研究，一边交流，从那个时候就开始了。后来他的商行派他到湖北去，走的时候，身上就带着篆刻刀、《说文解字》、画谱，一直就带着这些东西。

编：张先生研究的战国文字，是很专门的学问，还不是一般写字、练书法就能涉及的。

李：对，他那个行业很深入，里面下的工夫也深。启功先生聊天时就说起来，你们山西那个张颔先生，学问过硬，全国很难再找出来。一个问题，他要记就记个一字不落，连个标点符号都没差错，他就是这么确切。在吉林长春开古文字学会议，那是改革开放后第一次开，好几个专家发言，谈到《周易》中的某个问题时，他顺口就背出来。张政烺先生就说，真佩服了，我也就是知道个大概，让我详细地一个字一个字背，我可记不住。他在《说文解字》、《汗简》上下的工夫确实很深，把古文字构字的规律看得很准确，却不死板，灵活，能变通。

编：您跟张先生是怎么认识的？

李：我1965年来太原重机技校上学，正好他大儿子纪林和我是一个班，纪林比我小一岁，喜欢体育，篮球打得非常好，我们住在一个宿舍。他回家和他爸爸说起我来了，说我喜欢写字、画画、刻印章，张先生说那把他的那些作品借来，我看看。纪林和我说了，我说那就拿吧。张先生看了，说礼拜天邀请他来咱们家玩吧。我问纪林：你爸爸是搞什么工作的？他说我爸爸是考古研究所所长，刻印章，写篆书，又画画。我说真了不起，太好了。礼拜天就来他们家，张先生可客气了，鼓励了我半天。他说：我考考你吧。就出了个题，写了春、泰、秦、奏、奉那么六七个字，都是三横一撇一捺，底下不一样，他问我能不能把这些字写成篆书。我那会儿刻印章就正好遇到过这个问题，还专门背了背，记不住还编了个小口诀，这时候正好用上。他很高兴，说："基本上都对，就是笔画长短不太准确，这都不算大问题。年轻人喜欢这个的不多，有基础的更少，以后跟我学吧，我把这些都传给你，我的书将来都给你。"我非常高兴，就跟着他学，我说我还喜欢画画。他说这些不矛盾，是一致的。

编：怎么学呢？

李：开始学六书，他让我先读《说文解字》。还介绍我认识了高寿田

▲ 图6　张焕君主编（左一）、刘国华社长（左二）、谢耀亭主任（左三）、李德仁教授（右三）、孙荣祥摄影师（右二）、王淇记者（右一）与张颔先生合影

馆长，高馆长的山水画在全省是最有名的。我家庭不太好，衣服上净是补丁，他对我可关心了，每次去了问一问这，问一问那。最初只喜欢书法、篆刻，还有国画，后来他可能感觉到一些问题了，说素描、西洋画也要学一些。为什么要学呢？因为这些贴近生活，艺术总不能脱离政治，还是要为先进的政治服务。我就开始学素描，重机有一帮人一起学，进步很快。看到我文字学有些基础了，他鼓励我要和应用结合起来。怎么用呢？就像考古发掘需要古文字来辨别，那就是用。你不学考古，就看古代经典文献，不认识的字，闹不懂的句子，就用文字学的方法解决它。在他的指导下，我慢慢开始读《老子》、《周易》、《书经》什么的，对中国传统哲学有了些研究。

编：您跟张先生，认识了40多年了。

李：可不，1965年，我19岁。那时候刻图章什么的，都是瞎刻，弄点资料看看，模仿模仿。张先生一看，首先都说这个地方不错，第一笔不错，这个字不错。先说些你的好，完了以后就说这个字不合适，哪儿有毛病，就和你说上半天。完了我回去就重刻，重刻了拿来一看，说：嗯，很有进步。每次都是先说好的。

编：文字学就是这样，不用就忘。我念研究生的时候，也把《说文解字》抄过一遍，看印章，认小篆，写字，都没问题。现在好多字都不认识了。

李：经常用的就不会忘。其实，理论就是那些基本的东西，到实际中，才最生动，丰富多彩。

编：您1965年来太原念书，1966年就"文化大革命"了，1967年、1968年就下乡了。

李：我1962年初中毕业，就在农村劳动了三年，那些年就不招生。1965年全国开始招生，艺术学校是提前考试，我就给误了。教育局的说，那你就考个别的学校吧，明年还不知啥情况呢。我原想明年再考艺术，听了人劝，就随便报了个重机学校，结果，就来了这儿，就碰上了纪林同学，就认识了张老师。正好是这个机会，你把握住就是。

编："文化大革命"后你和张先生的关系也受到影响了吧？

李：1965—1966年，跟他学习就是一年时间。秋天的时候，他被关起来。天气凉了，我去看，也不让见。我说看老师了，就硬是不让见。那时候，也不敢说学习的事，怕人家说张老师争夺青年一代。他喜欢给年轻人讲学问，毫无保留，人家就批判他，说"走资派"争夺青年一代了。博物馆原来有个办公室主任，也喜欢这些东西，他就给人家讲了么，结果那个人后来贴大字报，说"我是青年一代，争夺我了"。后来风声小了，他也被放回了家，我又上门请教，师母就说，不要谈这个了，人家说你争夺青年一代呢！师母是担心被人知道了又要挨批。他却说：这没事，不怕。别人有时候问了，说那是谁呢？他说那是我儿子的同学，找纪林呢，他就这样说。

编：这大概是最艰难，也是最地道的"诲人不倦"了。

李：他就是个书生。老党员，闹过革命，但是对职位并不热心。他最感兴趣的就是文化事业，特别热心，山西省成立文管会、考古研究所，他比谁都积极，就是因为乐意。做官，他没兴趣。

编：李学勤先生为张先生九十寿辰撰写的文章，标题就是"仁者寿"，读书明理，仁者爱人，传统文化的精华，还在呢。

（拐弯，看见路牌）

编：狄梁公街。是用狄仁杰的封爵命的名。

李：过去，这个路口的边边上是狄梁公的住宅，还有他的祠堂。现在，早就没有了。

不错，世道无论如何变迁，总有那么一种力量能让人心动泪流。少年时期丧失父母，中年之后颠沛流离，饱受打击，这是苦难的力量；顺境知取舍，能从吾所好，逆境可坚守，能沉潜幽光，这是智慧的力量；再往大了说，有傲骨，无傲气，心怀沉重，语带轻松，与人为善，诲人不倦，这就是文化的力量。三种力量，交错杂会，聚集于一人之身，沉淀于一人之心，这该是怎样的一个人啊！古人云："高山仰止，景行行止。"在无量的博大与宽广之前，沉默就是最好的交流。

狄梁公的祠堂早已不在，连一点断壁残垣也没剩下，留下的不过就是一个路牌。但在有心人的眼中，那里边却有浩浩荡荡的磅礴大气，有故事，有细节，生动而丰富地昭示着曾经的过往，记录了高贵灵魂的跃动。

心怀现实　放眼历史
——林鹏先生访谈录

被采访人： 林　鹏（简称林）
采 访 人： 张焕君（简称张）　谢耀亭（简称谢）
录音整理： 王　琪
执 笔 人： 张焕君

　　林鹏先生是一个率性之人，像魏晋时期的名士嵇康。率性是一个好词，但是如果忽略了它背后的苦难和纷乱，就显得有些轻薄。嵇康是大名士，有才学，有见识，文章写得好，人也长得帅气，似乎很有率性的资本，事实上当时以及后代许多人也都是这么过的。但是嵇康不同，他做过官却要骂官，痛骂他们的自私与虚伪，为此不惜与好友山涛绝交；读过书却要骂圣人，非汤武而薄周孔，为此最终丧失性命。林先生一生奇崛，多经磨难，但始终豪气不失，傲骨长存。他有一首小诗，颇见风骨。诗云：

　　　　吊儿郎当小八路，自由散漫一书生。
　　　　命中注定三不死，胡写乱画老来风。

　　先生是河北易县南管头人氏，生于1928年，1943年担任区干部，1945年以正连级入伍，1951年赴朝鲜参战，任65军战地记者、报社主编，1958年转业到山西，先后在省人事局、轻工

▲ 图1　林鹏先生（左）、张焕君主编（右）、刘国华社长（中）在林鹏先生家中采访

▲ 图 2　满江红

业厅任职。这是诗中"小八路"一词的来源。至于"吊儿郎当"、"自由散漫"也不全是自谦,有事实为证,足以看出他不迷信权威的自由精神。1943年冬天,他还在边区师范上学,当老师在《社会发展史》课堂上讲述社会形态演进时,他居然提问:每一种社会形态都是从发生、发展到崩溃,这是规律,哪一种社会形态不需要遵守这样的规律呢?弄得老师下不来台,为此他本人也受了些处分。但也正是从此开始了他读书、怀疑、思考、写作的历程。

转业到山西后,他认识了从教育部下放到山西的"右派"分子、语言学家孙功炎。孙先生看到他喜欢篆刻,就指给他一条治学门径:先熟读《说文解字》,然后攻读十三经、先秦诸子,就可以为一生事业奠定基础。林先生依此而行,由群经诸子,进而专治一经一子,即《礼记》、《吕氏春秋》。20世纪80年代后,不仅写出《晋作爰田考略》、《彻法论稿》[1]这样的学术论文,而且出版了长篇历史小说《咸阳宫》,艺术史论著《丹崖书论》、《蒙斋印话》等,深受学界好评。先生本人也因此声名大振,曾任山西省书法家协会主席,中国书法家协会理事,现在仍为山西省书法家协会名誉主席、山西大学客座教授、山西师范大学书画文化研究所顾问。最近,先生又相继出版散文集《东园公记》、思想札记《平旦札》,更以思想深邃、文笔老练,为有识之士所瞩目。先生本人历来以士自居,认为舜就是一位自耕农,认同孟子所说的"五亩之宅"和"无恒产而有恒心者,惟士为能",所以自称"书生",确实恰如其分。

诗中所谓"三不死",也是生活实录。林先生在多个场合说过:"我经过

注释:

[1] 分别发表于《晋阳学刊》1982年第2期、《运城高专学报》1985年第2期。

心怀现实　放眼历史

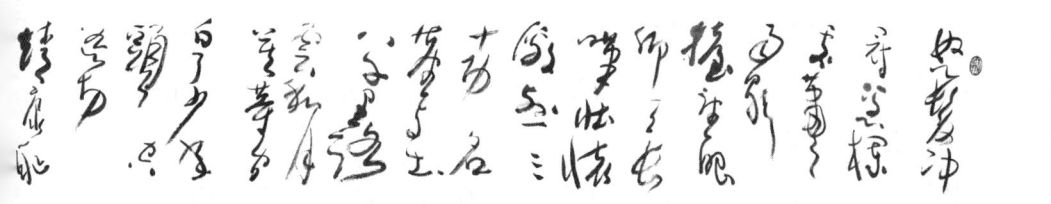

三个战争，抗日战争、解放战争、朝鲜战争，没有被打死。困难时期没有被饿死，一系列的人生磨难没有被整死。"这样的经历，事后说来，不过轻飘飘几句话，但在当事人听来，分明却饱蘸血泪。1952年，先生还在开城前线，因为言语不慎，得罪一位领导，在"三反运动"中被作为"思想老虎"，一撸到底，降职为战士，此后打击不断，心中抑郁，可想而知。此后的历次"政治运动"，都是站在悬崖边上的危险分子，家人受牵连，亲朋好友也无一幸免。风雨如磐，白昼如夜，一般人或屈服，说违心话，做昧心事，以图干禄，以求自保；或自杀，不忍污名，不忍堕落，洁来洁去，拒绝同流。先生却不然，傲骨铮铮，口虽不言，心中自有硬铁一块，读书思考，知识日丰，见识愈明，笔力日健，豪情愈增。每每放言高论，时闻警世恒言，虽以隐士自居，担当未尝暂歇。如此率性，方可谓"老来风"流！

我是学历史出身，但在与先生对谈时，却常因读书不多、不细、不真切，时时羞愧难当。先生是名副其实的"武工队"，半路出家，装备不精，但是对先秦文献之熟悉，出人意表。更难得的是，先生有一副仁者心肠，力量虽有不逮，心思却从未放下。他尊崇孔孟，对《吕氏春秋》中"天下，天下人之天下，非一人之天下"和顾亭林所说的"天下兴亡，匹夫有责"十分认同，50年来，所读之书，无不与此相关。为此，他对当前学界的一些研究颇有微词，认为借鉴西方的研究方法，如人类学、考古学、社会学，虽然必要，但必须明确文化主体，不可本末倒置，更不可"西体中用"，挟洋自重。在具体问题的研究上，他反对那些无病呻吟之作，譬如说，20世纪八九十年代在大陆广泛流行的曹聚仁的著作，因为其中提到妨碍中国发展最紧要的三个问题仍然是鸦片、小脚与八股文（科举），对这样的著作他十分鄙夷，以为隔靴搔痒，无补于世。辛亥革命甚至慈禧太后就已经解决的问题，几十年后还要郑重其事地提出来，反而对当前重大问题视而不见，岂不可笑？更何况科举制度并非一无可取，反而曾是造就无数人才的选官制度，对中华文化贡献甚大，岂可轻易诋毁？

先生读书，讲究修身济世，不尚空谈，最为真切。他读《史记·伯夷叔齐列传》，从叩马而谏看到古代士人对"以暴易暴"的抵制，从不食周粟看到土地公有和私有的转化以及帝王权势的扩张。读他至为心仪的儒家经典，更是妙论迭出。孔子说"仁者爱人"，仁字从人从二，他解释为二人即夫妇，有夫妇才有父子、兄弟，最后才有君臣，因此儒家强调血缘，主张以孝治天下，这是仁学的基础，也是孔子祖述尧舜、宪章文武的原因。《礼记·檀弓》说"狐死首丘，仁也"，在先生看来，这里的仁就是不忘本，不能昧了初心，昧了良心，所以仁是天然的，忘不了，谁又能忘记了自己的父母呢？儒家经典中主张"耕三余一"，耕作三年，必有一年的余粮，在先生看来，问题是余粮存在谁的手里？是国家，还是农民？农民掌管，自然能促进生产，但是要是国家凭借暴力征集、剥夺，农民一无所有，国家却是仓廪充实，用不了十年一定会有大饥荒。

先生也喜欢读外国书。他对马克斯·韦伯的《新教伦理与资本主义精神》评价甚高，认为书中提出的社会问题、心理问题远比纯粹经济问题与生物学问题的重要观点高明，在社会达尔文主义横行之际，这无异于给了该幽灵一记闷棍。看到海森伯的"测不准原理"和罗素的"概率论"，他想到的是如何运用理智来检验感情和实际，否认领袖人物具有上帝的权势，可以对人类的活动乃至命运"掷骰子"，自我评定，自吹自擂。彼得·沃森的《二十世纪思想史》对中国关注很少，但序言中所说的"二十世纪在许多方面，犹如一场噩梦"，又引发先生许多同感，并列出几部重要著作，以为补充。先生对英国的光荣革命一直十分好奇，想知道革命如何才能避免"以暴易暴"，却又能建立裨益后世的良风美俗。在阅读基佐的《一六四零年英国革命史》时，找到参照，十分愉快。

古人提倡"读书得间"，先生十分赞同。读书不是认字，甚至不是单纯的为学术而学术。学问一定与生活密切相关，否则纸上得来，口中流去，于人无补，于己无益。顾亭林主张经世致用，说的是读书要明大义所在，不可拘泥；傅青主一生事业，全在读书明理，身体力行，先生更是景行行止。他对钱穆的评价甚高，《国史新论》、《中国史学名著》、《先秦诸子系年》诸书，莫不反复揣摩，细心探究，其中对《国史大纲》、《国学概论》尤为欣赏，认为精到扼要，一目了然，而且其中所说文化问题，可以一言以蔽之，就是"学术者，心术也"，心术不正，学术难精，诚哉斯言！

采访林先生，是在采访张颔先生之后的第二天。上午去先生东花园的家中时，先生正在上课，四个学生正襟而坐，一派雍容气象。不便打扰，即行告退。下午过去时，已是三点多，先生正在吃午饭。所谓午饭，不过是山西人常说的"馍馍、米汤、菜"之类的便饭，十分简单。先生读书，多在夜间，常常通宵达旦，天明而眠。现在虽然将近米寿之年，仍然积习难改。但是精神却很好，手不离烟，侃侃而谈，神情超逸，说到动情处，愤激之气，跃然脸上，使人不禁为之动容。现据录音整理成稿，顺序略有调整，内容稍作增损，以免忤时，以飨同仁。

学术即心术

林先生十分健谈，思路又非常活跃，兴之所至，皆成话题，纵横捭阖，皆有情趣，所以采访中也无所谓主宾之分，谁问谁答，只要觉得有意思，能体现出情趣意旨，就跟着、挑着，多说一些，希望能够记录下些异样的眼光与声音，仅此而已。

林：你在哪儿毕业？

张：我博士在清华大学念的。

林：导师是谁啊？

张：彭林老师，他主要研究儒家礼学。

林：是礼学大家啊。他的《仪礼译注》我看过，大名赫赫。你这是科班啊。

张：我一直学历史，本科在山西师范大学念，在北京师范大学念的硕士，然后到清华大学念博士。

林：你是哪儿的人呢？

张：灵丘人。

林：灵丘？呀，邓云乡的老乡。

张：对，他是灵丘东河南镇的，我是上寨镇的，隔了一座山。邓先生是我们县出来的为数不多的学者。

林：邓先生还在世吧？

张：1999年去世了，活了76岁。

林：他的书好像很多吧？

张：著述不少，我看过的不多。前几年看了他一本《水流云在丛稿》，才知道他是灵丘人。

林：彭林有多大年纪？

张：他是1949年生人。

林：现在像彭林这样研究礼学的人不多吧？

张：不多。他肯下工夫，能坐冷板凳，常说"出水再看两腿泥"，比我们学生还勤奋。岁数那么大了，还是每天看书。这些年，为了普及传统礼仪，常常不辞劳苦，四处讲学，奔波于道路。他对传统文化有一种使命感。

林：他是哪儿的人？

张：无锡人。

林：呀，那是一个要紧地方。

张：嗯，要紧地方。他常说自己是钱宾四的小老乡。无锡出人才。

林：钱学森，钱伟长，钱穆和钱伟长还沾亲。

张：钱伟长是钱穆的侄儿。

林：钱穆的书你看过没有？

张：看过一些。

林：你说说都看过什么？

张：他的集子，就是台湾联经出版事业有限公司出的那套六十本的《钱宾四先生全集》，当时我们写论文，大致翻了一下。

林：你都看过什么？

张：《刘向歆父子年谱》是他的成名作，当然要读。其他像《中国文化史导论》、《中国历代政治得失》、《国史大纲》都读过。《国史大纲》我带学生读了好几年了，我在山西师范大学办了个春秋读书会，就带着学生一页一页地读《国史大纲》。

林：嘿，这么说你在临汾待了几年了？《朱子新学案》看过吗？

张：《朱子新学案》还没看，只看了一个简本。

林：《中国史学名著》，还有个《文化史丛谈》，都值得看。

张：《文化史丛谈》是根据钱先生在香港新亚书院的讲义编出来的，其他像《八十忆双亲：师友杂忆》，都很好看。（指着桌子上的《山西档案》）林先生，这个杂志第一期印出来以后，我给柴建国①老师送过去，跟他聊了聊我们的想法，柴老师也挺支持。《山西档案》原先面比较窄，我们现在想增加一些地方历史文化方面的内容，使档案的内涵更丰富，更有人文精神。

林（翻看杂志）：印得挺好。

张：昨天我们刚刚采访了张颔先生。

林：张颔？吹一吹吧，张颔那个人值得吹。

张：第二期的人物访谈是姚奠中先生，第三期是张颔先生，第四期就是林先生。

林：林先生往后吧，林先生不着急。

张：您三位在山西就是文化界的三老，都值得介绍。我们每期有个封面人物，就是想从各位前辈身上，挖掘力量，展现风骨，可以给年轻人指明方向。

林：姚奠中先生就是带路的人，100岁了，还写字呢，身体好，头脑清醒，说话也清楚，真不容易啊，是有品的人。

注释：

① 柴建国（1946— ），山西翼城人。又名柴鉴过，字也愚，室名若景轩、也愚居，书法多以笔名"斯木"署款。师从卫俊秀、陈曼若诸先生，工正、行、草书，现为山西省书法家协会副主席兼学术委员会主任，山西师范大学中国书画文化研究所名誉所长。学养丰厚，性情豪迈，有烈丈夫之气概。

张：您都80多岁了，抽烟还这么猛，可见身体还不错。

林：我不敢戒。

张：昨天采访张先生，他想喝酒，儿女不让多喝，张先生还不高兴，"劝君更尽一杯酒"，怎么只给我喝半杯？

林：他就是喝竹叶青，度数不高，没事。

张：哦。

林：戒烟多危险。欧阳中石岁数大了，要戒烟，结果戒烟以后，就成了那样（作蜷手状）。他就是戒烟戒坏了。我在一个书法展览会上见到他，他连连说："啊呀，你看我这手。"很懊悔。大康你知道吧？康殷，戒烟以后11个月死了。

张：哦，我在赵光贤先生家见过他写的小篆条幅。

林：赵光贤，是兰州大学的？

张：不是，他是北京师范大学的教授，是彭林老师的导师。

林：哦，他出过两本书，研究先秦的。这个人还在世吗？

张：不在了，2003年在北京去世了。

林：他是研究先秦史的，好像东西不多。

张：不算多，早年有一本《周代社会辨析》，晚年出了一本论文集《亡尤室文存》。

林：他和启功都是陈垣在辅仁大学时的学生？

张：是的。

林：赵先贤好像是学业读完了，启功学业没有完。

张：对，赵先生是陈垣先生的研究生，启先生比较坎坷一点。

林：启先生的自撰墓志铭中说"中学生，副教授"，可见他没上过大学。不过，他玩儿得很好啊，快90岁了还接受李瑞环的任命，担任什么中国政协文史馆的馆长。不错啊。

张：呵呵，这也算是北京师范大学的传统，就像陈垣先生，69岁入党。

林：恐怕是让他入党吧？

张：也可能是动员。

林：（突然指着面前的录音笔）咦，这是个什么啊？

张：录音笔。

林：这可坏了啊。（抬头，一笑）就那么回事吧，反正也老了。（举起烟盒，问）你们都不抽烟？柴建国的信我看了，对你评价很高，研究什么先秦儒家？

张：我写了一本小书，《制礼作乐：先秦儒家礼学的形成与特征》。

林：是不是柴先生给你介绍，太原有个林鹏，二百五，胡说八道，说了一些？

张：没有没有。（指着同行的谢耀亭博士）他也是做先秦儒学的，陕西师范大学博士毕业。

林：陕西师范大学？卫俊秀就是陕西师范大学的，陕西师范大学有点水平。

张：我们以后想通过柴老师，把卫先生的东西整理整理，做一个专栏。我觉得卫先生是一个有才情有担当的人，可惜除了书法界，了解的人还不多。

林：卫先生水平很高，字写得好极了，思想也很通达，但留下的东西少。连你们也得注意，要勤于写作，好赖长长短短留下东西，不然找不见，无迹可寻。姚先生的东西太少，他都是给学生们写的序言什么的。再下来是要有质量，你无论如何，专著至少得有一本，一本像样的，像博士论文这样的，20万字，得有这么一个，不然，人家想研究你，抓不住东西啊。张颔先生不一样，他有《侯马盟书》，还有《古币文编》，等于一个古币的字典，很权威，还有学术论文集[1]，三部书都站得住脚。

张：我那天去柴先生家，他正在看您送他的一本书。

林：《东园公记》？

张：对。

林：那是我的怪话，我的牢骚，都是我的历史，都是真人真事，我没有

注释：

[1]《张颔学术文集》，中华书局，1995年版。

编造。我的老战友老同志们，反映很好。去年11月，稿本印出来，到今年3月份，三晋版的《东园公记》出版，给我删了很多，有的给我改了。来了一个人说："我看了，三晋版的《东园公记》，给你删得干干净净。"我说："那好么，那才好呢，我放心了。"北京一个首长，是二炮司令，他看了，说："这是一个有良心的人说了一些有良心的话。"他老伴给我来电话，我说你再说一遍，我记下来，这是一个有良心的人说了一些有良心的话。人，该说话的时候就得说啊。

张：而且，像您这种经历和感受，我们这一代人很少有机会知道。

林：你是哪年生的？

张：1972年。

林：嗨，那已经乱成一锅粥了，你才生下。

张：呵呵，这个不由人。

林：你家现在还在灵丘？老人还在灵丘？

张：对，老母亲还在灵丘。

林：灵丘那地方就是穷，是个根据地。

张：抗日战争时期，日本人占县城，共产党在村里头，平型关不就在我们那儿么，常常是你来我往，来回打。

林：我知道，你们那儿，来回行军我也过了很多次，灵丘人性也好，人性不错。我早先当小八路，后来就是区干部。我是边区革命中学出来的。精兵简政，左弄右弄，最后算是晋察冀边区师范学校毕业，从这儿毕业，在这儿入党，然后分配工作，当了半年小学教员就当区干部、区助理员、民政助理员，我就干这个。以后他们知道了有这么一个人，下令调我入伍，带过八路的袖章，青天白日的帽徽。我的部队就在狼牙山，原本是杨成武的，所以杨成武

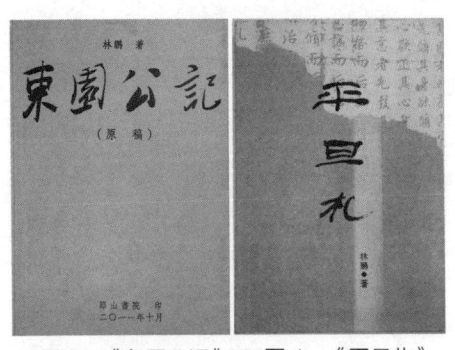

▲图3 《东园公记》 ▲图4 《平旦札》

每次到这儿来都打听我。我年轻的时候写稿子,写报道,小有名气。1946年4月当了团政治处的通讯干事,通讯干事这个职务后来就叫记者,以后当宣传干事,以后军政治部成立报社,就在那儿当编辑,后来当主编。解放战争完了到朝鲜,朝鲜的时候搞过一个"三反运动","三反运动"他是反老虎么。

张:国内搞的那个"三反运动"?

林:前线一样干,干得更凶。说我是思想老虎,老虎是贪污犯嘛,我没贪污啊,说是思想老虎,狠狠地给我个处分。我原来是骑马的,吃中灶,主编嘛,完了之后一撸到底,成了战士。我拿新战士的津贴费,一个月6块钱。我说我当战士,我下连队,不在这儿干,第二天就宣布林鹏代理主编。我受过这个洋罪,所以我一肚子怨气。

张:一肚皮的不合时宜。

林:从朝鲜回来以后,身体也垮了,吐血。

张:您在朝鲜待了多长时间?

林:两年八个月。

张:哦,那就是1951年入朝鲜?

林:1951年2月10日过江,1953年11月回国,整整两年八个月,7月27日签的停战协议,两个月后回国。

张:林先生,我插一句话啊。我们去年在临汾,采访还在世的抗美援朝老兵,大概采访了30多个人。职位最高的是一个军医,写了不少东西,有好几本日记、书稿,其他的都是普通战士。我们也没参加过战争,都是从电影里看的,就问他们打仗有意思吗?他们说,哎呀,有什么意思啊,常常是夜间行军,也不知道要去哪儿,走着走着就趴下,然后站起来再走。碰上敌人的飞机扔炸弹,看上去离得很远,却能把耳朵震聋,吓得不行。您在那里待了两年零八个月,一直到停战,真是想象不来。

林:1958年转业到山西。1954年回国后,先是住院休养,1956年我就要求转业了,没意思。打仗的时候,你在军队是对的,因为要打仗嘛,和平建设时期,在军队待着干什么?他们很多人都怕转业,我要求转业,我不干了。

张:您转业的时候,原先给您的处分怎么弄了?

林:叫取消处分。取消处分,反正处分还在。

张:哦,档案里都有写的。

林:转业后就留在省人事局,在办公室当秘书、干事,后来当人事处副处长、处长。我就当到处长,再往上爬不可能了,人贵有自知之明,知道咱们也不是当官的材料,所以就看书得了。

张:您在《晋阳学刊》还发表过一篇研究晋国史的文章,讲的是晋国作爰田的事。

林:我发表了两篇,一个是《彻法论稿》,一个是《晋作爰田考略》。你们山西师范大学有个人叫李孟存,写过一本《晋国史》,不同意我的看法。但是他们对经济制度缺乏研究,我就写了篇《再论晋作爰田》,我的《蒙斋读书记》里都有。我说,你们不知道"八夫一井"和"九夫一井"是怎么回事,公田到底有没有,"井"是个计算单位,不是真在地上画道道。

张:您读这些先秦的史料,是从年轻的时候就开始读了吧?

林:我有点受马克思的影响。马克思说先了解经济,经济基础决定上层建筑,这不是马克思的原则嘛,历史唯物嘛,所以我就先干这个。研究先秦经济制度也不难,李剑农有一部《先秦经济史》,好得很,跟它一样的还有好几本。先看他们的书,然后按图索骥,直接去翻原始文献。先秦的东西不多,《十三经》之外,《诸子集成》不是8本么,前头6本都是先秦,好弄。下来是《管子》,《管子》很重要。下来就是《左传》、《国语》、《战国策》这一类的东西。没事就看,做卡片。《周礼》要非常熟悉才行,《周礼》有《地官》,那都是说土地制度、田税军赋。这些书都不看,那就完了,就没有话说了。

张:彭林老师的博士论文就做的《周礼》,叫《〈周礼〉主题思想与成书年代研究》。

林：他认为《周礼》是什么时候成书的？

张：他认为是战国中期。他打比方说，就像农村里农民盖的鸡窝，鸡窝是现在的，但是用的可能是秦砖汉瓦。《周礼》成书在战国，但是材料要早得多。

林：清人有一部大书，叫《皇清经解》，阮元1828年编的，1875年王先谦又编了《皇清经解续编》，彭林的根据也都是这个。这就是孙诒让《周礼正义》序言上所说的六国阴谋之书，六国就是战国，阴谋就是说阴谋诡计啦，就是有人在那儿研究策划，可是它没有施行，所以就叫阴谋。语言文字是主要的载体，但它本身也有历史，你不能说某一个词战国有，春秋没有，那可能是你没有见到，毕竟在秦始皇焚书之后，流传下来的古籍是很少的。孟子说："尽信书不如无书。"这是现成话，但是谁也没有真正把它运用到自己的学习研究中去。这是个大事。思想一定要放宽，外国人研究人种学、民族学、人类学，现在仍然非常活跃，不断有研究发现，这就是很好的参照。学术也有历史，比方说疑古派，它也有历史，不是闹着玩的。禅宗讲究打佛骂祖，不立文字，这一套很厉害。中国的学术不可能不受禅宗的影响，于是乎也疑经疑圣，最后疑古，宋代就是这样。到了20世纪的疑古派，更厉害，把中国的历史全部虚无了，这就坏了。所以咱们这儿讲一个大问题，就是疑古也有历史，什么都有自己发展的历史，自己的规律，每一种学术都一样。马列主义也一样，也有自己的历史。疑古派走到极端，钻了牛角，完了，不行了，下面就没文章可做了。你是研究历史的，研究历史，历史观点很重要。我说的这个历史观点不是那个历史主义，历史主义也有历史，很危险。

张：什么东西都有源有流，只见流不见源，有去脉，无来龙，肯定不能透彻。

林：你们来我很高兴啊，希望你们有成绩，有成果，我的书你看过什么啊？

张：没看过，都没看过。

林：书店倒是都有，我可以给你原稿。先看看书，你可能同意也可能不同意,没关系,但总得看。

张:林先生,您这个蒙斋的"蒙"是什么意思?

林:蒙嘛,就是瞎蒙。《周易》有蒙卦,蒙就是启蒙,不是很坏的卦,启蒙,启别人的蒙也启自己的蒙,说的都是文教上的事。五台人说"蒙不鸡","蒙"字当"我"讲,都说得通,无所谓。

张:我跟柴老师聊的时候,他说您对先秦古籍,像《论语》、《吕氏春秋》,都特别熟。

林:我写《咸阳宫》主要就是根据《吕氏春秋》,写的就是吕不韦嘛,那书我很熟悉。我曾经决心注释《吕氏春秋》,但是看了张双棣的《吕氏春秋译注》、王利器的《吕氏春秋注疏》之后,就不闹了,他们都已经做得很好了。

张:王利器先生著述很多,1957年被打成"右派",后来又被下放到咸宁五七干校,接受劳动改造,但是勤于笔耕,成果丰富,字数至少在两千万以上,被称为"两千万富翁"。您的《蒙斋读书记》里头好像有一篇相关札记。

林:看看就行了,没什么东西。我不是那个岗位上的人,也不是教授、研究员,没学历没职称。来个人,他们都是研究员、教授,我说你们是正规军,你们打阵地战,你得在那儿盯着干。我不一样,我是武工队,我见了便宜就捡,捡完了打完了就跑,你到哪儿找我去?找不见。

张:这叫旁观者清。

林:有时候能看出点东西。

张:因为在那个圈子里头,往往思路很受局限。东西还没有写出来,就琢磨着能不能申请课题,拿到经费,是不是符合在上者的口味,会不会触犯红线禁令,学问成了这样,还算什么学问?好一点的,号称为学术而学术,对现实视而不见,规规矩矩写论文,没有什么现实关怀,也谈不上人文关怀,说到底,还是著书只为稻粱谋。

林:大学教授在讲台上讲课,总是要提供可靠的知识、可靠的论点。我这一天胡说八道惯了,偶尔也能蒙出点道理来。他们要同意我嘛,没说的,要不同意，也很难反驳，所以他们也不大理我，不理拉倒。

张：您小学的时候念书，不念古书了吧？

林：不念，我念的是洋学堂。八路军来了，我上的是八路军的学校。八路军的学校就是讲马列，讲中央文件，讲政治形势。《社会发展史》那门课我学了三遍。

张：所以我特别好奇，您和张颔先生经历相似，都是很早就参加革命，却都对古代典籍十分熟悉。

林：张颔比我还可怜，他是小学四年级。我起码还上了两天边区中学，他全靠自修。

张：昨天我问张先生，我说像战国文字这样的专门之学，没有老师带，全靠自己，真是不容易。

林：《说文解字》里就有战国文字，叫古文。

张：有古文，有籀文，都需要下工夫。

林：有一本书叫《古籀文编》，那个很有意思，都是照相影印的，对学习很有帮助。张颔喜欢写字、篆刻。他上学的时候，有一个教员就是研究金石学的，对他帮助很大。哦，你们去看望张颔了？

张：还聊了一个多小时，后来怕时间太长，不敢聊了，张先生还挺生气，说："让我把话说完嘛，话说了半截就不让说了。"

心怀现实　放眼历史

林先生有几个莫逆之交，形成一个小圈子，在冷风凄雨中相互取暖，彼此激励。老画家李炳璜和张颔是这个小圈子的首领，对林先生影响很大。20世纪60年代，有一次，李先生给他下了个评语："你是子路未见夫子，大有行行之慨呀！"林先生听后大受震动。他曾经让林先生书写傅山一句话以自勉："幽独始有美人，淡泊乃见豪杰，热闹人毕竟俗气。"李先生所绘荷花，从无"留得残荷听雨声"的闲情逸致，也从不画娇媚的出水芙蓉，却是笔力雄健，色彩浓重，仿佛正在狂风暴雨中挣扎，简直是一种即将粉身碎骨的样子，但在历经磨难后，终于挺过来，硬朗地直立着。张颔先生也喜欢荷花，称之为君子之花,看中的同样是出污泥而不染的清高。在推崇传统士人品格的林先生看来,这样的喜好正反映了中国传统的士君子文化的高贵品格。有这样的人在,中国文化就亡不了。

先生对帝王之术深恶痛绝,因此凡是与焚书坑儒的秦始皇相类似的古今帝王,一概不假辞色,痛骂不已,让人拍案叫绝。反过来,他对那些敢于坚持原则、伸张正义的志士仁人,却是赞不绝口。舜是典型的士人,开创了中国古代的礼乐文明,后来的伊尹、傅说、吕尚、孔子、孟子、管仲、乐毅以及吕不韦,都是士人。他们主张耕者有其田,天下非一人之天下;提出人人平等,维护个人尊严;继承古老的政治传统,明堂议政,辟雍选贤;尊重血缘关系,顺应人的善良本性,大道之行,天下为公。在林先生看来,这些主张,与所谓社会福利(社会主义)的政治主张完全相通,都是主张在私有制下建立道德社会。

战国时期,士人兴起,所谓布衣之秋也。大显身手之际,选择不同,遂有出处显隐之别。隐士身处山林岩穴,不事王侯,高尚其事,不臣天子,不友诸侯。处士不为官,不主事,敢于横议。也有为了养家糊口出为小吏的,有急功近利、曲学阿世的法家之徒,更多的则是抱负非凡,以仁为己任,追求王道的儒家之士。法家之徒人数虽少,却容易得势,所谓儒法斗争,正在后两类士人中展开。

隐士中林先生最推崇鲁仲连,赞赏他的独往独来,特立独行。上古之时,人们日出而作,日入而息,耕田而食,凿井而饮,帝力于我何有哉!但是到了争于气力的战国,奸诈并起,屠戮不断,因"商鞅变法"而崛起的虎狼之国,如黑云压顶,使所有人都谈秦色变。但是就在这样的时候,鲁仲连居然"义不帝秦"!什么是义?就是主义、思想、思潮、理论,是来源于三代而下的礼乐文明,是孔孟圣贤相传的仁政。有了这样的人,有了这样的精神,治世不媚进,浊世不易方,任重道远,至死不变,才造就出中华文化的一股韧劲儿,一种胸怀。这样的精神,岂是几个暴君能够扼杀得了的?又岂是那些惯于向权势、时尚献媚的软熟之人能够理解得了的?

林：1985年，我写了《咸阳宫》，实现了我的诺言，只看两千年前的书，写两千年前的事。

张：事儿是两千年前的，但心还是现代的心。

林：所以说，历史都是当代史，当代人写的嘛。人们最近说，林先生烧掉他的书稿，这是他人生的一大转折。是，也可以这么说，但是那个转折可得有决心，那不仅是和"文化革命"决裂了，也和我过去的理想信念统统决裂了，很彻底。我一个老百姓，官也小，我怕什么，光脚丫的不怕穿鞋的，你们怕湿掉，我不怕，这二百五劲儿上来，就一条道跑下去了。

张：您是什么时候有的这种认识？

林：一野出了个杜鹏程，《保卫延安》写得多好，山东写了个《铁道游击队》，影响也很大，晋察冀只有《野火春风斗古城》、《烈火金钢》、《敌后武工队》、《太阳照在桑干河上》，影响不够。20世纪八九十年代，聂荣臻、杨成武以及史进前、陈亚夫等老首长都提出来让林鹏写一部反映抗日战争的长篇小说。我推辞不掉，只好答应。买了一些资料，《晋察冀日报》，《晋察冀画报》复印件，一垛一垛，一捆一捆的买了很多，认真研究。后来我的老首长，原总政副主任史进前到了山西，问我准备得怎么样，我说很快就要写了，不过观点首长们不一定赞成。他要我先说说。我就毫无顾忌地说了，中国革命就是农民战争，革命成功靠的是20世纪30年代的抗日救亡运动，我的老战友们人人都是为了抗日，我也是。但是革命成功后，咔嚓一下子扭过来，农民从此成了二等公民。这还不算，连他的子孙都让户籍制度给弄住了，一个城乡差别，一个工农差别，农民的社会地位很低。还有那批参加抗日战争的进步人士，这些人虽然很多都参加了八路军，但是按照

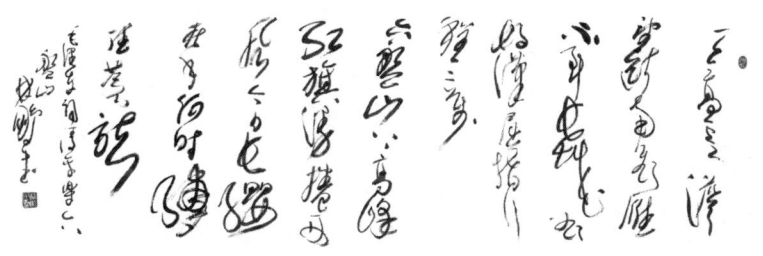

▲ 图5 清平乐·六盘山

心怀现实 放眼历史

苏联的观点也只是革命的"同路人",能有什么好结果?所以在"文化大革命"之前,八路军也很少提。《林海雪原》中杨子荣智取威虎山这个故事,发生在1946年冬天,那时我军刚到东北,还没有"解放军"这个称呼。八路军仍然是青天白日帽徽,八路的袖章,我记得很清楚,正太战役打完后,打沧州以前,才在路上扔的,连绑带也一起扔了。你打过绑带没?

张:没有,没机会。

林:习惯了打绑带的人,忽然不让打了,根本走不了路。那天大家都掉队,时间应该是1947年6月份。我见了老首长什么都敢说,所以他们也很喜欢我,从林鹏这儿能听到很多东西。我给老首长说:"1948年晋察冀边区的农民,流行一种怪话,要拥护什么反对什么,你有印象吗?"他说:"好像有印象,当时听了也不在意,哈哈一笑就过去了。"我说:"虽然是怪话,当时认为这是农民意识,小资产阶级意识,也不大管,哈哈一笑就过去了。"但是为什么有这么个说法呢?八路军是抗日的部队,当然要拥护,这谁都知道,但是为什么要反对某些党员呢?这个不好理解。这跟"土改"有关。原先入党是秘密的,连爹娘都不告诉。1947年年底搞"土改",公开党员身份,这个时候老百姓才知道,有些党员原来是些行为不端的人,甚至还有地痞流氓,好逸恶劳,农活儿都不会干。所以,才有这样的怪话。这跟中央没关系,农民看见的就是自己眼前的人,觉得他们太丢人,人缘不好,好吃懒做,给党丢人。他们只有一个优点,那就是穷。给你们讲这个,有点隔膜吧?

张:还好,以前看书也接触过一些。

林:这帮人自己不劳动,他们的子孙也都不会种地。改革开放以后,分田到户,你站到村边看看,那些庄稼长得好的,都是中农家的地。刚才说了,文字有历史,语言有历史,革命也有历史。条件艰苦的时候有道理,符合道德,但是形势好了,良莠不齐,反而没了道理。

张:争权夺利?与理想无关。

林:也不全是,至少早期看不出来,那时候也没有利可争啊。"文化大革命"当中不上班，平反之后我是逍遥派，每天只管看书。我看的书都是从废品收购站买的，那里的烂纸破书堆积如山，一毛六一斤，我在那儿挑好了捆起来带走。看完了，再来卖，八分钱一斤。我这样看书成本不高，不高就大量地看，看了几部大书。

张：林先生，您是河北易县南管头人。韩石山先生介绍您的文章里，好像提到在您的村子里，还发现了一块北魏时期的碑。

林：我们村出了一个民族英雄，这个人1915年出生，1932年入党，"七七事变"后就到前线，担任过龙华县抗日政府的民政科长，是县委常委，对开辟根据地贡献很大。1942年在战斗中牺牲，他叫李君玉，那个牺牲地现在就叫君玉村。以个人命名地名，在我们河北不多，全国也很少，河北有个本斋村，山西有个左权县，是用马本斋、左权的名字命名的。所以说李君玉很不简单，了不起。他家是地主成分，是我们村里唯一的地主。你看这个巧，唯一的地主子弟在那儿抗日呢。抗日战争胜利后就是"土改"，定成分，他老婆就成了地主婆，孩子们都是地主子女，受压很多年。李君玉的通讯员姓杜，后来当了保定地委书记。在他的坚持下，才改了成分，摘了帽子。这都是阶级斗争闹的。2005年，抗日胜利60周年，我回村探亲，出钱买石料，亲自写了碑文，给李君玉在村里立了个碑，镇政府也不错，出钱给盖了个碑亭，算是对烈士有个交代。要不，太让人心寒。

张：您能谈谈北魏太武帝的御射碑吗？

林：那个碑就在我们村，我写了一篇文章《寻访御射碑记》，上边都有介绍。后来，花了4万块钱，从傅增湘的后人那里买了一个

▲ 图6 张焕君主编（左）、刘国华社长（中）、谢耀亭主任（右）与林鹏先生合影

拓片，十分珍贵。有人说："你不要复制，复制了就不值钱了。"我说不怕，稀有的东西最需要大量复制，复制到不值钱才好，不值钱了才能传播嘛。我无非就花了4万块钱么，我豁出去了。现在只挖出一小块儿，等到另一部分发掘出来，我一定要开个研讨会，广为传播。文化就是需要传播，这跟收藏不同。

张：这是您胸怀大，一般人还真舍不得。《侯马盟书》，张颔先生1973年就整理出版了，但是数量更大、内容更多的河南温县盟书，自从1980年出土以来，至今也只公布了一个1号坑的简报。

林：学术者，天下之公器。公器，就是公共的，不是个人的。你说我这是胸怀，恐怕不对吧？胸怀我能有多大，这是一种观念，不能把它认为是私有的。文化全靠传播，你有我也有，这才能流传。要是只有一个人有，那坏了，那叫什么呢？那叫帝王思想。

林鹏先生为人有豪侠之气，朋友也多，《东园公记》中就有好多篇怀念师友的文章，感情真挚，惹人泪下。2003年，他写了一篇文章，纪念去世30年的老友袁毓明，提到后人对老友的评价是："一辈子没有说过一句硬话，没有干过一件软事。"回忆了两人阅读完《朱子语类辑要》后，林先生称赞朱子点出秦始皇对后世帝王的启示就是再也无人愿意放弃皇帝称号，袁毓明十分赞同，说："你是心怀现实，放眼历史。"心怀现实，放眼历史，这八字评语，确实精当，也只有相交多年的知己才能说得出。进而言之，人类为什么需要知识、需要思想、需要那些善于思考的人？难道真是仅仅为了大学的讲台上有人上课，研究所里有人读书，学术期刊上有人写文章，从而显得文化繁荣，盛世太平吗？如果不是这样不堪，那么这一切，就应该与人类自古以来一直面对的生存困境有关。不必过分夸大什么话语、权力，什么主义、思想，人无论作为生物性的存在，还是社会性的存在，都不会不面临饮食男女、精神困惑、理想追求、价值实现之类的问题。脱离对这些问题的思考与解答，知识与思想还剩下什么呢？如果想要解答，却忘却本体，数典忘祖，以夷变夏，以批判打击自己祖先为能事，以为中国数千年文明一无是处，以为照抄一些外国理论或语录便能救中国,这样的人,非愚即妄,不必多谈!又何惧他来势汹汹,洪水滔天?

有学者说,自周公、孔子以来,中国就确立了一种"善于调整传统的传统",周公制礼作乐,孔曰仁,孟曰义,以后韩愈、朱熹,直至曾国藩、钱穆,莫不如此。这是一条充满士人精神的文化主线,林先生也在其中。为什么说一切历史都是当代史?就是因为有历史意识的人,他的所有思考都集中于时代的重大问题之上,而这些问题绝非产生于一朝一夕,如民生,如仁政,如帝王之术,也不会在一朝一夕间灭绝。这样一来,现实就与历史水乳交融,难分彼此。林先生有一首《回乡》诗,写得很有性情。诗云:

> 书剑飘零四十年,归来依旧老山川。
>
> 项上得脑今犹在,肚里初心已茫然。
>
> 丹心碧血成底事,白发青衫两无言。
>
> 小子狂简归来晚,尚有余力缀残篇。

大道多岐,迷途知返,虽白首衰翁,犹不愿效枯鱼之泣,念兹在兹,系心于文化一脉。对待三暴:暴君、暴政、暴力,从不稍加辞色;对待三无:无知、无礼、无耻,时时口诛笔伐。这样的决绝,这样的清醒,放眼当世,能有几人?后学小子,敢不笔之于书,明教躬奉!

梅骨多清峻　大气自纵横
——赵梅生先生访谈录

被采访人： 赵梅生（简称赵）
采 访 人： 张焕君（简称张）　李星元（简称李）
录音整理： 王　琪
执 笔 人： 张焕君

赵梅生先生名气很大，被称为董寿平之后山西声名最著的国画大师，他在花鸟画方面的影响远播海内外。赵先生的成就也很高，中国美术馆两次为他举行个人展，2012年12月，"学海流香——赵梅生从教从艺七十年回顾展"又在中国美术馆展出。这样的隆重待遇，在山西画家中绝无仅有。不仅如此，2006年人民美术出版社还专门举行《中国近现代名家画集——赵梅生》首发式，美术界称之为"大红袍"系列画集①。自1994年以来，入选该画集的

▲ 图1　张焕君主编（右）、赵梅生先生（中）、李星元老师（左）在赵梅生先生家中访谈

注释：

① 所谓"大红袍"系列画集，即画册外壳使用全红的硬套装帧，红套之上是画家的烫金黄字封名，素以选题严格著称，是人民美术出版社给画家最高级别的待遇。

画家不过40余人，在近现代美术史上都是赫赫有名、成绩斐然，张大千、齐白石、徐悲鸿皆在其中。

常人难及的殊荣，在赵先生眼中却似乎只是水到渠成之事。埋头做事，只问耕耘。荣誉之或来或去，如同潮涨潮落，当来则来，当去则去，本不必刻意营求，也非营求可得。这样的淡泊心态，搁在当今这样号称喧嚣的时代，似乎有些矫情做作，故作高深。但是，只要你能安静地坐下来，真诚地与赵先生交谈两小时，甚至一小时，你会觉得他就是这样的人，单纯得近乎透明，没有机心，即便是曾经的种种打压与苦难，在他那里也看不到激发出来的逆反之气，只是那样的平和纯粹，心如赤子。

这样的心态，让我十分疑惑不解。在我的采访经历中，苦难往往造就奇崛、傲岸的品格，尽管这些品格的表现形式并不一致，有人会愤世嫉俗，金刚怒目；有人会黯然神伤，掉头不顾；有人会自嘲讽喻，痛而不发，但是稍加研磨，都能感受到一种硬生生的气概，扑面而来，让你揪心，让你拍案。但是，赵先生却没有，无论在作品中，还是日常对话中，感受不出一分半分的愤慨之气。这不能不让人疑惑。

有了疑惑，总想试图解释，找个答案，让自己心安。答案不一定对，但对于解释而言却很必要。在与赵先生聊天时，他反复提到他的"妈妈"，每次提起，都语调悲怆。先生命苦，妈妈命更苦。早年出阁，多遭歧视，愤而改嫁，成为闻喜县城内徐家巷赵家的续弦媳妇。赵家曾是显赫门第，但此时也已败落，丈夫虽然粗通文墨，能画花鸟，却好吃懒做，吸食鸦片。妈妈心灵手巧，能缝善绣，还有一手祖传的剪纸功夫，日夜操劳，家境有所起色。1925年腊月，先生出生，因腊月梅花怒放，取名梅生。3岁时，母亲因与前房子女不和，离家另过。辗转迁徙，饱受磨难，其间母亲还被人诬陷，关入大牢。1937年，先生年仅12岁，日军攻占太原，一路南下。为求避难，母亲带他逃到乡下，在北垣栗村生活了4年。虽然生活艰苦，母子相依为命，倒也自在安生。为谋求生计，母亲请人教先生学算盘，长大了可以当个账房先生，又托人将他送进村里唯一的私塾。在那里，先生幸运地遇到了一位启蒙老师赵耀青,除了读写《幼学琼林》、《尺牍》、《读史论略》、《四书》之外,赵耀青又带他初入绘画之门,奠定了其一生的生存基础。就这样,夏秋拾柴,贴补家用,春冬读书画画,日子还算安稳。1941年,日军包围栗村,抓劳工,先生因为身体瘦弱幸免于难。为了活命,当天就告别母亲,逃到咸阳当童工,与母亲天各一方。1946年,母亲因为参加农会遭到还乡团的报复,被残忍杀害,尸横通衢,因无人收尸,腐烂于街头。先生当时仍在设于陕西宜川秋林镇的"山西第三教养院"担任美术教师,

▲ 图2　创作巨幅《梅花图》

获知噩耗,却无能为力。1950年,先生回到闻喜,向县政府上诉,要求抓捕凶手,为母报仇。县政府在一周之内抓获凶手,后来执行枪决,并为母亲在烈士陵园迁墓立碑。这样的义举,让先生感念终身。直到如今,谈及往事,他仍然说:"是共产党为我报了血海深仇,我感激共产党,她是我的大恩人。"语言质朴之极,完全是世代相传的知恩图报心态,与意识形态似乎并无关联。

我不懂心理分析,但却分明感到童年的经历最让赵先生刻骨铭心。15岁之前,他的生活核心是苦难却要强的母亲,他拾柴、拾麦的经历与母亲有关,读私塾、学剪纸、画皮影、学画画,也出自母亲的影响与安排。母亲的悲惨遭遇以及死后哀荣,一反一正,让他把共产党视为恩人,感念终身。即便20世纪50年代后遭受了那样多的打击迫害,他记恩不记仇,只往好处想,作品中自然不会有踔厉风发、负隅一击之气。进而言之,2005年,他捐献76幅书画精品给故乡闻喜,建立赵梅生美术馆;2008年,又捐出111幅书画作品,在太原晋祠建立美术陈列馆,追根溯源,无不与知恩图报、报效桑梓之心有关。

所以才有今日这般的温婉和顺。这与年龄无关，尽管先生已近米寿之年，但老年人中狷介、偏狭之士又何尝少见？中国传统文化讲究中正平和，不暴戾，不偏颇，能以己度人，也能逆来顺受，倒是有几分神似。这样的习性，虽然看起来刚健不足，反思不够，但是却能心智单一，专研精进。赵先生一生事业，在二大端。50年杏坛执教，以"美的发现与感动"为宗旨，培育弟子无数，被国家授予"人民教师金质奖章"；70载艺林泼墨，主张中西融通，自异求新，文物雕塑既可入画，笔墨枯润更见欧美风情。水墨所至，无东方西方之边界，有进退自如之逍遥，是以荣膺"优秀人民艺术家"而无愧。凡此两端，既是平和心性之体现，敬业、感恩之赤子情怀也昭然可见。

与赵先生谈话，他讲得最流畅的是专业问题，尤其是在国画的钻研、变革上新见迭出，令人目不暇接，很难相信眼前具有如此新潮理念的是一位耄耋老者。专业之外，最动感情的是童年经历和教师生涯。对母亲的记忆与负疚，对学生的期待与成长，在他而言，都如同深深的烙印，印在骨子里，合为一体，化为自我。这样的诚挚，无疑最为感人。赵先生的夫人冀雅翘女士，也是一位成就不俗的画家，性情是同样的温和优雅。虽然年事已高，但因为那天保姆不在，便亲自张罗招呼，端水果，掰葡萄，沏茶水，口中还连连为招待不周而致歉，这让我依稀想到书本中描述的旧时代受过良好教育的大家闺秀，敬重之余，心情也随即放松下来，接下来的访谈就显得格外轻松自然，如同与相识多年的师长把臂闲谈。

在希望中活着

赵先生命很硬。他4岁丧父，15岁离家逃难，辗转异地，饱受流离之苦，却能凭借一技之长，养家糊口。1958年被打成"右派"，20年间，艰难困顿，辛苦备尝，但却越挫越奋，不离不弃，写生临帖，技艺精进。先生的女儿南南老师也是山西有名的画家，她看到父亲在那样的环境下，画的牡丹依然鲜红招展，毫无颓丧之气，竟似活在世外桃源中，未染人间风尘。父亲告诉她："我总在希望中活着，就如石头下压着的一根草，顽强地活着。八大山人的画体现他受压抑的情绪，一种反抗的傲骨精神，我是画一种顽强的乐观精神，画梅花，就是要再现铁骨英姿，生气勃勃的精神状态。"这样的阳光心态，体现的是不屈不挠的求生意志，就如同《芙蓉镇》中秦书田在被打倒后扫大街时说的那句"活下去"台词，体现的是同样坚韧的力量。先生有一幅画，名叫《生机》，画了两株过冬白菜，叶子早已枯黄，其中一株却长出嫩黄的菜花，昂然挺立。白菜是北方最普通的越冬蔬菜，经济适用，毫不起眼，酷似千百年来沉默却有力生存的下层民众。其中意象，令人为之驻足凝思，心动神驰。

张：赵先生，我们是《山西档案》杂志社的，今天来，想对您做个专访。

赵：我就是画了一辈子画，什么也不会。没啥可说的。

李：您是咱们山西走出去的画家中最厉害的，最有资格。

赵：不一定，人家都是专职画家，我是业余画家。

李：那为什么人民美术出版社只给您出了"大红袍"？

赵：他们大概是不想弄吧。要不，就是我走运气了。

李：您真是越老越谦虚。

赵：你们来这儿，我很高兴，该谈些什么问题？

张：我们杂志每期有个栏目叫《人物档案》，专门介绍山西文化界的名宿前辈。我们的思路是这样的，一方面介绍这些前辈在专业领域内的成就，更重要的则是通过他们的人生经历，发掘他们身上蕴藏的宝贵财富，在专业知识、人生修养、敬业精神等方面，能给人以启迪，有激励作用。我们前边采访过的几位学者，如柴泽俊、张颔、林鹏几位先生，都是少小失学，饱经忧患，但凭借自己的努力，都能学有所成。您的情况与他们类似。所以也想跟您聊聊这方面的事情。不用太正式，随便谈谈。

赵：是这样的啊。（沉思片刻）这个人生啊，从少年、中年到老年，就和庄稼一样，从小苗、长大到收获，遭遇不同，环境不同，收获也不一样。看到现在的年轻人，我很羡慕他们，我说你们现在赶上好时代了。像我和老伴儿，都是从最艰苦的环境当中活到现在，竟然活了80多岁，想也不敢想啊。要是没有近30年来文艺复兴的这个环境，没有这个大的局势完善自己，我可以说是一无所有，毫无成就。从这个角度来说，我很庆幸，现在也还可以欢愉地来一个回顾。

张：您是闻喜人？

赵：我出生在县城徐家巷，一个几进的大院子，门口还有牌坊，出过做官的，是个读书人家。但是到我出生时，家境已经败落，4岁时父亲去世，从小就过着孤儿寡母的生活，靠我妈妈缝缝补补来维持生计。

张：您对童年印象最深的是什么？

赵：那要从抗日战争说起。日本人打过来，我们母子只好逃难，跑到城北的一个农村里，上没有一片瓦，下没有一分地，生活很艰苦。我捐给闻喜美术馆的作品里有两张画，画的是拾柴、拾麦，那都是真事。我们那里没有煤，生火做饭的柴禾要出去拾。割麦子的时候，有地的人家收割麦子，我和母亲只能在地里拾麦，捡人家剩下的麦穗，维持起码的生活。在这样的环境中，我妈妈引到我15岁。此后，我就离开了妈妈，再也没有见过她。现在回忆起来，最痛心的事情就是没有给母亲尽过孝，这是我一辈子心里面最难受的，也是激励我上进的原因。妈妈在世时经常告诉我要有一技之长，她说"艺多不压人"，不管学什么，你必须把它学好，把它作为你生活的一个支柱，从小妈妈就老是说这个事情。

张：听说您还在纱厂当过童工？

赵：我15岁时，有一天，日本人把村子包围了，把男的全部集中起来，抓苦力，我也被抓了，关到一个封闭的地方，准备带走。大概是命运的安排，出发前日本人嫌我身体瘦弱，把我放了，其他全被带走了。这些年从老家了解到，这些人后来全部死在沈阳的煤矿上，我算是死里逃生。当天下午，陕西咸阳纱厂来敌占区招童工，妈妈害怕我再出事情，就让我去应聘，逃一条命。我哭别母亲，叩了三个头，从此过上我的流浪生活。来到咸阳纱厂当童工一年，太苦了，不堪回首。我睡觉的大通铺中间，有一个新绛的孩子，年龄跟我差不多，就死在我身边。工作辛苦，待遇差，没有任何卫生措施，传染病很厉害。童工要做3年，叫养成工，这3年没有工资，只是管吃管住。没办法，连铺盖卷儿都没敢带，半夜逃出纱厂，算是捡了一条命。

张：后来您怎么就当了美术老师？

赵：在纱厂逃出来，就顺着回家的路走。和我同行的还有一位老工人。穿过陕西的黄龙山，很盲目地走，一直走到陕北宜川的秋林镇。当时身无分文，穷困潦倒，正好那里有一个难童学校①，专门收容敌占区里的失学儿童。经别人介绍，我就在那里做了美术老师。

张：您学过画画儿？

赵：我念过几年私塾，遇到一位好老师，他叫赵耀青。这位老师我一辈子都记得，他是我的启蒙老师。他喜欢画画，在私塾里不仅让我们读古书，还规定每天必须画一张画。老师给我写一个仿影儿，让我拓上来写。日复一日，这才有了些绘画的基础。我家境不好，老师就拿话刺激我："人贫志短，马瘦毛长。"我心中不服气，我虽然贫穷，但人贫就应该志短吗？老师给我们讲《论语》，其中有一句"学而时习之"，对我影响很大，学习就是不断地温习，才能融会贯通。这句话对我一生影响很大。可以说，正是通过赵老师3年多的教育，我才算有了一技之长，能够谋生糊口，开始走上我的人生道路。做美术老师，是我进入教育界的第一步。从那开始，在讲台上一站就是50年。

张：国难当头，至少有一个落脚的地方，可以安生一些。

赵：新中国成立以后，难童学校解散，我和老伴儿来到宝鸡，看见招聘教师，就去应聘了。考试内容是数理化什么的，我全都不会，在纸上画了一幅画，放下就走。后来，宝鸡县委书记焦世雄看见我的画，找我谈话，让我俩到宝鸡县委工作。县委工作吃供给制，没有工资，发衣服，管吃饭。我的任务就是和一群干部，带一个秦腔剧团，到新区通过演戏宣传"土改"，讲解政策，就这样待了一年。

张：后来怎么又回山西了呢？

注释：

① 即山西省第三教养院。最初设在秋林镇，后来迁移到韩城。抗日战争时期，国民政府在各地设立教养院，收容儿童。比较著名的有设于汉中的西北儿童教养院。

赵：我有两个心愿一直没有完成。第一个就是我的妈妈，含冤而死，后事没有处理。第二，我老伴儿的妈妈在太原，我们得回去看看。我回到闻喜，第一件事就是控诉杀害我母亲的凶手，为母亲报仇。新中国成立前闻喜是国共两党的交战区，

▲ 图3　赵梅生先生（右）与山西省省委书记袁纯清（左）合影

今天共产党来了，明天国民党来了，搞拉锯战。我们住的栗村离县城40里。母亲因为一生坎坷，受了很多气，就成为"土改"的积极分子，给共产党做工作，很积极。当时，镇上也成立了农会，组织很健全。但是没过多久，搞战略转移，部队撤了，党组织也跟着撤退了，还乡团杀回来，搞报复，这下当初跟着闹"土改"的农民跑没地方跑，就遭了殃。"土改"斗地主，分房子，分田地，把地主的家财全分完了，还闹出人命，所以返乡的地主报复得也很厉害。1946年，有一天晚上，就把我母亲、农会主席还有他的儿子一批人都枪杀了。母亲死得很惨，姐姐因为怀有身孕，才幸免于难。我们起诉后，没过一个礼拜，凶手抓住了。镇压反革命的时候，枪毙了一个，另一个死在监狱里。母亲后来被安葬在闻喜县的烈士陵园。是共产党给我报了杀母之仇，这个恩情我永远忘不了。事情办完后，我们回到太原，本来是想把老人安排好就回原单位，后来正好碰见难童学校的一些同事，他们在太原师范附小工作，看见我就说："别走了，就留在这儿吧！"于是打了个报告，就留在太原了。这样，在脱离教育界一年之后，我又重新站上了讲台。

张：谈谈您从事教育工作的感受吧。

赵：我从小学干起，后来又到中学、师范，最后在太原师专，整整当了50年老师。这中间有个缘故，我退休之后，学校又延聘了我12年，加起来就是50

年。当了这么多年的老师,毫不夸张地说,我是从始至终全心全意地站在讲台上,全力以赴。那时,我有一句话经常说:"一个老师,只要站到讲台上,就必须想到,今天你在孩子们心田上播种了什么种子。"我认为,这种职业精神很重要,对于为人师表的教师来说,更是如此。到如今,扪心自问,仍然是问心无愧!竭尽全力,做得很彻底。虽然我学历低,水平有限,但是在中等学校这个范围里面,我们这一代美术老师,从20世纪50年代就一直坚持下来的,只有我一个。那时候看不起教育,很多人都改行了。

张: 您还参加了太原画院的筹建工作?

赵: 1983年,太原市想成立一个专业画院,三番五次动员我到画院工作。我不想离开教育系统,也担心分散精力,起初没有答应。可是架不住他们的软磨硬泡,这才同意担任兼职副院长。画院刚成立时,一无所有,我们在火车站旁边租了一处房子,白手起家,招揽贤才。王茂林当时是太原市市委书记,帮了很大的忙,解决了画院的编制、经费问题,画院成了全额拨款的事业单位,名声也慢慢大了起来。我做了7年副院长,他们动员我担任一把手,我说:"我岁数大了,接不了。"又回到我的讲台上,继续当我的老师。

张: 为什么不同意呢?您是画家,到画院工作,不是正合适吗?

赵: 前几年,中央电视台来采访我,也问到这个问题。我说:"我是一个业余画家。首先,我是一名教师,第二我才是画家。当然,要当一个合格的美术教师,你必须是个

▲ 图4 瀚海风雨八十载

画家，才能胜任工作，自己都画不好，怎么教学生？"在我这么多年的思考中，我一直是把教师放在前边的，画好画，是为了当好老师。而且，我那些绘画方面的技巧，也都放在我的日常教学中。画画的人，很少有不愿意当专职画家的，目标都是怎么样进入画院。我有些反常，却要退出画院，所以很多人不理解。

张：这或许与您对教师这个职业的理解有关。

赵：现在看来，我觉得自己在教育岗位上是忠诚于教育事业的，这个没有半点含糊。学高为师，身正为范，能够教书育人，是一种荣耀。那时候，全国的中等师范学校没有美术教材，我们平常使用的都是自己现编的教材。后来，教育部把我调到北京，整整编了3年的师范美术教科书，供全国使用。所以，我心里满足的不是别的，只要想到全国的师范学生课桌上放的都是我编的教材，我就满足了。

张：那是什么时候的事情？

赵：九几年吧。因此，在我看来，2012年12月在中国美术馆搞的这个"赵梅生从教从艺七十年回顾展"，也算是为我这个老教师、老画家画上的一个句号吧。

张：您现在正是创作旺盛状态，老当益壮，作为画家来说，不是句号，是分号。

赵：我没什么文化，也不会说话，但是如果用一句话来总结自己这一辈子的话，那就是：做一个好老师，用我的绘画来哺育教育。教师与画家两个身份相辅相成。想当一名好老师，必须专业精湛。我从小念书少，没有受过正规的美术训练，但是我又想做一个好老师，没有别的办法，就是两个字：学习，学习，学习！从十几岁开始，几十年如一日，每天至少画3幅画，四处写生，揣摩名家的画法，抓紧每一点零碎时间画画。我就像一个农民，种了两亩自留地，每天只要有空就去拾掇两下。1976年被关进学习班，也没闲着，悄悄带了一本《张迁碑》，有空了就揣摩临帖，每天八九个小时，我的书法基础就是那时打下的。现在，我年纪大了，还在学习，还是一个小学生！这个不是夸大，更不是炫耀。你说我这样家庭出身的人，无根无基，没有学历，除过学习，还有什么路子可以走，能有别的选择吗？所以我不怨天尤人，到现在还是学习。

张：就是您这种学习精神，很多人学不了。

赵：我退休以后，才正儿八经地把全部精力投入到绘画中。2011年建党90周年，举办了我的新写意画展，我那时候正生病住院，孩子们把画全都拿出来，放在博物院里面展览。开幕式的时候，我去了，自己也大吃一惊，我怎么能画出这么多画来？以前在北京展过两次，也做过十多个省的巡回展览，这次在太原展出的，比以往加起来的还要多，居然有400多幅，大的都是一面墙这么大，丈二匹的尺寸，各种品种都有，也算是对这些年来不断学习的一点回报吧。

中西互渗，老而弥新

我对绘画知道的很少，去过几次美术馆，大多属于看热闹的性质，充其量算是附庸风雅。偶尔会关注一些书画界的新闻故事，比如某位知名大画家因为流水线式的生产作品与人打官司，或者某位画家原先默默无闻，后来当了什么书法协会之类机构的领导，身价倍增。都是负面新闻，不说也罢。至于赵先生造诣极深的花鸟画，也是不知所以然。以这样的知识储备，去采访这样一位勤奋多产的著名画家，真是诚惶诚恐，惴惴不安。

出乎意料的是，采访中涉及的专业话题，我居然差不多都听懂了。这当然不是因为我的悟性高，却与先生谈及专业时的激情与投入有关。70年挥毫泼墨，心得无数，感慨无数，说出来，都是动人处，只需正襟危坐，侧耳倾听，哪里要什么文才悟性？采访后，搜寻了一些资料，来印证自己的感觉。知道从五代、北宋以来，花鸟画在经历了"黄家富贵，徐熙野逸"之后，艺术模式已趋于成熟完善，很难超越。近代以来，尤其是在吴昌硕、齐白石再创高峰之后，想要超越前人更是难上加难。大多数画家一生的工作，不是在重复古人，就是在重复自己。其所以能暴得大名，不过是因为艺术品市场行情好，蒙蒙外行而已。赵先生则不然，他立志不食古人残羹，要画别人不画的东西，画前人忌画的东西，不循常例，不画大杂烩。他的画在立意、章法、语汇等方面都堪称新奇，在用色用墨上更显示出非凡的悟性与才情。最近十余年来，他不断开拓新领域，山西号称华夏文明的"主题公园"，地上文物众多，太原天龙山石窟、平遥双林寺明代天王像，无不成为他的绝好素材。2000年，他远赴欧洲参观，又有西欧写意数十幅问世。

▲ 图5　走近毕加索

在这些作品中，《飞向西欧》主体部分画的是一架飞机，这是一般画家不敢着笔的；《思想者》将罗丹的思想者放在令人眩晕的穹顶下；《大家庭：人类的财富》将古今文物置于同一画面，精彩纷呈，不一而足。用著名美术评论家刘曦林的话说："他敏锐地表达了走进西欧的人文感受，抒写了对文化并置和互渗的胸怀。古代、今天，写实、抽象，墨块、色块，错位、叠合，东方枯润兼具的笔墨与西方建筑流线型的节奏，仿佛又象征着中国传统笔墨面向西方现代图景时必然发生的章法与语汇的现代性变化。"在刘先生看来，自民国以来，陈师曾、黄般若等传统派画家就看到传统文人画与西方现代艺术之间的相通之处。如何保持自己的美学特色，尊重自己的文化身份，不被外来艺术同化是一条路；借鉴外来文化，充实和拓展民族文化则是另一条值得向往的路。赵先生的创作，体现的正是这样的尝试与思考。

李：您在绘画上创新很多，形成了自己独特的风格，能否谈谈您形成风格的过程？

赵：改革开放这30年中间，我一直在考虑这个问题，对于绘画来说，应该走什么路子？历史的东西要继承，但是继承下来该怎么发展，才能有特色？现在艺术繁荣，"大家"多，年轻画家更多，但是很多作品千篇一律。拿一幅画，把名字盖住，你知道这是谁的画？只能说这是一幅画，到底是

梅骨多清峻　大气自纵横

谁的画，哪个朝代的画，不知道。为什么？因为没有特色。所以，现在的问题是要怎么创新，不食古人的残羹，怎么走自己的路子。我看历朝历代的名画，一个共同的特点，就是都能反映它所处的时代，所以绘画也要跟上时代走！我经常打一个比方，就像人穿衣服，什么时代的人就会穿什么时代的衣服。反过来，看你穿什么衣服，就知道你是哪个时代的人。长袍马褂中山装，西服夹克休闲服，你到底要穿哪件？选了清朝的衣服，那就是清朝的画家。如果你说要选现代的，我看最好就是休闲服。休闲的特征就是自由，这是现代人的特点。所以，无论绘画还是做别的什么，都要跟上时代，体现你所处时代的特征，要不你跟清朝人、宋朝人有什么区别？你的意义又在哪里？当然，如果你是画中国画的，那么无论你怎么变，都必须站在中国传统笔墨的基础上，这是根本，不能忘了本。在这个基础上，你可以自由自在地发挥你的能力，画出符合时代精神的新作品。到100年后，人们再看你的画，能说出你的特征，就好像我们今天说这是清朝的作品，那是明朝的作品，这才算成功，你的作品才有价值。所以，现在说谁画得好，谁画得不好，我说谁都不算。别人说我画得好，画得不好，无所谓，百年以后再见！那时候，不管你是什么协会主席，还是什么别的头衔，唯一就看作品，能不能最好地反映你的时代。不能，就淘汰。历史是最无情的。

李：笔墨当随时代。

张：不同的人对时代的理解不一样。比如说我们今天这个时代，什么东

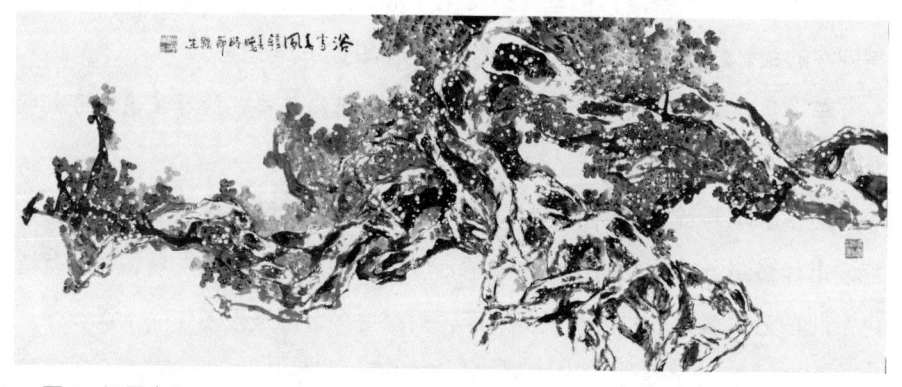

▲ 图6　浴雪春风

西能够代表时代精神？你画个电脑？画个民国时期没有的东西，就叫作时代？是丰裕的物质生活，还是一种精神性的东西，比如自由包容，或者信仰迷失，哪个能反映中国社会改革开放以后的精神特质？只怕不易捕捉，见仁见智，意见也不容易统一。

赵：这个不容易，不仅仅在艺术层面是个大难题，各个方面都是。我画过一张画，叫《雪泥鸿爪》，人到世间走一遭，总想留一点儿脚印，那很难的。绘画要创新，首先思维要更新，能赶上时代的前进。2005年的国家科技奖励大会上，杨振宁和吴冠中提出科学要与艺术相结合，科学离不开艺术，还专门搞了一个画展配合奖励大会。我接到任务后，就画了一个宇宙，星辰密布，地球在里边，很小，主体是一只雄鹰在翱翔。画册出来后，给了我一个"优秀人民艺术家"的奖章，这里边体现的就是思维的创新。

张：笔墨要注重时代，势必要和传统画法的继承产生矛盾。您是怎么处理这种关系的？

赵：这个问题很关键。笔墨当随时代，问题是笔墨如何跟随时代呢？中国画最重要的笔墨就是线条，点、线、面，这个不能缺少，这是老祖宗留下来的，问题是怎样使用。跟人物画、山水画相比，花鸟画创新最难。山水会变化，人物也在变化，变化了就容易创新。但是花鸟几亿年以前是这样，到现在还是这样，古人们已经翻来覆去画得不能再画了，怎么创新？我的体会是，首先要会运用色彩。西方绘画最重视色彩，传统中国画一直是水墨，如果把色彩之美运用到中国画上，把补色、间色、对比色等对比关系应用于中国画中，不仅可以保留中国画的基调，而且可以形成新的风格。比如我把白色运用于大写意中，就能与黑墨色形成强烈的大对比，反而使中国画的特色更明显。其次，我很注重吴冠中所说的形式美。要善于把具体的形象抽象化，使其具备视觉艺术的美感。这个过程，可以是简约、变异、夸张，通过删繁就简，高度提炼，抓住艺术形象的视觉美感。菊花、梅花，古人画得多了，如果我们在形式方面与古人拉开距离，就能感觉新鲜，也能体现现代人的审美观念。做到这些，画上即便不写名字，也知道是我的画。但是，这么多年一直这样反复，也有些程式化了，还需要继续变革，要不就是自我抄袭。人民美术出版社最近给我印了一个小册子，里边有一些我的新尝试。中国画最忌讳横平竖直，容易破坏画面。即便是画荷花，也得有弧度，这是中国画与西画的一个差别。在这个小册子中，我搞了一组茶艺、茶壶，全是横平竖直的，不符合传统的画法，却有传统的味道，而且视觉效果特别好。这组作品发表后，据《美术报》说，反应很好，很强烈。老画法为什么不能突破？只要你用心，就能。

张：这个大概就是您说的"区别于前人，相异于自己"了。

赵：20世纪50年代，我读过王朝闻先生的一篇文章，好像叫《以一当十》，记忆深刻，对我影响极大。在我看来，画画儿、搞展览，主要是给专家看，群众只是看看热闹。要给懂行的人看，作品必须不和朋友相同，不和古人相同，甚至不和自己以前的作品相同，只有这样才是你的作品，才能说明你还有活力，没有僵化。为此，每个阶段都得有新东西。这个很难，但绝对值得。

张：说说您当年去西欧的收获吧。

赵：那是在2000年，跑了不少地方，法国、意大利、梵蒂冈、西班牙，到处参观博物馆、美术馆，大开眼界。我是自费去的，绝不能白跑，就请了一个最好的导游，他是佛罗伦萨一个民族学院的研究生，很懂行，他在前边带路介绍，我跟着画速写、记笔记、拍照片。我们前后跑了40天，收获很大。

张：您那时岁数也不小了吧？

赵：那年我76岁。刚开始有人担心我的身体，怕我跟不上掉队，跑了几天，就没人说了。我那时腿脚利索，长年在外写生打下的底子。现在不行了，走不动了。（拍腿，叹息）

张：跟团旅行，时间紧张，那么多的艺术珍品，您是做笔记呢，还是画下来？

赵：主要是拍照、速写、记笔记。改革开放以后，画家基本上都是满世界跑，但是怎么用中国的笔墨来表现西方的东西，这是一个难题。其次，就是不能照猫画虎。你看看这个（指着画册），这是个晚上的超市，这个是胜利女神，这个是维纳斯。这些都是常见的东西，画得再逼真也没有特色。再比如这幅，画了个飞机，也不是什么稀罕物，但是结合下面画的典型的西方传统建筑，就知道这代表了一个中国人眼中的西欧。这幅《思想者》，我把别处的一个穹顶移了过来。维纳斯很常见，我干脆不画头像，用中国笔墨，三下两下，你看她的腿是不是出来了？要是画素描得花一礼拜，咱们十分钟就完成了。这就是中国的新笔墨。为了体现维纳斯的高大，我又在台阶上画了几个人，形成对比，视觉效果就出来了。

李（指着《马德里的八月》）：你在画上还写了英文？

赵：这个我也不认识，照抄的。蓝色和红色是西方色彩的主调，而且全用直线，形成一个大的切割面，这种手法中国画也不用。画面主体是一幢古典建筑和一座新雕塑，据说是哥伦布发现新大陆后做的一个雕塑，两个东西放在一起，就很好看。这是形式美。

张：这一组画的主要是中国古代的文物雕塑，看上去也很美。

赵：中国古代的雕塑太漂亮了。这是平遥双林寺的多闻天王。这个画的是北朝至宋代的佛教石刻，出自山西沁县。这个宅院可不是乔家大院，里边既有乔家的，也有榆次常家的，还有灵石王家的，把他们最好的地方集中在一个画面上，更能体现晋商宅院的风格，形式上也更好看。这是艺术性的组合。这些都是我历年来在国内参观时积累的资料，上面也都有关于出土地点的题词。所以，刘曦林写文章时说我把不同时期不同地点的东西放到一起，在现实中虽然不可能，但这种超时空的表现不仅在艺术上合理，而且可以使作品超出古代造像自身的美，属于加入作者个人对于传统文化理解之后的再创造。

张：还是创新思维的体现。

赵：对于画家而言，但凡到一个新地方，看到一个好东西，想到的就是它能不能入画，如何运用，如何用中国画的笔墨来表现。要不然，到了外国画画儿，不过就是到西方写生，那不行。前几天，我画了个皮影，皮影以前

▲ 图7 张焕君主编（左一）、李星元老师（左二）、刘国华名誉社长（右一）与赵梅生先生夫妇合影

没画过，我说怎么就不能画呢？就提笔构图，画了出来，很漂亮。后来查皮影的历史，看到一篇文章说，连毕加索见了皮影都说好。

张：这个也可以画成系列。

赵：我这也是第一次画，算是向自我挑战吧。

张：不重复自己。

赵：我的腿老了，但是思维没有老，还在运动。看到一个好东西，就琢磨着怎么把它入到画里去，翻来覆去地琢磨，管不住自己。有时候，看见年轻人画老画，就觉得很悲哀。那不是画家，只是一个熟练的工匠而已。好画家用脑子作画，手不过是个工具。当然，这跟当下的风气也有关系，画家关心的不是作品本身，而是能不能，当院长，出名，能不能卖个好价钱，谁还有心思去创新呢。中国画的特色是写意，光有意不行，还要会"写"。现在的年轻人，普遍不会写字，画儿画完了，随便一题字就算了。前天，我见到美术报社一个全国吹得很大的山水画家，他在上面只写了四个字，有一个字就写错了。举办单位都是全国艺术界有名的机构，还能出这样的问题，太丢人了，没法说。所以，写意画首先得会"写"，古代的画家都是书法家，否则怎么"写"呢？

张：跟您聊天，我自己也很感动。不管是当老师，还是做一个画家，或者其他什么行业，都应该像您这样去研究自己的专业，有一点专业精神。

赵：确实是这样。你说我，咱什么都没有，一穷二白，不学习，靠什么？又没有第二条路子。你不但要学，还要叫人看得起，就得加倍下工夫，在前面跑，才能够生存。最后一句话总结，赵梅生是个小学生！因为他一直在学习，到现在还是学生。真的，就这一句话。

  一个文化转型的时代，需要思想者，也需要实践者。实践的意义在于落实思考，激发活力。赵先生并未受过科班训练，对所谓家国担当的宏大意义也很少触碰。他画画儿，最初不过是一个贫家子弟的谋生自救手段，所以无论国画、西画，还是漫画、连环画，都下过工夫，画好了，有人来约稿，就可以挣些养家糊口的钱。同时，他又是一位对职业身份有自觉意识的教师，知道当老师是个良心活儿，要全力投入，不断创新，才能教给学生好东西、新东西，才不愧对这个荣耀的职业。二者结合，加上他天性中对绘画的敏感与热爱，才有了今天在花鸟画、写意画方面的骄人成绩。这是结果，但我以为，过程更重要。这个过程已经延续了 70 年。70 年中，有多少哀痛在心，愤懑在胸，他依旧执著于素心，坦然于世道，虽多遭苦难，仍然不离不弃，仍然矢志探索，中国画如何实现现代转型？艺术创作如何体现个性与特性？什么才是艺术作品最好的评判者？这样的思考，对于思想者是严肃的命题；对于他来说，不过是面对任何一个可以入画的素材，无论那是花草禽鸟、造像石刻，还是西欧风情、温哥华的夜景，提笔泼墨前的心思酝酿，放下画笔后的一杯清茶。只需稍稍留神，平淡自在中，生命的力量，早已暗流涌动。路数尽可不同，风景又何尝殊异？

雕虫自娱治碎瓦　正道平流茹素心
——水既生先生访谈录

被采访人： 水既生（简称水）
采 访 人： 张焕君（简称张）
录音整理： 王　琪
执 笔 人： 张焕君

与水既生先生聊天最舒服。他是朔县人，与我的老家灵丘以前同属雁北"苦寒之地"，乡音近似，交流自然无碍。更难得的是他的平易与诚挚，平易可以使人放松，诚挚则让人精神专注。水先生生于1928年，是山西省著名的书法家、篆刻家，也是一位造诣深厚的陶瓷艺术家，名声远播省内外，对待后生晚辈，却毫无矜持做作之态，不虚美，不掩饰。交谈虽似平淡无奇，也没有什么惊人之语，却让人对其一生行迹的"内在理路"看得更清楚。这让我欣喜。

▲ 图1　刘国华名誉社长（左）、张焕君主编（中）、水既生先生（右）在水既生先生家中访谈

水先生念过中学，这在那个时代算是高学历了。也学过很多手艺，写字、刻印、磨豆腐，都是谋生的手艺。他当过兵，是阎锡山的兵，也被兵抢过、骗过。他没有受过什么时尚动人、蛊惑人心的理论熏陶，思维因此质朴：骗人不是好事，通过骗

人达到目的，无论这目的说起来多么崇高无比，都是可耻的；抢夺别人的财物是不对的，无论是以什么名义来抢夺，都是卑鄙的；做人要堂堂正正，凭自己的本事吃饭，不论这本事是风雅的，如写字、刻印，还是粗俗的，如磨豆腐、摆小摊；既然凭本事吃饭，就要时时上心，下工夫去琢磨，去研究，这样饭才能吃得好，吃得体面。

常说 20 世纪是人类历史上最多灾多难的时代，战争，流亡，饿殍遍野，政治谎言，在这样苦难的时代，艰辛备尝地活了 80 多年，竟然只归纳出这样"浅显"的生命理论，似乎让人感觉与时代精神十分违背。但或许，因其坦诚真实，这违背中竟是有许多吻合呢！所谓风物长宜放眼量，村夫野老教子课徒时，往圣先贤著书立说时，不都有这样的简单伦理吗？立足于人伦日常，遵循人类交往的基本规则，实践一种己所不欲、勿施于人的礼俗秩序，不也是很好的生活吗？谁又能说社会维系与进步一定要依赖暴力，生活富裕一定要借助攘夺，美好社会人类大同一定要在遥远的某个理想中呢？正如暴力不会催生和平，攘夺无法生产财富，对于具有强烈的现实关怀与实践理性的中国人而言，理想不在未来，却在当下。所谓上古三代之美，不过是读书人口中借古讽今的由头，不一定管用，却常常提起。

水先生 18 岁到太原，虽有求知渴望，却因家境贫寒，只能日日为生计奔波。太原解放后，生活略为安定，在太原繁华的海子边市场刻章谋生，年龄不过 20 出头，却要养活一家五口，负担之重可想而知。壮士落魄，却未消沉，反倒显出先生的志向与才能。20 世纪 50 年代的太原，新旧鼎革，手续繁多，很多地方都要签字盖章。当时很多人不会写自己的名字，就去刻个名章。所以，刻章能够赚钱糊口，大街上就有很多刻字匠，水先生是其中的一个。但是他与众不同的是能琢磨，善于钻研，处事公道。仅凭中学时学过的一点皮毛，买一堆不值钱的烂石头，反复练习比对，费尽千般心思，技艺提高，名气渐大，被众同行推举为组长，接着被选为市场管理委员会主任，统一安排市场秩序，避免恶性竞争。很快，海子边市场秩序井然，临近几个商业区也纷纷要求先生出面主事。聊起往事，先生只是说：所以如此，不过因为做事有公心，不

▲ 图2 水既生先生篆刻作品

谋私利而已。当年陈平分肉，人无异议，因为被认为有宰相之才。先生牛刀小试，此后虽未致力于政治一途，德行才干却有目共睹。

谋生之余，先生并不甘心只做一名刻字匠。他悉心钻研，琢磨出一套独有的刻刀刻法，又开始修习小篆与金文，终于成为书、印俱臻佳境的大家名人。先生有两方印：治印无派宗秦汉，作书有源法商周，既是自许，也代表了先生在书法、刻印上的艺术风格。先生喜以金文入印，刀法纯熟圆润，内敛高致，有浑厚之古风，无斧凿之匠气。先生书法，亦以金文为基调，综合先秦文字，卓然成家。诚如李庶民先生所言，"藏筋骨于遒丽丰腴，标风神于劲健古拙"，韵味隽雅，宛然大篆风骨。张颔先生称赞他的作品"浑然天成，毫无雕饰，浑厚古朴，极具周秦金石韵味"，洵非虚誉。

20世纪60年代先生又因缘际会，开始接触陶瓷。他不做官样文章，而是不辞劳苦，跑遍三晋大地，到现存的陶瓷窑观摩学习，往往一待就是半年，终于成为著名的陶瓷专家，不仅恢复了"油滴"、"兔毫"、"法花"等名贵瓷品，恢复了自清代中期以后就已失传的茄皮紫烧制技术，还亲自组织生产、销售，使山西陶瓷行销海内外。这样的成就，非常人所能企及。原因也很简单，"敬"而已矣，能够敬人才能敬事，心思单纯才能潜心静气，将谋生的职业变成安身立命的事业。这样的事，说来简单，做起来而且能持之终身，却是十分艰难。

或许是经历了太多的苦难沧桑，痛定思痛，对待眼前身边的种种不平事，反倒不容易再有金刚怒目般的斗士姿态。但心思如铁线，穿越而来，虽静室安坐娓娓而谈，语调平和至极，不经意间，仍流露出那么些执著与认真，让人心跳不已。君王天下事未了，浅斟低唱，犹是旧时心肠。

新诗未成意转工，高楼已无绯衣人

少年的记忆最长久。身处太平盛世，无奔波流离之苦，衣食无忧，无胼手胝足之劳，日子便显得雷同些。多年后回首望去，或许只能凝练成一小段，如文章的标题与摘要，显示出曾经存在的痕迹，并无特别之处。但如果像水先生那样，生于战争年代，多遭屈辱恐吓，饱经忧患折磨，那痕迹就深刻得多。这样的时候，回忆就是一件饶富意味的事情。虽然不轻松，却分明听得见格外的沧桑。

张：水先生，我们是《山西档案》杂志社的。我们有一个栏目，专门采访山西文化界的人物，侧重人生经历，实话实说。这样有助于年轻人了解过去，了解先辈们的生活，对他们做人做事也有一些鼓舞。我们看过一些您的资料，知道您阅历丰富，童年、少年时期遇到了好多坎坷，您能给我们简单介绍一下吗？您是哪一年出生的？

水：1928年。

张：就在现在的朔州市朔城区，以前叫朔县，属于雁北地区，是吧？

水：嗯。

张：您那个时候是上小学，还是上私塾？

水：我上了一年私塾，然后上小学。刚上了一年多的时间，日本人就打进来了。1937年，我记得很清楚，阴历八月二十四，日本人打进朔县。所以，现在一看日本人再跟中国闹，就特别气愤。

张：杀的人很多吗？

水：日本人打进朔县以后，就把所有的男人，除了那些身体不好、年龄大动不了的，全部抓起来。白天让他们劈柴、烧火、干苦力，晚上都拉到南门外，那里还有原来的护城河，人们习称城壕，把人拿铁丝串上，一串一串串出去。

张：哦，就是用粗钢丝从肩膀穿过去，以前看过报道。

水：串出去以后，就拿机枪扫射，连活的带死的，都给弄下去，有的甚至还撒上汽油点把火，朔县南城外的护城河都填满了。

张：全是老百姓？

水：是啊，都是老百姓，手无寸铁。

张：是因为啥？是不是报复？像我们灵丘，有个刘庄村，当时日本人把一个村的人全杀了。就是因为有两个日本兵落单，在这个村子边上被打死了。日本人就把这个村的将近1000人，弄到一个庙里，全部用机枪扫了。

水：好像是因为日本人进朔县的时候，有两个汉奸被杀了。现在这方面的宣传很不够，这么残酷的事情，很多人都不知道了。

张：那您以后还上学吗？

水：我父母很支持我念书。我虚岁13的时候小学毕业，朔县当时连个中等学校都没有，只能到大同去上学。可是，家里面实在困难，拿不起钱。我父亲又生病，没办法，就帮他摆小摊，卖纸烟。到16岁那年，朔县成立了中等学校，我考上了，这才继续上学。1945年，日本人投降后，局势很乱，就再没有上学。当时也是家里太穷，要是有一点办法，我还能上。

张：您家里姊妹弟兄几个？

水：七个。按整个排下来我是老五，按男的排是老三，四个男的三个女的。日本人投降以后，继续上学不是挺好的？没有办法，所以就来了太原。

张：18岁？

水：嗯。来了太原以后，也不知道国民党、共产党咋样闹，互相咋样闹矛盾，那时候学生不知道这个事。反正当时觉得没办法，就去找工作，参加了阎锡山的洪训会，洪炉训练会，后来分配在开化寺街上。没多久，发生了一件事，让我特别反感。有一天黄昏，一个国民兵团的连长让抓了一个农民，又打又闹，也不知是咋的个事。只见那个连长掏出一堆零钱来，大声喊叫："你看是多少？你看是多少？"大概是嫌少。农民说："我给了你三块多钱。"连长又吼："你看看这是多少！"据说是那个农民在墙角撒了一泡尿，打了一顿，最后把这个农民送到派出所去。我一看，原来是这么个摊子，跟宣传的什么革命洪炉完全不是一回事儿。觉得不行，赶紧走吧，公家这事干不了。

张：公家？您是这么认识阎锡山的？

水：我在学校不敢说咋样的进步，但是当时同学中间也有那么个小团团，大伙儿还能谈论谈论，对当时的社会问题互相讨论。向往着有一个贫富平等理想的社会。可是后来遇到两个庸俗的人，给心灵布下了阴影。日本人投降时，朔县的城门大白天就关了，不许进出。我们学校在城外，家住农村的同学都回家了，只留下我们城里面的20来个同学。当时人心惶惶，城外是八路军，我出去打听时遇到一个民兵，我说："你知不知道这城里闹甚呢？关住城门不让进去。"他说："让我们大队长来和你说。"大队长来了以后，说："日本人关住城门，又要杀人了。"我一听着急了，说："我们还有20来个同学在学校里，我叫上他们先跑了躲躲吧？"在当时，20个中学生，那是一笔财富呀。谁知这位大队长却说："你们不用跑，现在就去敲门，进城去，日本人把枪都扔到马路上了，你们捡上，从城上扔下来就行了。"啊呀，这是什么意思？日本人要杀人却让我们进入捡枪，这是什么思维！

张：确实不靠谱。

水：我听了这话，一下子就心冷了。那个民兵见我口袋里插着支自来水笔，一下子拔起来插他兜兜里。当时年轻，本来也想不了多复杂，但是遇上这事以后，心里倒是明白啦。

张：觉得公家的事情都不好沾惹。

水：看见那个农民的事，我也没心思再和那些人在一起，写了个辞呈，后来就回了老家。

张：回朔县以后，干啥了？

水：回家后正赶上阎锡山的县政府向家里要粮，一个姓崔的县长在那里发威，我问他要的是什么粮，他说不清生气了，大吼关起来，把我关入班房，一星期后放了出来。正赶上朔县解放，1946年。但是，家境困难，总得找个活法啊。

张：又来太原了？

水：对。出来后，不久正赶上阎锡山搞兵农合一，编组征兵。躲也没法躲，有个老乡劝我去阳曲的黄寨，他那里有朋友，可以照顾。那里驻扎有个输送连，属于后勤部队，不用上前线，让我帮助办一些事务，我就去了。所

以说，我是贩夫走卒都干过。（哈哈大笑）

张：在那里多长时间？

水：后来一直在黄寨。那时候当兵的领饷都得用手章，就开始刻印章。因为原来在学校时耍过，中间没学上这一段时间也耍的刻图章，有点基础，就干始开这事了。

张：有师傅吗？自学的？

水：没有，哪儿有人教呢。自己耍着玩。在黄寨期间，因为老乡比较照顾，住的房子还挺好。后来，出了个事儿。阎锡山的部队里面也有政工人员，我所在的那个连的指导员和一位营长是老乡，听说营长要到黄寨安家，就叫我给腾房子。我说："我给腾房子，你看我往哪儿住？"这个指导员就不高兴了，当时正好赶上阎锡山那个时候搞"乱棒打死"的政治运动，指导员就按照这个罪名派人拿上枪，带上被子，把我押到团部接受处理。那时候年纪小，傻乎乎的，不知道事情的严重性。当时的团长据说拉过杆子，很爽直。

张：哦，当过土匪。

水：人还不错。他见我因为政治问题被押过来，好像挺奇怪，晚上就把我叫过去，对我说："你们年轻人，不敢走错路。"（叹息）那时候胆子大，反正豁出去了，就说："这个指导员也太幼稚了吧！要害人总得编个事实，拿不出事实来，就把我送在这儿，这算啥？"他说："啊呀，你这年轻人，不敢这么说话。你听我的，先在这儿待上几天，我问问团指导员怎么办。"后来那团指导员跟我谈话，我还是说："你管的干部太幼稚。"他觉得小娃娃有点胆子，也知道这个事不对劲，就让我回去了。后来，解放军围城攻打太原，团部的文书走了，团长派人找我，以后就一直在团部当文书，直到太原解放。当时，我父亲、母亲、弟弟、妹妹四口人，在"土改"以后都到太原了，生活负担很重。

张：那时候，您也就20出头。

水：19岁。一个人五张嘴，太原围城的时候，特别艰难，真不知道是咋活过来的。为了活命，和老父亲开始磨豆腐，父亲挑出去卖，家里人吃豆腐渣。那真是苦啊。最困难的时候，我从部队领上1斤粮食，回家熬成面糊糊，五口人喝。后来没办法，让我弟弟顶了个兵的名义，能多领人家1斤大米。

张：您家里在城里住，也有地吗？

水：我家没有地，但是有九间房子。

张：九间房子也算是地主？

水：说起房子这事，更让人伤心。我家的成分是富农，最后搞了个纠偏，说是弄错了，房子又给退回来，心却是伤透了。

张：平时克勤克俭攒点儿钱，做个小买卖，买几间房，结果还成了富农。

水：朔县这种问题很多。有一个街上捡破烂、卖烂货的，因为有200块钱，还被批斗了。

张：所以后来父母家人就都到太原了。您在阎锡山的部队当兵，太原解放后就自动解散了？

水：解放太原的时候，我父母住在丈子头下面的长沟。我办公在水沟，打仗最厉害的时候，团长在前方，我在后方，我给他打电话，他让我等等看。后来电话也打不通了，我就往下走。正好路过父母住的村子，房东就把我拉住了，他说："你不能走，你走了留下老人咋办呀？"后来解放军过来了，让我上丈子头交代情况，我说了家里的情况，部队的首长说没事，就让我回去了。进城以后也没别的活路，就靠刻图章维持生计。所以我搞篆刻，目的就是为了谋生哩。

万事都是一个勤琢磨

水既生先生很安静，语气平缓，眉眼和气，看不出半点锋芒，十分儒雅。然而，在说到他一生钟爱的篆刻、书法、陶瓷时，神色即有不同，语速加快，神采飞扬。这时候，他的安静之中透出一种执著，语气热烈而自信，俨然宗师风范。他不虚饰，承认搞篆刻最初不过就是为了谋生，并无什么远大追求。但是一旦上手，他便开始认真研究，全心投入，熟读经史著作，临摹各种文字，一笔一画皆有来历，态度一丝不苟。20世纪60年代受命研究陶瓷，他北上大同，南下临汾，跑遍大半个山西，考察各种窑址，掌握烧窑的火候技法，不仅恢复了古代各种著名的瓷品，在陶瓷史的研究上占有一席之地，而且开发推广，建立了十多个陶瓷厂，使山西的陶瓷走向全国。这样的成就，说来简单，却离不开一种常人少有的韧劲。万事都是一个勤琢磨，这是他常说的口头禅，也是他一生成就的凭借与见证。虽然在说到一些当年的人事纠葛时不免愤懑，想到因为这样的纠葛导致千辛万苦创下的大好家业付之东流，难抑悲愤，但人心不同，世事难料，又能如何？慢慢坐下，泼墨挥毫，游心于书山瀚海之中，朝夕揣摩，于方寸之地，求寻丈摩崖之雄浑。心志既定，人便日渐地沉静下来。

张：您刻图章刻了几年？

水：刻到1958年。那时候啥也要章，很多人不认识字，不会签名，就盖个章。

张：您是怎么弄得？有门面吗？

水：起初就在街上刻，到后来有点名气了，我就坐到家里，他们给我送来。

张：您有没有跟师傅学过？或者看印谱学习？

水：没有，没那条件。开始印谱也很难买到，但是只要见到书上、画上有印章，就默记在心。有一次，我到柳巷转悠，看见有个人在商店窗前刻图章，站下来想看看，人家看见外边有人，就把抽屉一拨拉，一挡，不让看。

张：那是怕您偷艺。

水：（笑）但是，我自己干啥都有一股钻劲儿，能自己琢磨。另外，我胆子大，敢改。我的刀，到现在和国内任何一个搞篆刻的刀都不一样，刀法也和别人不同。他们一般都是什么切刀法、冲刀法，我的刀变成毛笔了，两厘米宽，（用手比划）我给你拿去。（起身拿刀）

张：（惊讶）哦！这么宽，这么重？以前还真没见过这样大的刻刀。您现在还刻不刻了？

水：现在眼睛不行了。1958年合作化以后，刻了不长时间就搞别的了。那时候叫刻字社。

张：1958年合作化，那等于说您以前没有单位？

水：从那以后有单位了。那时候一气儿赶的，都得合作化。1956年就搞过一次，1958年又搞了一次，几乎一个也不许单干。到1958年的时候，我的图章比他们的市场价格高一倍。（指着刻刀筒上的字念）"既生自制，中藏利器。只堪雕虫，聊以自娱"。

张：合作化之后，您主要做什么？

▲ 图3　水既生先生的刻刀

水：当时有一个工艺品玩具社，用石膏做雕塑复制品，因为管理不善，结果是"大干大赔钱，小干小赔钱"。我就主动要求去了那里。重新设计了部分产品，把工艺流程给改了改。原来只有两个模子，石膏倒上以后，大部分人没事干，就在那里干等着。我给弄成10个模子，后来又增加到20个模子，生产效率提高十多倍，成了大干大挣钱了。（笑）

张：这手艺原先您学过？

水：没有，都是在学校念书时耍着学的。

张：您后来在合作社干到啥时候？

水：1959年，省里面召开工艺美术老艺人座谈会，我当时30岁出头，也参加了。座谈会之后，把我调到轻工厅研究所，让我管工艺美术组。当时我一想，山西发展工艺美术，虽然有漆器、牙雕、玉雕，但老百姓都买不起，那么老百姓能买起什么？我就想到陶瓷。此外，中国的瓷器有优良的传统，

| 095

发展空间很大。为了弄明白制陶的工艺流程，我就跑到阳城后则腰陶瓷厂，蹲了一个冬天，看工人如何操作，尤其是开窑的时间，这个最关键。那里的学习气氛浓厚，一开窑，这个是咋样，那个是咋样，讲得都很有道理。这些东西我都记下来，逐步积累，慢慢地自己也可以搞东西了。后来，我在阳城搞了一批试制品，参加了1961年在北京团城举办的全国手工业陶瓷展览。在那个展览上，我的一些产品评价还不错，我对陶瓷越来越有兴趣，后来就专做陶瓷了。

张：阳城古代就有陶窑，还烧琉璃，都很有名，明清时期琉璃还进贡紫禁城。

水：在阳城期间，我把琉璃的釉色又给它发展了一下。它原来只有黄、绿、蓝三种颜色，我在那儿把孔雀蓝搞出来，特别是恢复了清代就已失传的茄皮紫技术，重新研制出配方来，对普通铅釉也打破了原来死守传统配方、不敢改动的习惯，增添了多种柔和的浅淡色釉。另外，在原来传统黑釉的基础上搞出一种棕紫色的釉，这个釉色现在市场上非常多，很流行。（起身取来瓷器）这个就是当时研制出来的，在普通黑釉的基础上加了点锰，太阳底下一看是发红的，我给它起了个名字，叫映日红。

张：这个太厉害了。您原先也没接触过，只不过下去蹲点一个冬天，就不仅能看懂方子，还能自己配方调制。一般人做不到，除了勤奋，还得有悟性，会钻研。当时您对传统配方都有哪些改动？

水：在阳城，黄土烧出来就是黑釉，加了锰发红。后来在晋北的怀仁县，尝试着添加煤矸石，将它磨成粉，色彩又有不同。20世纪70年代山西最常见的醋壶、酒壶、坛坛罐罐，好些都是在我手上弄的。

张：您那时候是不是经常到厂子里进行技术指导？

水：开始也不敢说指导人家，就不吭声，实际是充实自己。过一段时间情况熟悉了，就能够出一点儿主意。到了1963年，我就在郝庄办了两期陶瓷培训班。山西、河北来的人不少。河北陶瓷在北方比山西影响还深。听课的都是厂里的工人，别人来了也没用。到了1973年、1974年，再办训练班时，中央工艺美院的一位教师也来学习，积极性更高，学完回去，人家就开始自己搞。

张：您的工作这以后就一直在轻工厅？

水：这些工作都是在二轻，"文化大革命"期间，他们在打仗，我到下边去弄生产。

张：他们闹革命，您去抓生产。这中间就没查您当过阎锡山的兵，入过洪炉会？

水：新中国成立以后，我就交过材料，交代得清清楚楚，够不上线儿。幸好没人找我的麻烦。"文化大革命"十年，我大部分时间都在厂里。1966年3月8日，我去了平定县，去抓出口陶瓷试点，到5月份就向广交会送了样品，当年秋交会就接受了外贸订货，其中有一部分黑釉刻花梅瓶。送样品时，考虑欠周，没有想到厂里没人会刻，后来只好带了两个人亲手给刻的交了货。

张：这也得有绘画的功夫。您学过绘画？

水：在学校里学过，那时我的美术课都是高分。

张：您这么一说，我感觉那时的中小学教育能学到很多东西，您的书法、篆刻、绘画，都是学校里学的，基础扎实。反而是现在，别说中学毕业，就是大学念完也还是啥都不会。

水：也是自己喜欢。我帮父亲摆摊卖东西时，也是自己学。看小说也行，只要想学，不管咋样也能学上。新中国成立初期，我通读了《饮冰室全集》，先秦诸子的书也看了不少，最喜欢墨子、老子，儒家看得少一点。后来在工作中，自己有需要，有想法，就查资料去写。（拿出一本论

▲ 图4 水既生先生在展示他的收藏

文集）反正，只要记住干什么学什么，就对了。这是由硅酸盐学会组织的第一次国际陶瓷学术会议。一般而言，陶瓷研究涉及陶瓷工序、陶瓷美术、陶瓷考古三方面，我是揽得宽，什么也搞。

张： 正是因为您能够把工艺、美学、考古融会贯通，才能获得工艺美术终身成就奖，这个不容易。（翻看论文集）这一篇是《山西古代窑具及装烧方法》，还有一篇是《馒头窑烧成特点》，都是在国际专业学术会议上发表的。

水： 我参加的第一次学术会议，是1978年在浙江金华开的。当时在编写《中国陶瓷史》，涉及原始青瓷究竟算不算瓷器这个重要问题，迟迟不能定稿。这个问题争论了20年，一直没结论。在金华开会时，河南的一个同志发言，就有人上去，手指头差点捅到人家眼窝子里，不让人家说话。当时，"文化大革命"刚结束不久，大批判的劲儿还在，虽然有很多国际名家参会，也是这种批斗的架势，把一个学术会议搅和得不能开了。本来我前边还有6个人，都吓得不敢发言了。主持人问我，我说："你开吧，不怕。"后来我上去，一作报告，下面鸦雀无声。以前我去北京开会，从食堂里出来，后面走的两个人，一个说："听说开会还有二轻的人，二轻是干甚的？"那个人说："二轻就是管那钉鞋的、补锅的。"这次会议后，只要每年年会我去得稍微迟一点，大伙儿就都互相问，老水怎么还不来？那天我发完言后，都跑到我的宿舍里面说，你这么说大伙儿都能接受。这里面有一部分人是搞科技的，认为瓷器要符合瓷器的标准；搞考古的不懂科技，认为瓷土烧下就是瓷器，即便烧不熟也是，陶土烧下则是陶器。互相吵了几十年，也没吵下个样子。我是从历史上来分析，古代的东西和现代的东西不能用同样的标准来衡量，它有个量的渐变到质的突变。由没釉子的陶器到出现了有釉子的瓷器，虽然和现代瓷器有差别，但已经有质的变化了。这样一来，就有一个过程，从陶器、粗瓷、原始瓷，逐步形成高标准的瓷器，再形成精细的瓷器，这个结论无可置疑。这样一来，就把学术上一刀切的思想一下子给它翻过来了。

张： 任何事物发展，都有个慢慢演变的过程。

水： 有些人老强调标准，我在会上就问了："有标准吗？没有国际标准，德国有德国的标准，苏联有苏联的标准，日本有日本的标准，美国有美国的标准，中国用谁的标准？你不能拿上洋人的标准套你祖先的瓷器。"编写《中国陶瓷史》时，最初还提原始青瓷，我说不要叫这，就叫原始瓷器。中国这地方大了，以后也许考古又出来原始黑瓷、原始白瓷，作为一个历史阶段，有个原始瓷的阶段就行了。这样就解决了一个持续多年的争论。而且，从这件事以后，在古陶瓷界，也没人再说我是钉鞋补锅的了。（笑）

张：我看您的论文署名单位是山西陶瓷公司。

水：曾经有一段是成立了陶瓷公司，因为我那会儿搞了十几个小厂出口，手工业陶瓷确实变了面貌。本来陶瓷归一轻管，可是二轻也有几十个厂子，生产处不想管，就归到我所在的工艺美术处。没用几年，我把它搞得大变样，产品大量出口，引起省里的重视，就成立陶瓷公司专门负责。1963年，我在太原五一路搞了个黑釉陶瓷展览，影响很大。一直弄了20多年，大部分时间都折腾了这个。

张：您是什么时间开始搞书法的？

水：1962年郑林副省长遵照陈毅副总理的意见，抓书法活动，成立了"山西省书法研究会筹备小组"，推选出八位常委，我是最年轻的一员。1965年我的篆刻曾参加首次赴日展出之"现代中国书道展"。因为搞篆刻的缘故，就想着多写点字，最初想到的是写隶书。后来一想，搞篆刻还得先写好篆书。所以，就开始在篆书方面下辛苦。说起来也有50多年了。我写篆书，有一个基本原则，就是绝不随便乱写，每一字都必须经过查书核对。说起来你是老师，你一写错，别人也跟上错。这个问题在历史上并不鲜见，像邓石如，从写篆书的笔法而言是划时代的、里程碑式的人物，但是有时候也写错字，他这一错之后，跟上他的一串人，像吴让之、赵子谦、吴昌硕，都错。

张：您写篆书、刻印时，每个字都要核对，查证《说文解字》之类的字书？

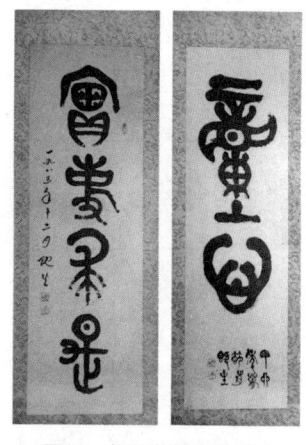

▲ 图5 水既生先生的书法作品

水：即便脑子里记得清楚，也要核对一下，避免出问题。篆书非常麻烦，既有古今字的变化，也有大小篆的问题。此外，字形上稍有差异，就是不同的字。比如"丈"字，一横一短竖，下边是一个"又"字。横稍向下弯，就成了"支"字，如果弯到上面，又成了"𠂇"字。稍不注意，就是错字。

张：您退休以后，主要是书法篆刻，陶瓷那一块儿参与的少了？下了这么大工夫，水平也很高，这些成果应该整理出来，也能给后人留下些东西。

水：没出过专门的书，不过也有过念头，对自己也算是个交代，而且在陶瓷制作上也确实有些问题，要继承才能解决。这个东西不难，可惜没人好好学。（叹气）

张：我觉得像您做的这些，都是传统的学问、技艺。此前，我们跟赵梅生先生聊的时候，赵先生有个观点，创作要与时俱进，要反映自己所处的时代，不能一味复古。我从事的历史研究，也是这样的。同样的问题，时代不同，考虑的角度不同，得出的结论也可能有所不同。您在创作时，是不是也有这样的想法？

水：印章的发展自有规律，只有遵循这个规律才能进一步提高。前些年有人要和国际接轨，啥效果？不好说。前几年就主张和日本接轨，学日本人的书法。

张：日本人的书法有什么可学的？

水：很多人专学狂怪。所以咱们的书法，有一段时间简直不成字，这个问题直到现在还很严重。这也反映了学术态度是否严谨的问题。现在学术界普遍显得随便、轻易，甚至一些大家名人也是如此。

张：这跟社会风气有关，大家都急，静不下心来琢磨研究。时代使然吧。水先生，我们这刊物也是新接手办，您能给我们提点寄语吗？上次跟张领先生聊，我们谈了两点：储存、发现，老先生说不能只是这样，还要有研究，研究才是更大的发现，更好的储存。

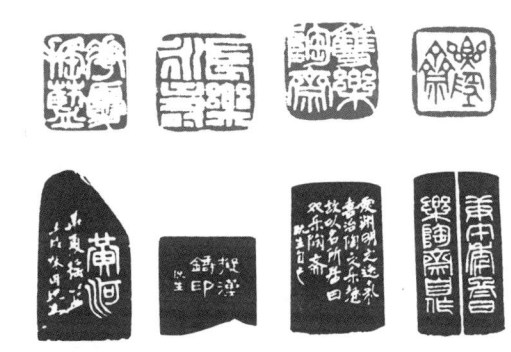

▲ 图6　水既生先生篆刻的作品

水：确实如此，只有通过深入的研究，才能古为今用，把祖辈留下的好东西用到现在的生活中，这是最重要的。我曾经写过一副对联："发掘废墟新技艺，翻拣碎瓦著文章"，说的就是这个意思。你去考古工地上刨了半天，弄出些东西，没有用，只能欣赏，你得叫它用到现在。所以我好多文章都是瓦片文章。像刚才看的那个窑具，过去搞考古的都往回捡一点，但连不起来，没有研究价值。有一次在国际会议上，我这就把它串到一起，按照历史线索，如何发展，有什么变化，一五一十全给说出来了，反响很好。那次会议是在上海开的，很多外国专家参加了。我前面是一位老教授，英语很好，但是没有生产实践，受了很多刁难。轮到我讲了，更热闹了，那个外国专家，好像是英国人，又上来提问，本来规定5分钟，他提了15分钟还多，提出很多质疑。我给他一个一个都回答了，还批评了他的一些错误说法，他就乖了。当我走下讲台时，一位美籍华人老专家紧握着我的手说："你给中国人争了气。"那个外国专家第二天反复找我，说自己不是故意的，只是想了解中国的办法，用中国的办法来仿制中国的瓷器。

张：哦，这是在1982年，您还写了一篇文章，专门分析山西的窑具和灼烧技术。

水：对。我在里面还写了对口烧。苏联20世纪60年代说是他们发明的，其实中国唐代就有了。

张：山西古代的陶瓷烧制，什么比较有名？或者说成就比较高？

水：过去山西的东西都不太有名气。不是山西的东西不好，这与山西特殊的地理环境有关系，宋代是中国古代的制瓷高峰期，但是因为宋朝建国19年之后才打下太原，好多东西带不出来。宋初流行定窑白瓷，像介休的白瓷就比定窑还漂亮。20世纪80年代编写《中国陶瓷史》时，全国统一各窑址都做过测试，数据显示，技术水平比定窑还好。但是宋初用白瓷的时候用不上，想用也用不上。

张：为什么？

水：太原当时还在北汉的刘继元手上呀。还有一个问题，宋太宗太平兴国年间，介休就设立了瓷窑税务，那时就开始收税了。介休的《源神庙碑》上就有瓷窑户的提法，这都说明了当时介休瓷器的兴盛。此外，北汉时候，介休曾出现过西头供奉这样的职务，估计也是主要负责瓷器烧制。

张：这样说来，介休的白瓷在历史上应该有地位呀？

水：关键是传世作品太少，博物馆里也看不到。太原地区在宋初还是火葬，所以墓葬里面也没有出土，只能寄希望于将来晋阳城的发掘了。不过就是根据现存的残片也能看出它的水平之高，白度、透光度、吸水率都高于定窑，印花纹样也好，相当漂亮。

张：往前追溯的话，是不是唐五代时期就已兴起了？

水：唐代就有窑址，也有残存碎片。可以佐证的还有交城，交城和介休两个窑里的有些产品，放在一起根本分不开，风格非常接近，器物的造型、使用的手段，一模一样，连制烧的支烧垫饼都是一样的。究竟这两个窑是怎么个开法，一个人到两个地方烧了？还是一个师傅传了两个徒弟了？很有意思。

张：介休和交城离得远吗？

水：不算远。

张：那很有可能有渊源关系。就像元代壁画中，稷山青龙寺和永乐宫一样，距离不远，也都是一个师傅带的绘画班子。

水：交城窑还出现了红釉碗。"文化大革命"时期，我被下放到交城劳动。有一天收工后，一看有个村子叫瓷窑村，一打听只有5里路，就徒步跑上去了。在那里捡了半个碗，大红釉，在国际上应该算最早的东西了，真正的烧红釉。（得意而笑）现在不是一说黑画花就是磁州窑？介休就是红画花，土红色的画花，这是很特殊的。故宫的冯先铭跟我相跟上调查窑址，因为我捡上这个，他睡不着觉了，中午跑出去就寻，结果让蝎子蜇了一下。（笑）

张：就在介休？

水：在介休的洪山。绝对是宋代的东西。

张：宋代的瓷窑遗址，还有哪些？

水：从晚唐开始就有遗址。山西陶瓷有几样是很有特色的东西，我刚才说过的那个红釉碗，这是其他地方没有见过的。还有兔毫，这是陶瓷史成熟点上最高的技术水平，在山西很多，怀仁、朔县、太原、介休、临汾、长治都有。很多有名的品种，山西都有。甚至像钧窑那样的青釉，山西也不少见。我给冯先铭说了这个看法，他不信，认为残破的东西不可靠，很多残瓷都是外来的，专门有人买卖。后来，到了怀仁，亲眼看着拣出来，他还是这个口吻，又到了浑源，下到坑里亲手端上来，这下他才肯信，说是铁证。

张：从晋北、晋中，到晋南、晋东南，各地都有发现，遗憾的是没有发现完整的器物。

水：像介休这种宋代的器物很难保存完整。省博物院有一件白瓷香薰，是我在介休窑址中找到了一件香薰残件，才确定是介休窑烧制的。（找出《山西陶瓷》图册对照，又拿出一本论文集）这是1984年我写出来，日本给出版的。

张：（看图册）唐宋时期，交城、榆次、霍县、乡宁、阳城、河津，都有窑址。

水：那时候已经考虑了釉上加彩了。这是临汾的，类似钧窑。

张：钧窑不是在河南吗？

水：在河南禹县。但是在山西，很多地方都能生产这种乳光青釉瓷。

张：是人家命名了。其实应该是同一个时代的日用品，批量生产，大家都在做，只是人家名气大。

水：有人问我，我就告诉他们，不要一说就是仿磁州窑、仿定窑，那样

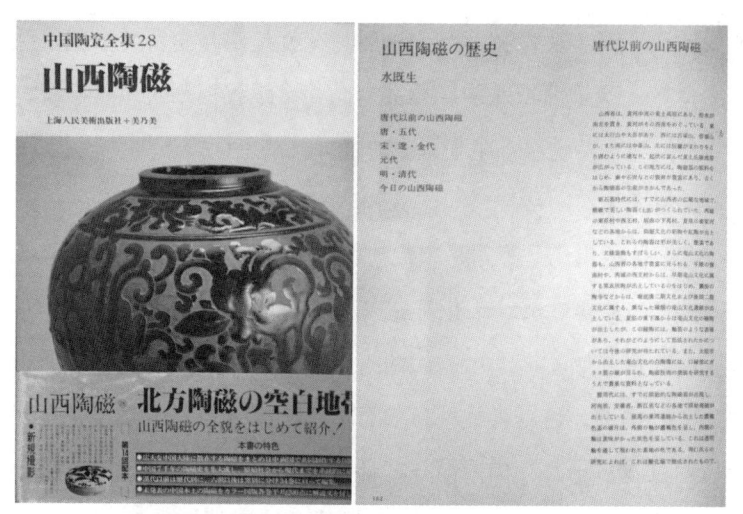

▲ 图7　水既生先生编著的《山西陶磁》日文版

▲ 图8　张焕君主编（左一）、水既生先生（左二）、刘国华名誉社长（右二）、王琪（右一）合影

山西就啥也没有了，都成了仿的。你说现在穿的衣服是谁仿谁呢？这是花釉，是1960年我在阳城搞的。这是灵药罐，《本草纲目》里记载的制药所用的阳城罐，就是这个东西，因为阳城而得名。这本书出版后，日本派了一个代表团，是由一位国宝级的专家来送的样书。临出版时山上次男先生，他是研究古陶瓷的权威，专门因为这本书写了个活页文，说我是"地元的研究派"。

水先生住的地方叫典膳所，两三百米的小巷，四五米宽，楼房新旧不一，倒也幽静。后来查资料发现，这个名称别致的地方颇有来历，它原是明代晋王府管理膳食的机构，是堂堂王府的大厨房。1921年修治街道时，还挖出当年典膳所使用的瓷器，上有"晋王府典膳所"六个红字。王府废弃后，平民百姓陆续迁入，添了许多人间烟火气。著名经济学家于光远抗日战争时期曾在这里住过，多年之后还很怀念这里的醪糟鸡蛋，可见这里真是一个吃饭的地儿。

这与水先生的人生经历似乎有些巧合。先生家境贫寒，少年时期常为衣食奔波，一生成就最高的篆刻起初也不过是为谋个饭碗，后来研究陶瓷，端的却是原本不敢想的公家的铁饭碗。只是因为勤奋好学，为人踏实公道，肯下工夫琢磨，才有今日成就，住进昔日王府的典膳所，吃饭当然不成问题了。但是，正如先生所言，要想吃好饭，吃得体面，还需要凭本事，时时上心，事事认真。先生说他每次在创作时弄清楚一个字的演变，就能高兴半天。看到我们不懂"地元"的意思，随即找出一本日语字典翻检，说在日语中"地元"的解释很多，在这里是基础之意云云。看着他的满头银丝，俯首案前，神情专注，让人蓦然升起些莫名的感动。前些天，读齐邦媛先生的《巨流河》，颇多感触。百年间风云变幻，个人命运沉浮其间，似飞絮飘萍，虽有百般努力，去向飘忽不定，终究由不得人。中国民间讲运道，佛家讲劫数，秦皇汉武，唐诗宋词，一时有一时的气数，一代有一代的胜场，抛却成败利钝，尽是雁落平沙。只管求得放心，活得安心，西窗夕照，何处秋山不媚人？

雕虫自娱治碎瓦　正道平流茹素心

黄衫褪去，阑干拍遍，谩说笔墨无虬髯
——侯恺先生访谈录

被采访人： 侯　恺（简称侯）
采 访 人： 张焕君（简称张）
录音整理： 王　琪
执 笔 人： 张焕君

荣宝斋是个老字号。中日甲午海战那一年开业，据说题写牌匾的还是光绪的老师大名士翁同龢。那是 1894 年，是近代中国充满屈辱又波涛汹涌的年份。但是，对于这家位于北京琉璃厂的百年老店而言，最大的变化不过是将原先的店名从松竹斋变成了荣宝斋，继续经营文房四宝、文玩字画，又从原先印制科举试卷拓展到缙绅录。试卷是为了读书人求取功名，记载京城官员名录并随时更新的缙绅录更是做官必备的护身符，一时半刻也少不得。民国建立后，读书人做官的途径变了，社会上却多了好些身份自由的文化人。荣宝斋因时而动，传统的文房四宝之外，又为书画家挂笔单卖字画。而且，因为态度谦诚有礼，价格公道，很快成为琉璃厂著名的门店。当时有名的画家，如号称"北溥南张"的溥心畲、张大千，还有一些起初名气不大的画家，如齐白石、董寿平，他们的作品都常在这里售卖。这段时间，荣宝斋还延续

▲ 图1　侯恺先生（左）、张焕君（右）在侯恺先生家中访谈

发展了传统的木版水印技术，应郑振铎先生之邀，印制了《北平笺谱》、《十竹斋笺谱》，影响深远，至今仍有翻印。得知张大千从敦煌临摹壁画归来，王仁山经理登门拜访，最终由荣宝斋负责印制这些临摹画，推向市场后，反响极大。

▲ 图2　荣宝斋印制的奏稿　▲ 图3　荣宝斋老包装纸

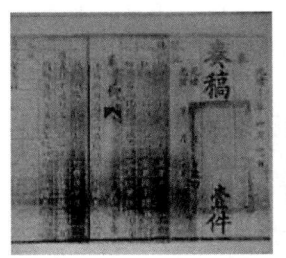

如果说战乱是大多数生意人为之恐惧的噩梦，那么在20世纪的中国，风云变幻的新、旧文化之争，对于荣宝斋所从事的"文化产业"，则意味着更大的迷茫与惶恐。1932年，郑振铎在琉璃厂、厂甸、隆福寺四处访笺，过眼虽多，但是看到的信笺要么是便于钢笔书写的洋式笺，要么是一意迎合时俗的图版画，内容多是迎亲、抬轿、舞灯、拉车，色彩则喜浓红大绿，而且版片错乱，色泽不匀，传统文人画的秀丽意境早已荡然无存。无怪乎鲁迅在为《北平笺谱》写的序言中感慨传统技法在西方冲击下七零八落，即便是保存最多的新年花纸与日用信笺，也"并为西法与俗工所夺"，原先富有民族特色的老鼠嫁女、静女拈花之类的图案，早已渺不可见，信笺渐失旧型，只能是"日趋于鄙倍"。对于20世纪的中国而言，"西方"及其背后隐含的观念、制度、军事、政治、文化，是力求自强的参照，更是自信丧失的梦魇，至今犹然。即便是荣宝斋这样的百年老号，除了随行就市，又能如何？

1950年，连年亏损的荣宝斋在饱受战乱之苦后，以5万斤小米的价格公私合营。当年10月19日，重新开业，时任政务院副总理的郭沫若亲笔题写了"荣宝斋新记"匾额。郭沫若是贯通政界、文化界的重量级人物，开业之日又是被称为左翼作家盟主的鲁迅的冥诞，其中意味可想而知。两年后，荣宝斋成为国营企业。直到"文化大革命"结束后，不仅是党内知识分子的重要活动场所，民间藏品的征集单位，而且承担了对文化界知名人士的统战任务，还是极为重要的涉外单位，无论是与苏联、越南、德国、朝鲜等社会主义国家的日常文化交流，还是中美、中日建交时外国领导人来访，荣宝斋收藏的中国历代精品书画以及印制的木版水印作品，都成为增进友谊、展示文化的重要手段。

回顾这段历史，对其独特贡献固然敬重有加，但念及其转型时期的因应之道，却也疑惑不少。中国人在评价某人能顺应时势剧变时常用"摇身一变"之类的词，对于荣宝斋而言，从旧社会传播旧文化的小商人，一变成为新时期、新文化的革命传播者，其转变之剧烈不可谓不惊人。不仅如此。在革命如火如荼的年代，到处都是普罗文化、民间艺术，宣传的是无产阶级的文化，打倒的是封建主义的所谓"四旧"。位于京城繁华之地、革命中心的荣宝斋，却是在革命的名义下，用最传统的雕版技艺，为革命的人民政府制作信笺，赠送外国友人《韩熙载夜宴图》、《虢国夫人游春图》、《清明上河图》；政界、军界要人屡屡前来挥毫泼墨，邓拓、康生、戚本禹更是常客；隔三岔五的文人雅集，也多是李苦禅、王雪涛、胡佩衡之类的旧文人。口头上在宣传的亲而不近，拳头下要打倒的却成了入幕之宾。熏陶多年的习惯却终究难改，虽然迫于形势往往扭曲变形。革命尽管不是请客吃饭，但革命者却也离不了请客吃饭，至于请的是哪家的贵客，吃的是何样的茶饭，则不过是随时权宜的说辞而已，端在于形势如何。即便如此，面对荣宝斋的转圜自如，在革命时代而能依违俱适，仍不免让人神思远荡，浮想联翩。古人常说：少成若天性，习惯成自然。一种文化，熏陶既久，上可以培养所谓国民意识，下可以养成民众之行为习惯。任何人为的阻断或分割，无论使用的是如何冠冕堂皇的理由，如何强力甚至暴力的手段，都难以彻底抹去曾经的痕迹，也无法阻止人们的珍爱与欣赏。就此而言，荣宝斋的再次转身，不过是另一层含义上的顺应，而当时的经理侯恺则是激荡洪流中的掌舵人。

侯恺是山西左权人，生于1922年。左权县本名辽县，辖下的麻田镇曾经是八路军总部所在地，是著名的红色老区，也是全国现存的7个以革命先烈的名字命名的县市之一。侯恺自幼家贫，读书不多，抗战军兴，参加革命，15岁便是儿童团长，1938年入党，先后在太行区的《胜利报》、《新华日报》工作。后来，因为日本军队几次偷袭，他所属的干部团伤亡严重，就被罗瑞卿派到延安鲁迅艺术学院学习。途经 120 师驻扎的晋绥边区时，由于前方战事频繁，道路不通，一行人等就留在晋绥成立的"前方鲁艺"①学习，在此期间绘画技艺尤其是版画水平大为提高。抗日战争胜利后，随军走出娘子关。1948 年，在石家庄成立大众美术社，数次前往河北武强考察木版年画的做法，印制年画、门神、灶王、日历牌。北京和平解放后，大众美术社进京展出，作品受到徐悲鸿的赞扬，并向出版总署推荐，将侯恺调到出版总署，担任新成立的木版印刷科科长，颇受副署长萨空了的器重。1950 年公私合营时，便由出版总署委派担任公方代表，成为荣宝斋的新任经理。

乍一看，作为一名革命者的侯恺与专营文人字画的荣宝斋，二者相距甚远，似非同类。事实上，侯恺入主荣宝斋的最初两年，对那些文人墨客们赏玩的古董字画视若敝屣，他将大众美术社的 40 多位老部下重新召入麾下，大量印制领袖像、连环画、新年画，墙上挂的是他亲手绘制的革命领袖头像，柜台上摆放的是人民画报、学生文具、小人书。他认为这才是革命的文艺，是工农大众能够欣赏的艺术，最符合毛泽东提出的为人民服务的革命方向。

但是事与愿违，老舍参观后，说他这里不像文化老店，如果加上油盐酱醋，就是一个杂货铺。再加上经营不善，员工怨声载道，这让饱含一腔革命热情的侯恺大惑不解：在新中国，这些封建主义、资产阶级的腐朽玩意儿为什么还会有人喜欢？饥不能食，寒不能衣，却要卖成千上万的价钱，这还是为工农大众服务吗？他为此百思不

▲图 4　新中国成立初期荣宝斋的室内环境

注释：

① 1940 年年初，在中共中央北方局和八路军前方总部的倡导下，成立了"晋东南鲁迅艺术学校"，简称"前方鲁艺"，旨在培养文艺骨干，促进根据地文化教育、文学艺术、新闻宣传事业的发展。1942 年撤销，合并入延安鲁迅艺术学院。

解，直至遇到董寿平。

　　董寿平是山西洪洞人。洪洞董氏自嘉庆以来就是山西有名的富商巨贾，占有解州盐池之利。董家富而好礼，诗书字画，广有收藏，其祖父、外祖父都是翰林院出身，交友甚广，名重一时。出身名门的董寿平，不喜做官经商，最爱写字作画，饱览乾隆以来内府所藏字画，眼界宽广。抗日战争时期避难四川，以马一浮、谢无量、沈尹默、于右任为师，与赵少昂、黎雄才、关山月相友，学问技艺，日臻佳境。返京之后在家待业，生活十分困苦。1952年年底，侯恺约请董寿平到荣宝斋晤谈，两人一见如故。侯恺是个重感情的人，乡土观念很强，他的老朋友，大多是山西抗战时期的老战友①，直到晚年仍念念不忘。但是董寿平与这些饱经革命风雨的老战友不同，一开口谈的就是如何运用传统的木版水印技术改善荣宝斋的经营状况，这正中侯恺下怀。次年四五月间，开始木版水印徐悲鸿的《奔马图》，因其与新中国成立初期奋发向上的时代风貌一致，大获成功。随后，又印了徐悲鸿的山水画《漓江春雨》、齐白石的《虾》、《池塘秋色》、《蜻蜓海棠》，荣宝斋的"革命"色彩日见消褪。1954年，在侯恺的全力支持下，董寿平开始组织人马，对古画珍品加以临摹，先后将擅长重彩敷色、绢素作旧的金振之、冯忠莲、陈林斋、米景扬等人调入荣宝斋，建立古画摹制室，金振之摹制了唐代周昉的《簪花仕女图》，冯忠莲摹制了宋代赵佶所摹唐代张萱的《虢国夫人游春图》、张择端的《清明上河图》，陈林斋摹制了五代顾闳中的《韩熙载夜宴图》

▲ 图5　20世纪50年代的侯恺

注释：

　　① 如刘江（山西和顺人）、李济远（山西文水人）、胡正（山西灵石人）、牛文（山西灵石人）、郑林（山西永济人）、药恒（山西左权人），都是侯恺在太行根据地时期的战友，新中国成立后大多在文化、新闻、美术系统担任领导职务。

和元代赵孟頫的《秋郊饮马图》，前前后后共有 100 余幅。这批人成为荣宝斋得以超越同侪的骨干力量，而此次历时 12 年的临摹工作，也成为日后荣宝斋享誉海内外的绢本木版水印作品的重要基础，其中的《簪花仕女图》、《韩熙载夜宴图》、《清明上河图》更成为无法超越的巅峰之作。

92 岁，垂垂老矣。但提起当年情事，说起或存或亡的故人，老先生目光炯炯，语言生动。先生爱抽烟，至今犹然。烟雾腾起，话音未落，小八路，掌舵人，工农大众，文人情趣，都变得如梦如幻，遥不可及。清楚的，是对面的聆听。或许，这也算是一种传承。

张：侯先生，我们是山西来的。这是我们办的杂志，每期都登一位山西的老人儿。

侯：都老了，不值钱了。

张：经历就是财富，也好让后人知道您这一代人是怎么活过来的，当时的生活是怎么样的。

侯：倒霉活过来的。一炮弹打过来，轰了一丈方圆，我还在那儿卷烟抽呢。

张：您参加革命的时候挺小的吧？

侯：15 岁。

张：您小时候念过私塾？

侯：没有，没有上过学，上不起。我父亲的一个老哥们是地主家的长工头，把我加中间，干的是一个人的整活儿，可是给的报酬呢，只有1/4。

张：那时候您多大，十来岁？

侯：我8岁就干活儿，别的不会干，就去捡茅草。我家是三代贫农，从小穷当当的。（从桌子上找烟）

张：（指着桌上的两盒烟）您抽哪个？

▲ 图6　侯恺和齐白石

侯：无所谓，冒烟儿吧。我这一天起码要冒三盒。

张：您没上过学，那是在部队里学的文化？

侯：学个屁，部队里一天尽是挨打，还学文化？

张：（笑）我见这墙上挂的是您的书画，听说您还会版刻。

侯：这可能是有些天才了。（大笑）日本人打过来的时候，我就号召我们村的小孩儿们，说："走，咱们去当土匪去！"走哪儿吃哪儿，得空就给日本鬼儿来一下。本来是商量好了去的，却走到薄一波那里，晋冀豫边区。

张：那就等于参加八路军了吧？

侯：那时候谁知道什么是八路军、九路军，去哪儿知道那些呢？我就在太行区党委，一个小孩，也不当个人儿，拨拉到这儿拨拉到那儿。

张：您在部队也参加战斗了？

侯：正规军都没有什么好打的，我打个屁呀。左权牺牲的时候，我在底下的那坟堆里趴着，他在山上，那边下不去。日本人的炮弹打得厉害，动也不敢动。

张：那您后来怎么从刘邓的129师去的"鲁艺"？又怎么跑到了120师？

侯：哪里是我跑的啊？死的人太多，人家领导让跑的。到了晋西北，还是走不动，就只好停下了。不过，在山西待的时间长，认识的人多，连阎老西儿我都跟他打过交道。他不是河边村的？那老家伙手段可高明了，你发动群众到他那儿不好发动，他对村里人小恩小惠，过大年，每家给一袋面，在村口碰上一个老人，脱下皮大衣来就给他披上。

张：人家对老百姓也挺好。

侯：薄一波与他家离得不远。我入党、当八路都是薄一波让我去的，要不我也不懂得，谁知道那是怎么回事儿啊？

张：您是什么时候开始学木版画的？是自己学的？

侯：那倒是出于我的本心，因为啥？我是山西人，老西儿啊，每年家家户户都要贴门神灶王，多少车皮运到山西，销路很大。哪儿来的？河北冀中武强县。我来回去了很多次，也住了好久，研究他们的特点，怎么能把我们山西的钱给赚了那么多，我也得闹上气气他。那时候印刷技术不行，最讲究的是石印，石板上印。但是我们山西人不会在石板上套色，我去那里主要学的就是这个。

张：那是啥时候？

侯：在石家庄办大众美术社的时候。武强人挺好的，（用武强话说）"上有天堂，下有苏杭，除了南北二京，就数俺武强"。强就强在他能印制大幅的，尺寸很大。我去了好多次，认真琢磨，慢慢就把他们会的招数都学会了。他们那儿的工人也没什么文化，研究不出新东西，都是跟着师傅学，老人怎么搞他们就怎么弄。荣宝斋跟这不一样，能自己研发。我当时也不知道，就自己搞木版水印。我手下有个编辑，版画水平很高，叫姜燕。

张：姜燕？

侯：我们在北京搞展览，被郑振铎、徐悲鸿看见了，他们都说好，正好出版总署要成立美术科，我就把姜燕她们一伙人都带到北京了。1958年，跟随郑振铎出国访问，飞机失事，十几个人全去世了。她爱人叫左辉，是很有名的画家，天安门城楼上第一幅毛主席像就是他画的。

张：您是什么时候去的石家庄？

侯：我从太行区到了晋西北，在贺龙120师。后来晋绥闹灾荒，疏散干部，让自己找地方，我就又回到太行。1948年，到了石家庄，接收了华北大学的木刻工厂，开始印年画、门神、灶王爷。到了北京，因为我的党员身份，还在浦氏三姐妹中的老大浦洁修担任主席的工商联兼职。她是民建会的，我负责搞他们这些人的统一战线，很多事都是我出面。后来，接管荣宝斋，也是按照工商联的那个统战关系。

张：荣宝斋经常与文化人打交道，知识分子多，需要。

侯：所以让我去的时候，我就说不想去，里边瓜葛太多，再说他们弄的这些我也不懂，不赞成。按照当时的话，就是这些文人的东西，不革命，腐朽，与人民群众的生活没关系。可是不行，说我是业务干部，愣让我去。头两年，在那里可受罪了，经历了好多困难。

▲ 图7　侯恺先生的作品

张：当初也没钱，就是给了您5万斤小米，算是公方投资。

侯：是的。荣宝斋的掌柜叫王仁山，是个行家。我啥也不会，就只能靠人家。我是经理，他是副经理。我是搞统战的，代表共产党，是公开的身份，但是不用党的名义。在那里弄了两年，弄不成，也没有能镇得住的名人。正好董寿平从四川回来了，我就请他过来帮忙。

张：他也是山西人，洪洞人。那是大户人家。

侯：山西洪洞董姓，很有名的大家族。他家在县城外头，有500多间房子，十几个大院，叫什么养福堂、秋官府、太史第、观察第，都是二层楼。堡子里街道很宽，有四个牌楼，门口还立了双斗旗杆。董寿平是个知识分子，在北京每天拿上个馒头，到故宫去看画。日本进攻以后，带着全家跑到四川去了。我从四川把他叫回来。

张：董寿平在荣宝斋主要负责什么？自己画画儿，还是鉴定？

侯：我需要一个有影响、水平高的人，能镇得住场子。要不，像我这土包子，什么也不懂，人家不服。董寿平对故宫的东西最熟，中国民间的艺术他也很清楚。他搞字画鉴定有水平，靠谱，很少走眼。我们从民间收购了许多珍品，都是他鉴定的。搞了十几年古画临摹，也是他组织的。他出主意，我顶压力。既是同行，又是老乡，合作得很好。

张：荣宝斋原先在琉璃厂也就是个不大的门店儿，名气也不大。您去了以后，才发展起来的。搞古画临摹，在帛画上搞大幅的木版水印，为故宫收购民间珍

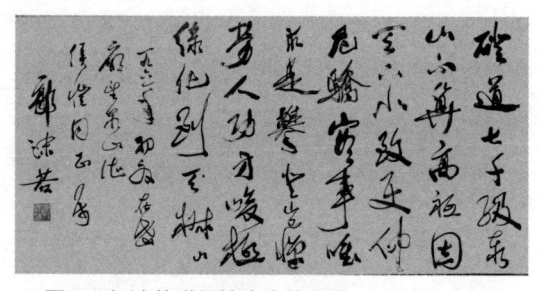

▲ 图8　郭沫若赠侯恺先生的作品

114 | 日月其迈——山西文化名人访谈录

品，又成为对外文化交流单位。当时您也就30来岁，真不容易。

侯：荣宝斋原来是个小南纸店。公私合营时，最初也只是看上他们的木版水印，它不是也印过《十竹斋笺谱》么。

张：后来出了木版水印，荣宝斋还成为外事单位，接待过很多外国友好人士。党内一些有文化的高级干部也常去那里。比如邓拓，下班后就经常过去。

侯：他那时住在金宝街上的遂安伯胡同，离荣宝斋不远，几乎每天去。邓拓喜欢写写画画，字写得不错。

张："文化大革命"时，红卫兵也去荣宝斋了？

侯：那他吃不开，别看红卫兵到处抓人打人，去荣宝斋不行。荣宝斋是穷苦人起来的，都是工人阶级，有500多人。红卫兵一去，工人们往门口一站，说："回家找你爸爸，你爸爸是国民党！"根本进不去门。

张：康生也经常去荣宝斋？

侯：那也是天天往荣宝斋跑。去的人多了，沈钧儒、郭沫若，都经常去。他们都是文人，喜欢这些东西。我们在那儿胡说八道，什么也瞎扯。我墙上挂的那幅字，就是郭沫若写的。康生这个人很有才能，文化水平高，看的书也多，就是有点儿投机取巧，对古代的字画他很在行。

张：董寿平也受过批判吧？

侯：他读书多，很聪明。1957年"反右"时，别人都跟着大鸣大放，他一声不吭，硬逼着说，也只是表扬的话。后来，他的很多朋友，像启功、徐燕荪、王雪涛，都被打成"右派"了，就他安然无恙，平安过关。他说这是读历史书的好处，二十四史上这样的事情太多了。他1965年退休，离开荣宝斋。"文化大革命"起来的时候，翻出他的档案，说是资本家的大少爷，我给他辩护，被骂了一顿。但也不能把我怎么样，根正苗红，我谁也不怕。

张：您原先没怎么念过书，去了荣宝斋净跟文化人打交道，跟他们聊天的时候聊什么呢？

侯：我是抄近路学。宋元明清那些字画，别人不容易见，我在故宫、博物馆里常见。那时也经常收购民间的珍藏，都是专家鉴定之后我拍板。1964

年，收购米芾的《苕溪诗卷》，就是这样。那个小伙子从黑龙江过来，拿着一个包袱，里边画卷、碎纸片一大堆。问他多少钱，他吭叽半天，说要1500块。我一听，知道是懂行的，要到门儿里了。先安排吃饭洗脸，赶紧组织专家鉴定，确定是真迹后，给他还价，压了100元。小伙子很高兴，拿上钱走了。30多件宋代的字画，只要了1400块。我觉得太亏人家了，给上级打报告，请求政府再奖励他5000块。谁知他留下的地址是假的，找不到了。

张：荣宝斋做木版水印，得到了国家的大力支持。需要的宣纸、绢帛、锦缎、各种颜料甚至印泥，都是特制的。

侯：荣宝斋一般要储备500吨宣纸，存放5年以上，充分氧化后才使用。那些都是我亲自到安徽泾县搞起来的。那里有很多小作坊，原先大多都停产了，工人穷得连稀饭都喝不上。我钻进造纸的山洞里，看他们踩纸浆，很辛苦。完了就给安徽的省领导交代，要求他们支持，恢复宣纸生产。用的颜料是苏州姜思序堂专门研制的，苏州我也去了很多次。

张：您十几岁当兵，一直在部队，接受的是革命教育。后来去了荣宝斋，都是文人、有钱人爱玩的书画艺术，跟普通老百姓的生活没啥关系。您当时是怎么认识的？

侯：你说的话我不太懂。不过，我知道那是中国的文化，是中国特有的一种文化。不是坏东西，应该保留、继承、发扬。这个想法在1953年董寿平去了荣宝斋之后，就慢慢形成了。现在还是这样认为。我没上过学，小时候就念了本《三字经》、《百家姓》，半本《论语》，只会念，不认字。《论语》也不知道是捡的还是借的，没头没尾，中间的字也模糊得看不见了，就坐在小板凳上背，照猫画虎，"人之初，老母猪，拉不动，叫师傅"，一个字也不认识。

张：您的毛笔字是什么时候学的？

侯：也就是去荣宝斋前后吧。这就是我写的："若无烦恼需忘我，欲求康乐莫贪心。"是魏碑体，我会好多种体。

1985年，侯恺退休，那是一个时代的结束。随后的20多年，伴随着中国经济的快速发展，当年的革命主题日渐消隐，赚钱成为硬道理。艺术品市场也一改往日的清高沉寂，变得热闹起来，名人字画在拍卖时屡创新高，夺人眼球。汹涌大潮中，心潮澎湃，人人只看弄潮儿，积累丰厚的荣宝斋顺势而上，再领风骚。所谓盛世繁华，不免寻根忆祖，算是满汉全席中加一道爽口小菜，丰富滋味而已，侯恺先生于是也常常成为记者喜欢的话题类型。但是这样的俯首与回味，终究与忆苦思甜有所不同，如同富贵后夸耀祖先创业的艰辛，话里话外不免加了许多甜腻腻的粉饰与矫情，让人不堪。

　　侯恺是个军人，性格豪爽，语言质朴，粗话也不少。长期的部队生活，让他习惯了战争时期的供给制，对金钱没什么概念，每月能给发半斤烟叶子，就高兴得很。刚进荣宝斋时，看到一幅字画几百几千地卖，农民一辈子都挣不下，很不理解。退休了，看到市场上赝品充斥，收藏疯狂，懂行的、不懂行的一股脑儿往上抬价，仍然不理解。只是年齿日增，老友凋零，也只能闭门独语，发发牢骚，如此而已。但是这样的形象，似乎与高雅的荣宝斋曾经的掌门人形象不合，也就很少出现在记者的笔下。采访时，老先生不时自嘲，当年的，身边的，革命往事，旧友新朋，都在他浓重的山西方言中变得稀薄了。只是，声音还在。凝神去听，依稀仍有当年的炮声、笑声、喧嚣声，文人雅士的抚案轻语拍案怒语，格外真切。那是一个时代，无论被按照哪种标准如何过滤澄清，仍然直撅撅地，立在那里。日影西斜，居然成荫。你我都在其中。

世事沧桑心事定　胸中海岳梦中飞
——王镛先生访谈录

被采访人： 王　镛（简称王）
采 访 人： 张焕君（简称张）
录音整理： 王　琪　李淑芳
执 笔 人： 张焕君

王镛先生有一方自刻闲章："惟戊子吾以降。"先生生于1948年，岁在夏历戊子，闲笔纪生，不过文人雅趣，似无深意。但如果对先生为人生平稍有了解，便知不然。三闾大夫作《离骚》，开篇即云："帝高阳之苗裔兮，朕皇考曰伯庸。摄提贞于孟陬兮，惟庚寅吾以降。"句法之相同，适见志趣之相近。屈子清白居世，放在草野，虽鸿猷难图，却壮心不已，笔下多有香草美人，云霓飘风，坦荡君子，逸佞小人，无一己之私欲，哀民生之多艰。情怀壮美，炳照后世。千古而下，寻踪直上，如踏雪夜行，拂晓凌霄，清冷寂寞中，映照出的华美与奇崛，却是同样的世间难得。

先生祖籍太原晋祠，印章中不乏"并州人"、"晋祠人"、"太原王氏"之辞。太原王氏，本是豪门望族，魏晋隋唐数百年间，人才辈出，占尽风流。从麾师南下灭吴一统的王浑、俊朗洒脱

▲ 图1　张焕君主编（左）、王镛先生（右）在王镛先生家中访谈

尤善清言的王济父子，到开创河汾学派的文中子王通、写出千古绝唱《滕王阁序》的王勃祖孙，乃至王之涣、王昌龄、王维等名噪千古的诗人，瓜瓞绵绵，芝兰玉树，太原王氏引领风骚数百年。先生承千年不坠之余绪，虽历经坎坷，但斯文犹在，终得大成，书、画、印、诗，俱有造诣，放眼当今艺术界，难有其匹。追本溯源，一脉相承，或许冥冥中自有天定？

先生生于北京，幼承庭训，五六岁时便开始学习字、画。字是临摹唐楷，画则是兴之所至，随意涂抹，虽乏高人指点，但也有几分神似。小学二年级时，所书大楷已颇有功底，成为同学临习书法的范本。1958 年，在北京展览馆参观齐白石、黄宾虹、徐悲鸿诸ism大师作品之后，兴趣益增，并开始学印。14 岁那年，考上北京市少年宫金石书法组和国画组，在刘博琴等先生的指导下，临习历代书法、篆刻作品，视野愈广，作品当年就入选"首都书法篆刻展"，并获得北京电视台举办的"少年书法比赛"一等奖，所作国画又选入"北京市小幼苗画展"。刘博琴先生精擅篆隶，教授学生一丝不苟，先学满白文汉印，朱文则是铁线元朱一类。更重要的是，他教会了少年王镛，治印当追求古拙质朴、奇险壮丽的大美境界，所谓外形漂亮，整齐匀称，不过是艺术审美的低级阶段。禀赋本高，用功亦勤，又得名师指点，古来成名成家者所需要素无不备具，清俊少年才情焕发，非凡成就，似乎指日可待。

然而天有不测风云，上帝似乎总喜欢用苦难来造就传奇，对于清通智慧之士尤其如此。"文化大革命"爆发时，全国上下，人心思动，如烈火燎原。那一年，先生 18 岁。两年后，响应上山下乡之伟大号召，刚刚中学毕业的知识青年王镛来到内蒙古科尔沁草原插队。告别了京城的旖旎繁华，草原之上，牛羊肥美，饥饿也不再是问题。但覆巢之下无完卵，激荡风云中，革命者改造世界的热情却无远弗届。草原广阔，正是革命者大有作为之地。作为热爱艺术的知识青年，王镛自然知道革命的含义所在。这一时期，他跑了很多地方，画了很多革命宣传画，写了许多富有时代精神的宣传标语。世间纵有缚龙手，运道如此，一介书生，也只能这般学以致用。跨马穿行草原，肚肠一时沉静，见青草根节勃发，苍穹玄远深邃，悠然神往，颓然而返。所谓尘俗涤荡，大

世事沧桑心事定　胸中海岳梦中飞

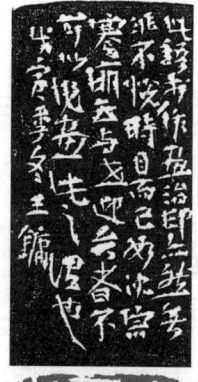

▲ 图2 到愁惨处　　▲ 图3 书到无人爱处工　　▲ 图4 古来多被虚名误　　▲ 图5 大开户牖吐真气

象无形，所谓应时而动，甜腻媚俗，就在这般的稚拙体察中日见深刻。或许，只有反观内省，才知自家面目，茫茫人流不过是映照自我的永恒背景。

六载历练，重返京城，心志已然烛照静明。中学授课之余，或出外写生，山色湖光，相对印证；或静室刻石，案前临帖，遥对古人。心思既能专一，进步自然神速。1979年，中央美术学院李可染教授招收山水画研究生，数百人报名，名额却只有5名。5人之中，兼攻书法篆刻者仅有一名。先生未曾读过大学，并非科班出身，仅以同等学力报名，却能过关斩将，皎然耀出，拔得头筹。入学后，先生深为美院浓重的艺术氛围所折服，举目所见，除了导师李可染、梁树年之外，叶浅予、李苦禅、蒋兆和诸先生，为人为艺，无不给予先生绝大影响。在美院的两年，紧张而快乐，夙兴夜寐，旦夕揣摩，不仅技艺迅速提高，而且确定了日后的创作方向。李可染先生授课，最重艺术之道，所创"酱当体"，立意古朴，影响极大。叶浅予、梁树年诸先生，品性耿介，格调高雅，令人折服。到毕业时，在研究生毕业展中先生荣获"叶浅予奖金"一等奖，留校任教，不久便在艺术创作中崭露头角。

光阴永远荏苒，30年仅是一弹指。短则短矣，但对于心志澄澈之人而言，

▲ 图6 太原王氏　　　　▲ 图7 并州王氏朱记　　　　▲ 图8 惟戊子吾以降

却是一花一世界，一叶一如来。真切紧要之处，更是一鞭一条痕，一掴一掌血。在王镛看来，书画本是寂寞之事，自为之事，上千年的文人传统更注定了它阳春白雪的高雅性质，曲高则不免和寡。寡则寡矣，却不可放弃原则，趋附媚俗。2002年，他辞去书法协会职务，从此"颇得江湖远，不知城市喧"，游心艺林，独处闲居，"仰观宇宙之大，俯察品类之盛"，浮华气味一扫而空，大好山河尽在眼中，淡泊自守，造于高明。他的书法，较之包世臣、康有为的倡导碑学更为宽广，他将三代吉金、秦权、砖瓦刻石、北朝墓志、魏晋残纸、地契简帛、唐人写经、汉代摩崖都纳入取法视野，反复临摹，烂熟于心，却又不屑于一点一画之肖似，而是根据自己独有的审美观念对其加以改造。观其《砖文笔记》中常用之词，如评价汉砖"书体熔铸篆隶云英于一炉"，吴砖"诡奇多变"，晋元康砖"篆体奇特，颇类悬针"，永嘉砖"隶书甚恣肆"，重意不重形、为主不为奴之心态历历可见。石涛所谓"字字犹挟云水气，不教规矩碍真情"，于此可见一斑。惟其如此，其书法、篆刻才能在结构造型上有大突破，画作线条凝练，风骨古拙，从而形成拙、大、古、野、率的独特审美观，迥异同侪，自成一家。有人称赞他是当代齐白石，有人称许他在当代艺坛修养全面、自成面目，最有希望成为开宗立派的大师。

对于这样的期许，王镛本人却是十分警惕。他在自刻印中说"古来多被虚名误"，认为此语"虽是老调，不妨重弹"；主张"书到无人爱处工"，认为"作画治印亦然"，要在不以"悦时目"为旨，并引沈宗骞"与世迎合者，

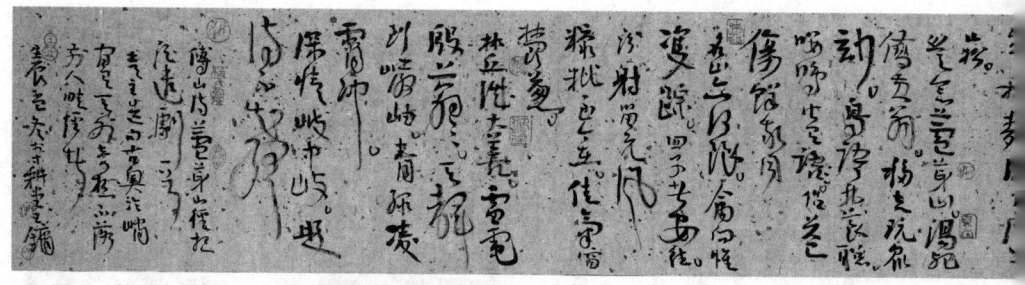

▲ 图9 草书作品：傅山长诗《芦芽山径想酒遣剧》

不可作画"之语自励。暇时弄笔，又录龚定庵诗"世事沧桑心事定，胸中海岳梦中飞"以明志，沧桑既定，海岳涌动，无声处听惊雷，心胸之大自非常人可忖度。只是志业广大，要远接千载，更需专心一意，殚精竭虑，必得"到愁惨处"，方能一骑逸出，超迈群伦。

王静安先生说古往今来凡能成就大事业者，皆须经历三种境界，并以"独上高楼，望尽天涯路"为第一境界，而以"衣带渐宽终不悔，为伊消得人憔悴"为第二境界。两相比较，王镛先生所说的"到愁惨处"正是静安先生的"憔悴"之时，但能让王镛先生"望尽天涯路"的却不是高楼，而是民间，虽然孤独是相似的。自20世纪90年代始，王镛先生便提出民间书法的概念，此后潜心钻研，集腋成裘。时至今日，已是书法界最具影响力的书法理论。所谓民间书法，既有甲骨文、金文、陶器铭文，也有汉代的石、砖刻文，魏晋残纸，其载体"无一不属于实用器物"，其作者则被称为民间书手。他们"各有所承，各有所学之体"，身份既有下层书吏，也有"具有书写技能的工匠甚至徒隶"。其艺术特征，往往表现为"率意自由创造的精神"，随意奔放，无拘无束，一任天真，不计工拙，最具有"写的意趣"，与士大夫文人的书法迥然不同，在结构造型上优势明显。在王镛看来，正是这种"写的意趣"，蕴含了传统艺术中最为宝贵的自然天真，最富生命力。为此，他倾注心血，旁搜博采，取民间粗放之骨，融文人风雅之韵，以民间古拙之势，融文人细腻之情，既有雄浑气骨，又有悠远真情，深入堂奥，示范后人。

翻看王镛先生历年来的作品集，心思难免随之游动。这里边既有个人生命意识的写照，也有千年传统一脉相承的担当。王铎云："苍狗白云谁与论，闲将气骨寄毫芒。"《大学》所谓:"知止而后能定,定而后能安,安而后能虑,虑而后能得。"人世百态,名利最难割舍,虽美其名曰现世关怀,但终究显得贪恋荣华,格局太小。如能明白一生所求的至善至美境界,则能心思澹定,安静从容,游心其中,神智清明,宠辱固然不足以惊心,便是沧海桑田、百年苦短,也只是一个"生而不有,为而不恃,功成而弗居。夫唯弗居,是以不去"。王镛先生的笃厚平和,随和朴素,岂非正体现了他的大气与圆融?

王镛先生已经多年不接受采访了,据说十分清高孤僻,常常沉默待人。一行数人,叩门之际,心情颇为忐忑,如同行走于元月的京城,雾霾浓重,不知所从。未曾料的,宾主刚刚坐定,寒暄未尽,已是春气盈室,谈笑风生。话题并无限制,但交谈越深,对先生的为人为学愈发钦敬。先生论书法,讲究笔笔生发,才能气韵流动,生机盎然。今日看来,对于先生而言,生发的又何止书法一端?所谓大成若缺,大盈若冲,或许便是如此。

王:你是学什么专业的?

张:历史,主要做古代史,这些年侧重做儒家礼学,思想史。

王:难怪呢。最初徐海[1]给我拿来你们的杂志,我还很奇怪,不知道档案还有杂志,以为一定很枯燥。他说是中文核心期刊,又是关于山西的,我就看了两本。还不错,挺有味道,里边增加了很多文化方面的文章,壁画也做

注释:

[1] 徐海(1969—),生于北京,原籍泸州,中央美术学院中国画学院副教授。师从王镛先生,潜心究索,不耐俗气,书、画、印作品多次在国内外重要展览中获奖。才气横溢,性情豪迈,仰视俯察,皆得性情之中。

得很好。

张：这个刊物办了30多年，在全国档案界还是比较有名气的。我们从2012年接手，除了保留原先的档案特色，增加了不少内容。现在的思路是从大档案的理念出发，侧重民间，注重地方文化。目前，重点栏目有壁画、人物访谈，还有山西历史文化档案的介绍与研究。

王：这些壁画，你们一定花了很多工夫。

张：从2009年开始，我们弄了一套德国高清扫描设备，全省各地跑，4年了，现在基本全做成数据库了。

王：这种做法，大概专门做壁画专业的人都没有这么认真整理过。引起注意没有？

张：省文物局很支持。要不，这些壁画所在的寺观都是国保单位，怕毁坏，不让拍。像高平开化寺、芮城永乐宫，一待就是一个多月。很不容易。

王：虽然艰难，还是很必要。壁画都是露天放着，有些地方条件很差，常有脱落。不注意保护，几十年后，恐怕就见不到了。

张：听说您去年还回过太原？

王：就是徐海搞展览的时候。

张：您在太原还有亲戚？

王：现在还在联系的，有个本家的侄子，他还住在晋源区，家就在晋祠

▲ 图10 写来秋声满画图　　▲ 图11 赭墨纷披　▲ 图12 烟碧霜红图
　　　　　　　　　　　　　　写秋山

边上。原来我的老家就是晋源区的，离晋祠、天龙山都不远。

张：是从您父亲那一辈儿离开山西的？

王：我父亲从十几岁就到北京、天津当学徒。那时候，京、津两地很多商铺都是山西人开的，年轻人读过一些书，能识文断字，就跟随长辈去学做生意。后来，我父亲有了些积蓄，就和几个人合伙，办了一个化工厂，主要做日用化工。这个企业现在已经是国企了。

▲图13 绝壁飞云图

张：王老师，我们有个想法，这跟我的专业有关。因为在大学教书的缘故，与学生接触较多，感觉现在的年轻人对历史、文化都比较隔。即便知道一些，也只是当作知识来接受，缺乏一种情感上的联系。所以，我就想通过这个刊物，试着从山西入手，做一些挖掘，希望能找到一些有血有肉的东西，触动人心。此前采访张颔、林鹏几位老先生，都是八九十岁的年龄，阅历丰富，他们说的一些事情，连我这个学历史的也不知道。现在历史学很重视细节，重视亲历者的感受，认为只有如此才能纠正所谓宏大叙事的偏差与误导，才能让人的知识与情感、观念贯通起来。您觉得呢？

王：确实如此。有时候，我跟我儿子说："文化大革命"时候有个口号，叫作"知识越多越反动"。而且，这个口号不是口头传达的，是写在报纸上，贴在大街上，付诸行动的。他说什么也不信，觉得我骗他，说就是奴隶社会也没有这样违背常识的口号。这才过了多少年啊。

张：所以，历史学界现在很重视口述史，就是想给后代留些直观的资料。

王：这个非常有意义，起码从总结教训这方面来说，也很不得了。像以前"大炼钢铁"，搞"三面红旗"的时候，我那会儿十来岁，已经懂事了，看到的事情，现在想起来都觉得可怕，不可思议。我当时上小学高年级，学校全部停课。干什么呢？老师动员找钢铁。什么叫找钢铁？就是把家里用铁做的器具交到学校，门上的钉子，炒菜的铲子，都去交。小孩子不懂事，积极性很高，跟比赛似的，两把铲子交一把。我们学校原来是个大庙，就在什刹海旁边，我印象特深。在校门口的院子里，挖一坑，让学生去找耐火砖。老师找个样子，说："看，这就是。"连偷带捡的，反正弄一堆，跟坟头儿一样。挖一坑，把所有的铁器堆在里面，用很多柴、煤去烧。过了很多天，有一天早上去学校，听见敲锣打鼓，要开全校大会。校长手里托了这么一个东西，上面蒙着一块红布，高声宣布："这是我校炼出的第一炉钢铁！"这叫钢铁！我的天！原来那钉子、铲子还能用，现在给弄成什么样子了？揭开红布，我一看，特别像以前公共澡堂的搓脚石，蜂窝状，黑乎乎的。结果，这样的钢铁作为政绩，层层上报中央。为什么呢？因为毛主席提出来要炼1070万吨钢，这叫作"超英赶美"。这个数字我印象特深，当时满大街都是类似的标语，天天学习的也是这个。其实，很多人连钢和铁的区别都不知道，烧多高的温度，里面含碳量是多少，都很有讲究，否则就成熟铁了。问题不是一个学校，而是全国的机关单位，都要这么干，挖个坑，弄个坟头儿，有的还弄一烟筒。神州大地到处都是烟筒冒烟，举国上下砍伐森林，拆掉旧房子，煤不够，当燃料，逮什么烧什么。这样的思维真可怕，又觉得可笑，如同顽皮孩子的胡闹。

张：所以，我们现在经常引用一句话，"20世纪，对于全世界来说，尤其对于中国来说，是苦难最深重的一百年"。

王：我们那会儿每天都得学习《人民日报》，在报头边上有毛主席语录，还留了个小方块儿，那是专门放卫星的窗口。跟比赛似的，今天刚登了某地亩产1000斤，那时候没有化肥，这个成绩已经很不得了了。第二天，就有另一个地方说1500斤、2000斤，最后弄到亩产几万斤。画一个小孩儿坐在粮食上，喜气洋洋。你说这些人很多是农民出身，是农民出身啊！他怎么没这常识呢？两三万斤粮食放在地里头，就是拿麻袋装也得码满了。真是奇怪啊！

张：所以我们常说，不管做什么专业，都要懂一点近现代史，因为人无法脱离自己的生活环境。许多事情看似不懂，却也有其自身的逻辑。反逻辑也是逻辑。

王：1980年，我们去小三峡搞毕业创作。我在巫溪写生，震动很大。

那里除了县委招待所，没旅馆，没饭店。招待所的食堂里，墙上还挂着农业学大寨的照片，一圈一圈的梯田。过了两天，我们到山上画画，同行的还有一位《四川日报》的女记者，她去下面采访。晚上回来，一见面就哭。我说："怎么了？"她说："可惨呢！"原来巫溪那地方，水急滩险，过急滩时，船工都要下去拉纤，都跟光屁股似的。交通条件差，很封闭。这位女记者去采访，见着一家人，一年的口粮只有70斤红薯，相当于十几二十斤粮食，全家人饿得都要死了。一个乡干部就用20斤粮票，把这家新婚不久的媳妇给换走了，给自己的残疾儿子当老婆。那地方的山陡且大，很多人死于营养不良，埋在山上，有时候抬死尸的走到半道，气力不济，咣当，也死在那儿。后来也不用棺材了，直接挖坑就埋。她说四川也学大寨搞梯田，但是四川多雨，山都是石头，很陡，土薄，地块也小。干部从大寨参观回来，照猫画虎，地都挖成一圈一圈的，把原有的植被全破坏了，一下雨连土也都冲走了，那可是几千年攒下的肥土啊。所以，好多年种地不打粮食，饿死不少人。巫溪的斜对面，就是白帝城。

张：这样的事情，说给现在的年轻人，确实难以相信。

王：但凡事情能自上而下做彻底，也有他的理念。比如说，宣传越穷越革命，温饱思淫欲。因为怕人们不革命，挨饿就是必需的。这样，能吃饱就是最大的幸福。为了吃饱饭，无所不为，什么道德，礼义廉耻，都扔一边去，活着最要紧。当然，也有为了礼义廉耻不要命的人，但是很少，只有千分之一，万分之一，这样的社会自然容易统治。就像现在的朝鲜，发一块豆腐还得喊万岁。你要是真不理解，去那儿看，就理解了。

张：您插队去的是科尔沁？

王：先去的科尔沁，那地方都是蒙古族人，个别人磕磕巴巴能说点汉语，交流很不方便。一年后，因为有同学在呼伦贝尔的阿荣旗，从齐齐哈尔再往北走一二百里，属于兴安岭边儿上的丘陵地带，我们就又搬家跑那儿去了。你哪年生的？

张：1972年。

王：你不知道，头一天我们下乡，有一件事情感触特别深，就是我终于能吃饱了。在那之前,粮食定量供应,每月不足30斤。现在想起来是很多了,谁一天吃一斤粮食啊,但那时候什么菜都没有,连酱油都没有,因为那也是粮食做的。只能吃酱油膏,切一块儿,黑乎乎的,也不知道是什么做的,反正是当酱油用,肉、菜一概没有。每次做饭,家里头都得用秤,孩子、大人,每人一个碗,都有记号,称好了才上锅蒸。多吃?最后一天没粮食怎么办?正长身体的年龄,肯定吃不饱,有酱油的时候就放点酱油,沏点儿开水喝了,还是没饱,剩点儿米粒,再沏点儿喝。我家住在东城,上学在西城,路上得走20多分钟,还没走到学校就饿了。后来有一点零花钱,就买点桂皮,饿了就嚼一嚼,辣乎乎的。但是到了内蒙古就不一样,头一顿饭印象特深。敲锣打鼓欢迎我们,生产队队部的灶间有一口特大的锅,杀了一头羊,煮了一锅,都是大块儿,里边搁点儿盐。还有玉米,破成两三瓣的大茬子,炖在一起。就吃这个。我的天啊,终于吃饱了。

张: 我们来之前在网上查了些资料,好多人说您不太爱说话,我挺担心,自己本来对艺术就一窍不通,您再不爱说话,真不知该说什么了。

王: 我以前是比较内向,也没想过会当老师。研究生毕业的时候,李可染先生带的5个人中只有我一个是山水画兼书法篆刻。毕业找工作,竞争也很激烈。我当时心还算比较静,能到美院上学我已经很知足了,再说那时候研究生少,再差也能到一个比较专业点的单位,就一声不吭回家等消息。结果他们4个都分走了,我留校任教。

张: 也跟您的毕业作品获了叶先生的那个奖有关系。

王: 也有关系。另外,当时的那些老先生,叶浅予先生、李可染先生、蒋兆和先生、李苦禅先生,号称我们学校的四大导师,他们可能当时有共识,觉得以前的美术教育受苏联和西方的美术观念影响较大,传统的东西丢了很多,很多教师都不会写字,就想弥补一下。我正好兼修书法篆刻,条件比较合适。要是搁现在,绝对没戏,我就成"京漂"了。

张: 那时候风气还很正。前几天看了本李可染先生的传记:《所要者魂》,感觉他们那个年代的人让人打心眼儿里佩服,画画从不苟且,虽然天赋极高,还是那么用功,所以才有"废画三千"之说,心里想的都是如何在前人的基础上加以改进，艺术本身才是目的。

王：李先生他们所处的时代，都没有商品一说。当然，画家也会卖画，一张很好的画三四十块钱，相当于普通人一个月的工资。对于购买者来说，他是真喜欢，

▲ 图14　张焕君主编（左）、王镛先生（中）、刘国华名誉社长（右）合影

大多数人也懂行，画家呢，把自己的作品卖给识货的，也高兴，觉得这就是乐趣，是自己的生活方式，不是为了钱。现在可不是这样，都在拼命赚钱，一平方尺①二三十万，最贵的五十万以上。每天琢磨的就是怎么去运作，似乎画家的价值就在价钱里。

张：这几年关于民国的书很流行，可能正是因为那个时代有一些我们今天缺少的东西。今天有机会拜访您，真是高兴。以后您有空了，应该多回山西走走，5月之后，有些地方风景还是不错的，可以写生。

王：行，这几年好好准备准备，回去好好搞一个展览。明年想先去大同看看。前几天，有人从那里来，说起大同的变化，我听得都傻了。说现在的市长，通过招商引资，恢复了一座千年古城。不仅古建筑很讲究，连路灯的设计也很到位。听说关于新能源的一个世界性大会，规模有两三万人，也给拉到大同去开。老外过去一考察，都傻了，都同意在大同开会。真是不得了。

张：听说是按照日本人当年设计的规划图复建的，工程质量也很好。您上次回太原是什么时候？

注释：

①1平方尺 ≈ 0.11平方米。

王：1982年美院国画系和山西大学在太原合作办了一个培训班，每个老师去那儿一个月，上课之余，就出去写生。我也去了，还到崛围山那边寻访傅山的老家。我的老家在晋祠边上，现在还有一座王氏祠堂，离晋祠不远，几里地吧。

中国式的辩证法最见智慧。《老子》四十五章云："大成若缺，其用不弊。大盈若冲，其用不穷。"成、缺、盈、冲，两两相对，本意皆指器皿。成者，盛也；缺者，器破也；盈谓器满；冲本作盅，意谓器虚。器皿容量愈大，则似有所欠缺；大盈之器，反似虚中之器。能容者必定能破，能得者必定能舍。反之亦然。器物如此，人亦难免。个中关窍，全在一个"大"字上。倘若格局不大，目光必不能长远，纠缠于一时一地之得失，忧患于小名小利之去留，看似无缺，机关算尽，终必倾侧，既弊且穷。此所谓似巧实拙，往往是弄巧成拙，空无依傍。由此而言，大巧若拙，大辩若讷，巧拙、辩讷之转换，全在心之大与小。世间评论王镛先生的书画篆刻，常用大、拙、古、率等字眼形容。倘能以此立论，则可觑破皮相，抛却纠缠，源流既得明辨，用心自可体察。

尚不止此。儒家本有明明德、止于至善之传统，宋儒张载更倡言士人当有大志，要为往圣继绝学，为万世开太平。王镛先生是艺术家，开太平之壮举乃政治家所为，姑且勿论。仅就"继绝学"三字而言，中国书画绵延千载，名家辈出，手法烂熟，又谈何容易！先生却能不矜不伐，无惧无躁，潜心一意，临习揣摩，民间书法既得成形，言谈举止更为平和。至善之境，因人而异；鲲鹏斥鹖，小大有辨。但求适性，虽不能至，心向往之。故而，古来士人皆有弘毅之志，任重而道远。先生既有此担当，用心广大，体气温和，自能于世俗之事，名利之举，一笑视之，了无牵挂。《中庸》谓君子之道，"致广大而尽精微，极高明而道中庸"，陈寅恪先生在《清华大学王观堂先生纪念碑铭》中说："士之读书治学，盖将以脱心志于俗谛之桎梏，真理因得以发扬。"观于王镛先生为人为学之道，其中含义，略可知矣。

乐观看世界　大道可通天
——皇甫束玉先生访谈录

被采访人： 皇甫束玉（简称皇甫）
采　访　人： 张焕君（简称张）　孟繁之（简称孟）
录音整理： 王　琪
执　笔　人： 张焕君

　　与长者交谈，总是有无限的憧憬与好奇。似乎他们都是来自远方之人，缥缈虚忽，瞬间万里，面容尽可平淡，背后却有很多故事。爱听故事是人的天性。只是有了这般的好奇，便会凭空生出许多的敬重。采访也好，对话也罢，不经意间，就会变成专注的聆听，有意的唤醒，甚至是急切的催促，想来很是不恭。有的时候，或许是有先入之见，对他们曾经拼搏其中的年代有着过多的惨烈印象，对那样年代下人们的伤痛有着过浓的血色幻想，就不满足他们口中的轻描淡写，从而怀疑那一定是一种习伪成真的掩饰，是所谓的选择性记忆。

　　抬起头来，再认真看，脸上悬挂的分明还是平静。有沧桑过后的褶皱，有年老体衰的疲态倦容。然而，曾经的青春呢？革命呢？运动呢？向鬼子们头上砍去的大刀片只能在影视中寻找，让人热血沸腾的革

▲ 图1　孟繁之（左）、张焕君主编（中）、皇甫束玉先生（右）在皇甫束玉先生家中访谈

命歌曲宛转成衰弱喉咙中的轻歌慢语。难道说年龄真能过滤记忆，岁月真能筛选事件，后来者居上，就一定要重叠与覆盖，而昔日的不堪回首的屈辱与伤痛，就只能或者湮没，或者变形？如此一来，经历过不同阶段的人啊，哪一个面孔才是真？或者说，只有"最后呈现"的才是真，才是衡定其他面孔是否合适的唯一标准？但是这样一来，且不说作为宏大叙事的历史真会成为任人打扮的小姑娘，即便是个人的生活、经历、感受，岂非也会卷舒不定，与时俱进？那样的话，这世上又有什么是恒定、可信任？乾坤朗朗，岳峙渊渟，桃红杏白，杨柳青青。天地之间，万物历历可见，真实可辨，人心虽然挠曲，人世固然艰险，也应该大道朝天，有径可循。

眼神对视的一瞬，突然想到其实应该还有别的求解途径。龙生九子，各有不同。有人壮怀激烈，老而弥坚，如林鹏先生；有人浊世自嘲，笑谑含泪，如张颔先生；也有人达观知命，温而不厉，如水既生、赵梅生二先生，如此刻安静而谦和地坐在我面前的皇甫束玉先生。生性不同，何必强求一致？批判固然是利器，但对于不乐此道之人，却只是揭疮疤否定自我的便利法门。人至耄耋，大局已定，惟求无病无痛，何苦自家折腾。进而言之，人生在世，弱冠定性，喜好已成，应事接物，各有分寸。倘若生于太平盛世，闲时漫步河滨，偶尔对酌友朋，大多可顺遂心志，体泰神清。但如果生而不幸，多遭坎坷，甚至生逢乱世，流离颠沛，斗争残酷，亲友丧命，那么自幼养成的习性便不得不随之调整，或者慷慨激昂，甘做义士，或者暗室切齿，隐忍不发，以求生存。《三字经》所谓"人之初，性本善，性相近，习相远"，本性与习性，或当从此处理解。

皇甫束玉先生是谦和的人。交谈两小时，他衣冠整齐，始终端坐在硬硬的木头椅子上，腰直体松，祥和沉静，丝毫看不出他是个做过大事之人。先生生于1918年，原名瑾，字叔瑜，

▲ 图2　皇甫束玉先生的作品

山西左权县东隘口村人。根据通行说法，先生的履历大致如下：1936年年底参加山西牺牲救国同盟会，1937年参加革命，1944年入党。抗日战争期间，先后担任辽县（今左权县）《抗战报》编辑、第二高小校长、左权剧团团长和左权县抗日民主政府教育科科长。利用左权传统民歌开花调创作的《土地还家》、《四季生产》风靡一时，与王恕先、阎濂甫共同创作的歌曲《左权将军》更是久唱不衰，并创编新剧本20余部，其中多部被赵树理主持的华北新华书店正式出版。解放战争期间，担任晋冀鲁豫边区政府教育厅编审委员，华北人民政府教育部社会教育处科长。期间，编写出版晋冀鲁豫边区通用《初级新课本》、华北农村《民校识字课本》、《新词典》。1949年后，先后任国家教育部社会教育司处长，办公厅副主任，研究室主任，高等教育出版社党委书记兼副社长、副总编。"文化大革命"前后，两次主持全国高等学校通用教材的编辑出版工作，贡献甚大。1987年，获全国出版界首届"韬奋出版奖"。2009年，荣获"新中国60年百名优秀出版人物"称号，享受副部级医疗待遇。2012年，捐赠家中藏书、实物、书画作品、历史资料近3000册（件），在晋中高等师范专科学校（原左权师范学校）立"皇甫束玉文化教育艺术馆"。

一个农家子弟，凭借自己的天赋与努力，在兵荒马乱之世勉力生存，而且最终修成正果，享受副部级待遇，诚为不易。但更让人感兴趣的是，皇甫先生的所作所为，似乎只是天性发挥与因应时世的叠加，其中并无半分做官的机心与派头。他幼承庭训，饱读诗书，加上家境中上，并无衣食之忧，童心得以保持，对文学、艺术十分喜好。他的家乡东隘口村自古便有闹社火的习俗，皇甫家族因为是村中的大户，历来都是会社的组织者。社火有文、武、丑之分，一般在年节时进行，搭牌楼，设祭坛，四乡八村的人来赶会、表演、聚餐，辛劳一年，放松一时，既是祭祀，又是娱乐，娱神、娱人，合二为一。每次闹社火，都是有钱的出钱，有力的出力。吹拉弹唱演，甚至乐器、道具的制作，都有村中的各色能人担任，不假外求。看的人专注，演的人卖力。台上台下，一片欢声笑语。社火结束后，还要在村口的老槐树下张贴红榜，既是表彰，也是总结。自幼生活在这样的环境中，难免耳濡目染。十一二岁时，开始学习小花戏，练习舞姿舞步。后来到县城、榆社求学，眼界更为开阔，对小花戏的历史也日渐清楚。20世纪40年代，他填词创作的《春耕曲》、《江南新四军》、《左权将军》、《土地还家》都是利用小花戏原有的曲调。1943年，又对传统小花戏大胆改造，增加歌舞与抒情的成分，歌词清新生动，贴近乡村生活，他创作的《住娘家》、《新告状》和《四季生产》，曾在边区轮回表演，被称为"新花戏"。后来在全国歌舞比赛中荣获金奖的左权《开花调》，就孕育其中。

左权《开花调》属"山歌体"，有曲牌，因唱词多以"开花"为比兴而得名。曲调简短，以上下两句为主，下句通过添加虚词，如"小亲个呆"、"啊格呀呀呆"，形成言不尽意时的情感延伸。唱词多为七字句，可叙事可抒情。在开花调中，植物可以开花，剪刀、笤帚、小板凳甚至石头，也可以开花。几个妇女冬天围坐在火盆边聊天，就可以唱出"火盆开花一溜烟，小亲亲坐在炕沿边"这样的词来，意境十分优美。2006年，我国公布的第一批非物质文化遗产中，左权《开花调》位列音乐类第一位。如今，左权已经成为全国民间艺术之乡，先后出现了刘改鱼、李明珍、冀爱芳、石占明，以及以刘红权为代表的盲人宣传队，左权民歌与河曲民歌、祁（县）太（谷）秧歌并驾齐驱，成为山西民间文化的重要组成部分。这样的成绩，离不开皇甫束玉的开创之功、推动之力。

皇甫束玉喜爱写作，小说、诗词、日记，都很擅长。这与他的家庭环境有关。他的祖父、父亲都受过很好的传统教育，他最初读的书也是四书、《诗经》、《左传》之类的儒家文献。13岁时报考设在辽县的省立第五贫民高小时，他用文言文写成的作文深受好评。后来又以优异的成绩先后考上设在榆社县的省立第八中学、设在省城太原的成成中学。良好的教育使他养成终生写作的习惯。上高小之后他开始写日记，80余年未曾中断，为此2006年获得"全国日记写作与学术研究杰出贡献奖"，还是中华诗词学会发起人之一。"文化大革命"期间，他遭受批判，日记不敢保留，大多销毁，只保留下两部：《1947

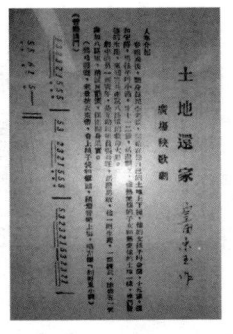

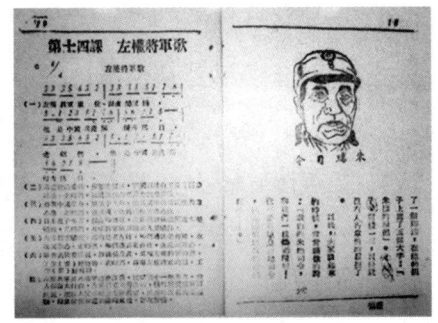

▲ 图3 皇甫束玉先生编写的《初级新课本》　▲ 图4 皇甫束玉先生的作品　▲ 图5 皇甫束玉先生的作品

年山东土改日记》和《1958年山西大跃进日记》。这两部日记文笔生动活泼，真实记录时代与感受，笔调凝重，情感真挚，2001年在同乡刘红庆先生的动员下已由高等教育出版社出版。自1997年开始，他每年出版一本《杂咏》，16年未曾中断，既是多年写作习惯的延续，似乎也能看到那个时代的人们对文字自身的迷恋。

中学时代他曾经模仿当时流行的鸳鸯蝴蝶派写过小说发表，也作为报社的通讯员，写过新闻报道。18岁时发表的《匪劫之夜》，批评当地的社会治安，报道翔实有力。几年后，在《胜利报》上发文，批评一个农会主任横行霸道，却被认为是"报道失误事件"，他本人也遭到批判，定性为"阶级立场的错误"。此事对皇甫束玉影响很大。此后，虽然仍是写作不辍，但是在刘红庆看来，"犀利的正义的批判锋芒"却再也看不到了，"他的创作便成了一个腔调，主题永远走在事情的前面，对与错，评判的标准在上级那里"。比如配合形势，改编各种剧目。无论是配合"皖南事变"的《江南新四军》、《土地还家》，还是将赵树理的《小二黑结婚》改成晋剧，都是这样的思维。只是这样的说法皇甫束玉并不认可。

人有本性，有习性，二者是否相合，却在于环境是否适合本性的培植与养护。1937年，走出太行山区的皇甫束玉来到太原求学，却适逢日军入侵，抗战军兴。如果在太平年月，他的文学艺术才华和朴实秉性，会在这所著名的中学里进一步提升，日后或许会是一名记者，也可能成为诗人或者学者。

在悠闲从容的环境中，心性得以发扬舒展，那将是另一番人生。但是兵荒马乱之际，这一切都变得不可能。为了护送生病的兄长，他只能弃学返乡。此时的家乡，作为八路军总部，战火纷飞，形势严峻，要与敌人作战，要建设政权，要宣传革命思想，要普及革命文化。这是时局，是潮流所向。适者生存。皇甫束玉从此放弃学业，当老师，当科长，办民校，办报纸，编剧本，编教材，搞宣传，搞"土改"，工作一旦布置，只能义无反顾。即便有挫折，受批判，也只能态度保留，全面接受。1947年，他去河北搞"土改运动"，远在家乡的父亲却被乡邻批斗致死。他未发一言，至今依然。这样的伤痛虽然彻心，却又能如何？今天人们能想到的手段，无论是叫屈喊冤，上访投诉，还是辞职罢工，放在那时的轰轰烈烈革命喧天中，都显得可笑愚蠢，不识时务，自寻死路。这让我想起当年的光武帝刘秀，兄长被义军领袖残杀，他不仅毫无悲伤之情，反而陈说效忠之意。当然，仇恨与伤痛一样长久，绝难忘怀。一旦时局改变，定要报仇雪恨。皇甫束玉是一介书生，没有光武帝的能力，谈不上报仇，革命乃是群众运动，也与当年有异，甚至找不到明确的仇人。我不知道除了沉默，他是否还有其他的自保手段，但是知道他36年不回故乡，一定与难以释怀的心痛有关。

从此，他越发地谦恭、谨慎，但凡领导分配的工作，无论如何的时间紧、任务重，从不抱怨，积极完成。在日记出版前，他与妻子李淑贞将日记复印多份，分送相关人等，请求审查，力求谨慎。20世纪六七十年代，两次编撰高校教材，都是条件异常艰难，费尽心血，如期完成。凡此种种优良品行，虽说古已有之，谓之清廉勤慎也好，赞其敬业存公也罢，但如非青年时代便遭逢这般局势与磨难，就其本性而言，却也未必就一定如此。性格与命运，到底谁决定谁，还真是

▲ 图6　与左权将军的女儿左太北合影

难说。

刘红庆先生对皇甫束玉十分敬仰，说他大度，无我。这样的赞誉，如果放在20世纪的革命主题下，平心静气，体会乱世人生的种种际遇，或许并非空泛之词。2005年，爱妻病逝，皇甫束玉悲痛异常，颓丧良久，但仍写出"乐观看世界，大道可通天"这样境界的诗句。虽然我参不透老先生的"大道"含义，但他的慈眉善目、结实腰板和清澈眼神，却给我留下了深刻的印象。我想，对于一位95岁的老人，这样的体态中或许已经蕴含了人生大道。或许是吧。

皇甫：你们想问什么，我跟你们说。

张：我们来之前看过一些资料。您跟刘红庆很熟吧，他是您的小老乡。

皇甫：刘红庆知道的事多一点儿。他给我写了一本书，叫《书画情缘》，主要说我和我老伴儿的事情，还收了我老伴儿的画以及我写的诗、字。

张：您手头还有早年的照片吗？

皇甫：（取照片）这张最早的照片，是辽县解放时去照相馆拍的。

孟：您那时穿军装？

皇甫：不是军装，那都是土八路。（指着另一张照片）这是到了河北平山以后才照的，那时部队都快要进城了。晋冀鲁豫边区和晋察冀合并以后，中央就设在平山县，我所在的华北政府也在那里。

张：那是什么时候？

皇甫：1948年，两个边区刚刚合并那会儿。（指着照片）这是我父亲。那时我大哥在山西大学法学院上学，我父亲去看他，在太原照的。边上两个是我大哥最好的朋友，一个叫郭福轩，另一个叫黄明，都是左权人，我们是世交。抗日战争开始不久，我大哥死了，黄明来慰问我父亲的时候，鼓动我们参加八路军。我父亲慷慨支持，说："国家兴亡，匹夫有责，你们去吧！"就让我们弟兄三个去了动员委员会，参加革命。

张：您有一句话，说自己一生"不曾斩六将，却也过五关"，能给我们解释一下吗？

皇甫：不曾斩六将是说我在工作上没啥成绩，但是五关可是得过了。五关就是抗日战争、"反特"、"土改"、"文化大革命"、癌症。这几个关都是生死关，不是一般的煎熬，在我来说都是生死攸关。抗日战争的时候，我跟着县大队、独立营打游击，我是非武装人员，但是每次战斗县长都要让我参加。为什么呢？就是要让我负责出战斗简报。战场上枪子乱飞，身边的人突然就倒下了，一声不吭。真是害怕。

张：您是福将，命大福大。

皇甫：下来就是"反特"关，反国民党特务，搞扩大化，死了好多人。我当时的处境也很危险，因为有知识，家庭成分高，很像国民党。那时候，我父亲也被关押在监狱里，我们家族中的老辈儿很多都被逮到监狱里，同学里面也有死了的，反而没人来问我。如果我也被抓，大家互相一咬，那我肯定难逃一死。

张：是不是因为您参加过牺盟会，就说您是国民党党员？

皇甫：那倒不是。1936年牺盟会刚成立，我就参加了。当时先发展知识界，再到农村发展，很多人都参加了。

张：您高中是在成成中学？前些天中央电视台播放系列电影《成成烽火》，说好多学生都当兵去了。

皇甫：那里有地下组织领导，中央领导刘少奇、周恩来、冯雪峰都去过。日本入侵，书念不成了，师生组编成军队，这在古今中外的历史上也是很少有的。一路走一路打，死了很多人，先到沁源，后来到了大青山。那是个私立学校，我1937年入学，入学考试的英语卷中就有"七七事变"。我虽然在学校注册了，但是因为我大哥生病，我和黄明他们两个把他送回老家，就和学校断了联系。我们三个人就在老家参加了山区动员委员会，我被分配当文书，就是写写画画，搞宣传，同时负责接待来往的同志。

张：您什么时候入党？

皇甫：我1939年提出入党申请，没被批准。后来才知道因为国民党的名单上有我的名字，组织上一直审查了5年。直到1944年，县委书记杨蕴玉亲自审查，还看了我那时候写的日记，肯定之后，召开县委会，要求我参加，由他介绍我这才算入党。所以我是1936年到了牺盟会，1937年参加革命，入党却比别人晚。要是没有杨蕴玉，抗日战争后我调到边区去了，背上这么个包袱，就更不好办了。

张：您当时有什么嫌疑呢？

皇甫：那时不是搞国共合作么？两党都在扩大力量。左权国民党的一个书记长写了个名单，上边有我。其实他也不认识我，只是听人们说我是个小秀才，就把我写上了。这个材料一直没有否定。直到"文化大革命"时期，红卫兵要整我的材料，来山西调查，结果在省公安厅看到那个国民党书记长留下来的材料，这才算是把我的历史问题搞清楚。后来我到厦门出差，市委书记原来是辽县的公安人员，请我们吃饭。我问他当时为什么不把我打成特务。他说："我们对你了解。"这句话非常有分量。因为了解，所以觉得不是。如果不了解呢？那就不行了。

张：您跟赵树理是不是很熟悉？1945年，您有三个剧本：《土地还家》、《周喜生作风转变》、《赵申年》，就是在他负责的华北新华书店出版的。

皇甫：这个事儿我现在也还在考虑。战争年代条件差，一下子出三本书，确实是绝无仅有。现在大家都说好话，认为那三个剧本都质量好，我觉得未必。当时有个剧本还有争议，受到批判，赵树理为什么敢出版？恐怕另有原因。有时候，我就瞎猜，也不一定对，也许是赵树理和辽县这边的关系好，也许是因为我们之间的关系。说不准。

张：您有个剧本，跟赵树理的《小二黑结婚》创作时间差不多，好像都是1943年。

皇甫：我写的时候，还没看到那本书。看了那个书以后，当时我正在搞剧团，第一出戏演的就是《小二黑结婚》，改编成山西梆子。跟别的剧团不同的是，我们的结尾是大团圆。挂上毛主席像，亲朋好友都来热闹，文明结婚。这实际上是个画蛇添足的事，但是老百姓愿意看。小二黑的原型叫岳冬至，小芹的原型叫智英祥，因为两人的恋爱关系，岳冬至被打死，智英祥远嫁东北。这本来是个悲剧，赵树理把他改成了人民政府支持下有情人终成眷属的美好结局。当时边区政府刚刚公布了《婚姻暂行条例》和《妨害婚姻治罪法》，他是用通俗小说的形式来宣传婚恋自由。

张：您写了那么多剧本，如《左权将军》，您会谱曲？

皇甫：我也不太会，瞎凑合，主要是用左权传统的民间小调儿。左权小花戏的小调太多了，老百姓懂得也多，大家都会唱。政府要搞什么宣传、总结，马上就编上歌儿，小报上一放，小学教员在下面告诉老百姓说，这是《绣荷包》调儿。老百姓想一想，马上就会了。很有力。

张：哦，就按那个调唱，词儿是现编的。

皇甫：对。我们那时候编词儿也不讲究什么艺术，就是通俗易懂。比如说，要宣传合理负担，就说："穷人不负担，因为他没财产。"怎么负担呢？也编上歌儿，"什么多少，什么多少"。这就是宣传。《左权将军》那个歌的形成，现在大家都说好。其实，那时候我们根本就是凑起来的，哪有时间好好地去研究呢，只不过是利用了原来的一个调儿。

张：现在左权有一个盲人宣传队，影响很大。

皇甫：盲人宣传队可有名咧。主唱就是刘红庆的弟弟刘红权，他妈妈也是盲人，红庆还有一本书，叫《向天而歌》，就写他弟弟他们宣传队的事儿。他们主要也是唱左权小调儿。他有一年春节没回老家，就到我家过年，在这个屋子里待了五天。这五天对我以后出书很有影响。他在这翻腾出一本"土改"和生产日记，认为特别有价值，写了好多心里边的话，就鼓动我出版。这个书我早就忘掉啦，是我老伴儿保存下来，她也忘了。但是要出版，就很麻烦。毕竟这是日记，里边好的坏的都有，都是真人真事真感受，怕有人不高兴。我老伴儿就特别反对，怕惹麻烦。特别是那里边还有1958年的日记。

张：哦，"大跃进"。

皇甫：当时大家意见很大，说啥的都有，我日记里都记下了。那年我在山西稷山县下放，看到很多很夸张甚至很荒诞的事情。在征求意见时，有人赞成，有人坚决反对。我也问了稷山县一些同志的看法，没多少回复。我想过去的事情总要做个总结，该检讨就要检讨，不能躲避，那叫文过饰非。再说很多问题党都有结论了，我对自己的看法负责。我是亲历者，主管文教卫生工作，知道实情，有必要说出来让后人知道是怎么回事儿，这样的事情又是怎样发生的。别人劝说你检讨干什么呢？我说咱是执行的，得说明这里面有什么问题。这样日记就出版了。

张：20世纪40年代初，您有个报道，说农会主任横行霸道，点名批评。后来却批判您，说是阶级立场错误。

皇甫：那对我可影响大了。我不是党员，但我是《新华日报》的特约通讯员，又是《胜利报》的通讯员。那时候咱们年轻，啥也不懂，但是清楚一条：既然是通讯员，只要是你职务范围内的事，就要赶紧报道。那个村子离我住的地方不到两里地，事情我是听六区的区长说的，还不是老百姓的道听途说。我就当真写了，题目用的就是"横行霸道"，登在《胜利报》上。过了一段时间，《胜利报》的社长安岗亲自给我写了好几次信，要我澄清问题。大概是有人反映，这个人是农会主任，他弟弟在县委会工作，可能是他弟弟反映的。当时形势很紧张，以至于我一接到安岗的红头批示就特别害怕。批了一顿，总算过去了。打这儿以后，我洗手不干，再也不写这种稿子了。

张：有些像文字狱。

皇甫：过了一段时间，《胜利报》改称《晋冀豫日报》，有一个姓王的记者又补写了一个报道，为农会主任说好话。我是新闻报道失实，攻击革命干部，那当然是立场问题了。

张：据刘红庆说，这件事对您影响很大。此后，您的批判锋芒收敛了，不敢说真话，这对于您的创作是巨大的损失。但是他又认为，如果您不改变，那么在以后的政治斗争中，肯定逃不了那一次又一次的劫难，甚至早早赔上性命。只是这么一变，您的创作就成了同一个腔调，只会遵照党的标准、上级的要求写，人家让写啥就写啥。是不是这样的？

皇甫：这个事他说得太过火了，因为他就是一个爱批判的人。不敢批判啦,他是喜欢我一直在批判。一些批判很危险,搞文化也是危险的事。

张:那您觉得您此后的作品是不是"遵命文学"?

皇甫:不是这么回事儿。我后来写的《周喜生作风转变》,那不是更厉害啊?还受了不少批判呢。当时边区正在搞民主运动,鼓励群众批评干部。我那时在左权剧团,手下有一帮小学教员,就想编个戏,配合宣传这个运动。我带了几个人,到一个典型村驻村调研,吃住都在村里,听老百姓反映意见。这个任务是杨蕴玉派的,他直接领导我们。过了一段时间,慢慢打听了不少事情,特别是妇女们说的,我们就如实地编成戏,由杨蕴玉最后把关定稿。随后,剧本送到边区教育厅,他们也说好,我们就开始排戏。来年三月份,边区政府组织"太行才艺会",下面十几个区、县的剧团都去参加比赛,每家一部戏。我们演的就是这部戏,但是却出问题了。原来,剧本里农会主任转变了,支部书记却下台了。哦,那时候书记叫政治主任。把党的代表打下去了,这还得了?结果,在才艺会上就开始批判我们,每天都要出简报,意见全是一边倒,就是一个劲儿地批,"左权剧团你好大胆",竟敢批评党代表!我到食堂打饭,有人就说:"怎么能这样处理?过去都是厂长落后,书记总是好的。"不过,因为我们的剧本编得好,在社会上影响比较大,最后左权剧团被评了个三等奖。

张:后来修改过吗?

皇甫:这有个过程。才艺会结束后不久,不知怎么三个剧本都到了赵树理手里,他是新华书店的负责人,就来找我,问我还改不改?我说得向县委请示,因为这都是真人真事,不敢乱改。我给杨蕴玉打电话请示,他的态度很明确,肯定我们的处理方式,我就告诉老赵:"不改!"随后,新华书店就把书印出来了。一下子出版三本书,这在当时确实是绝无仅有。但是,从演出结果来看,我们是失败的。当时武乡县有一个光明剧团,他们脑袋很清楚,故事情节基本没变,但是结局是村长下台,书记转变,这就政治正确了。后来边区搞"整党运动",整党前要开高干会,统一思想,边区政府厅长一级的干部都要参加。我们区一个姓蒋的主任开完会回来,对我说:"薄一波同志会上提到你了！"还说到我编的几部什么戏。我当时心里头就有些嘀咕，怕又要受批判，过了一会儿，他拍着我的肩膀说："好得很！"领导放话了，马上就调剧团演。结果左权剧团正好上前线了，就调了武乡的光明剧团去演。不久，整党开始，好多领导受到批判，还开除了不少。我暗自庆幸，幸亏我们没有去演，要不还真是逃不脱。但是，也是因为这个，这个剧本就有两个版本，人家武乡的那个还排在我们前头。人家影响更大。

张：您还编过一个剧本叫《新告状》，是不是小花戏里原先就有个"告状"？

皇甫：原先叫《妓女告状》，这个剧本全是我自己弄的，不是别人帮我的。我编的时候，主要就是利用的《妓女告状》的调，诉苦的调。内容呢，按我的逻辑下来，就是父亲怎么样，媒人怎么样，丈夫怎么样。里边的人物也不是城隍爷了，上边坐的是咱们的抗战区长。为了调整，得一唱一对，又搞了个通讯员在里面插科打诨，"正月十五城隍庙，牛头马面两面派"，原来是妓女到城隍庙去诉苦，现在是"区长区长我要告状"，区长顶替了城隍爷。区长问："你要告谁？"她说："第一告父母，第二告媒人，第三告丈夫。"

张：这种戏演起来有多长？

皇甫：不长，就一场戏，十几二十分钟，不用换幕布，连唱带跳舞。

张：您是哪一年到的教育部？后来怎么又去了高等教育出版社编教材？

皇甫：1962年，杨秀峰向中央立了军令状，保证当年秋季开学，高校教材要"从无到有，课前拿到手；人手一册，印刷要清楚"，中央是书记处书记彭真具体负责。当时，高等教育出版社已经没啥人了，工作难度很大。但是中央下了命令，各个部里迅速调人，林枫负责抓理工科，周扬抓文科，同时进行。高等教育出版社也因此又从人民教育出版社分出来，这才按时完成任务。第二次是"文化大革命"以后，那是在1978年，是邓小平亲自抓的。当时，我还在安徽，邓小平下指示，教育部点将，从安徽要10个人。走了9个，还有一个，起初不知道是谁，后来有人透出信儿来说是我，我就去找省委主管文教的书记。他承认有这个事，还让我看了第一书记万里的批示：

"除皇甫外，要谁给谁，马上回去。"

孟：为什么要把您留下呢？

皇甫：他就是不愿意放。

张：您在那儿干啥了？

皇甫：我在那儿搞皖南医学院的筹备工作，当时只有一个党委领导小组。过了一段时间，安排好人交接负责，我才回到北京。这一次的情况跟"文化大革命"前不一样，负责单位是出版总局，我是借调干部，原单位是人民教育出版社，到这里连个名分也没有，能算老几？后来专门开了个厅局长会，出版总局的一位负责人主持会议，介绍我的时候说："这是原教材办公室副主任。"我也不敢吭声。从那以后，我就能代表教育部了，这次教材编撰工作也得以顺利完成。

张：您是哪年来的北京？

皇甫：最早来北京是1949年。我原来在左权是教育科科长，后来调回边区政府当科长，还是搞教材，编小学课本，算是升了一级，有车马费了。课本编完后，晋冀鲁豫和晋察冀两个大区就合并成华北政府了。在河北涉县，离石家庄不远。华北政府下设教育部，部长就是原来的教育厅长。我在社教科，负责社会教育，也就是管管扫盲啦识字啦。1949年分两批进北京，晃晃荡荡的，我们是第一批，第二批大概在三、四月。我们进城的第一个任务就是接管教育厅，我还是负责编教材。我在晋冀鲁豫时编统一课本，到华北边区政府后，编了一套华北的民教课本。中央人民政府的底子是华北政府，另外还有个高等教育委员会，这两个一合并就成了中央政府。中央教育部是11月1日成立的，当时只有100多个人。

孟：您不是也参加了教育部的筹建？

皇甫：那是网上瞎胡说，说我是教育部长。第一任教育部长是马叙伦，那是民主大家，北京大学教授。我在社会教育司，起初管农村的学校，后来也搞研究室。

张：杨秀峰也做过教育部长？

皇甫：我就是在杨秀峰手下。他原来是边区政府的主席，是我们的领导。华北合并后是副主席，然后到河北省当省主席，再后来是高教部的副部长、党委书记。1958年，两个部合并以后，杨秀峰当了教育部长。我从稷山回来以后，就是跟着杨秀峰，在他手下当研究室主任。

张：研究室主要负责啥事？

皇甫：研究室就是教育政策研究，反正杨秀峰到哪儿我都得跟着。他到中央参加会议，我是必须带着的人。为什么呢？杨秀峰有一个特点，他到外面开完会，都要传达给部里的主要干部，我就负责搞会议简报，传达给司局长看。杨秀峰特别注意干部的学习。司局长看完文件，都要签字，过一段时间，办公厅主任就拿给杨秀峰看，谁没有看文件，就批。

张：您那时候是研究室主任兼办公厅副主任。

皇甫：办公厅的副主任没多少事，就管了个研究室。

张：说到这里，我突然想起来，您家里不是挺有钱么，怎么还念贫民子弟学校？

皇甫：这是历史。贫民学校的确是没钱人上的学校，为什么这个贫民学校设到辽县？辽县过去在外面没有人做官，此前设立的省立第八中学，就是在榆社，那是因为榆社有个人和阎锡山有点关系，搞盐务的，八中的校牌据说还是阎锡山题的字呢。先有八中，随后才给左权弄了个贫民高小，算是拾遗补阙吧。至于我为什么要上贫民学校？因为那是高小，只招四年级以上的学生。在农村，能上到四年级的人很少。

张：好多人念完初小就不念了。

皇甫：它招生的时候，有个条件，得证明你是穷人。我报考时，村长写上我家很困难，叫作"动产不动产不到百元"，学校也不去调查，而是和重点中学一样，全凭考试成绩。敢到那里考试的学生，水平都是中等以上的。我考的时候有个故事，属于破格录取。为什么呢？我小时候念书念的是古文，写文章写的是古文，不会写白话文。白话文大家认为用不着学，直接写就行了，只有古文才要下工夫去学，每天之乎者也的。我记得作文考题是问牛和鸡怎么区别，这算啥题目啊？文章的开头我还记得。我说："麒麟之与走兽，类也；凤凰之与飞禽，亦类也。"下边用了个"而"字来转折，"牛之与鸡，则非类也"。接下来，牛怎么样，鸡怎么样，洋洋洒洒一大篇。老师们觉得奇怪，怎么这么一个人，研究了一下，说是这个人有点古怪，就同意把我录取了。

张：那您原先念了4年初小，应该教的都是白话文吧？

皇甫：我哪里曾好好地上过小学。去了几天，觉得课本太简单，什么"人、口、耳、刀、工"，没意思，我就逃学。真正念书是我父亲教的，非常严格。他让我念古文，念朱子的《四书章句集注》，念《诗经》，念什么都要背下来，每天早上都背这么一摞书，从头背到底，每天如此。后来，把我送到麻田，我有个舅父在那儿教书。我也不在班上学习，是研究生待遇，每天单独看书，全是《左传》之类的古文，天天写文章。私塾里请的是教书先生，我这算是家学。我父亲学得好，但是没有考秀才。清末改制以后，他就在村里教书。我祖父也教书，我女婿、老伴、闺女、儿子都是教书的。

张：那真是教育世家了。

皇甫：我们家好像有这风气。再说我念的这个贫民学校，一般的富人子弟去了恐怕还受不了那里的生活。那两年真苦，不过心情很好。每月两块钱的生活标准，严格管理，每月还要有节余。吃的是和子饭，也没有菜，顶多就是家里送的炒咸菜。有一次我父亲来看我，在传达室给了我一罐子咸菜，那一幕我印象很深，也很难过。住的条件也差，40人一个大炕，地上放两个大尿罐，值日生早上抬出去倒掉。中间有一段时间，赵登禹的二十九军驻扎在我们县，没地方住，我们学校也住得满满的，学校只好停办。

张：左权还有一个育贤学校？那是教会学校吗？

皇甫：那是美国人办的，基础设施好，冬天还有暖气，生活条件也好。有的亲戚劝我到那里念书，我不愿意去，不想讨好外国人。不过那里的教学效果很好，我们毕业会考时的第一名就是育贤学校的。

张：跟您一起写《左权将军》的还有哪些人？

皇甫：一共3个人。阎廉甫是教育科科长，王恕先是教育科科员，还是第二民校①的校长，县里开会，或者搞哪项中心工作的宣传，都把我拉进去，所以合作很多。这一次也是这样的。真正执笔的是王恕先，阎廉甫是组织者，我经常参加讨论。王恕先搞民歌最多，很有经验。在太行边区文教大会发言，王恕先就是讲民歌，我讲小花戏，当时就有分工，也受到了肯定。这个歌也是套用原来民歌中旧有的曲调，并不是我们现编的。因为左权将军，这首歌名气大了，1943年，辽县也改名叫左权县。到1958年"大跃进"，全国大量合并县，稷山、河津、万荣合并成稷山县，左权、和顺合并，定名为和顺。老红军不同意，闹得很厉害，最后闹到朱德那里，毛泽东说算了，这才恢复了原来的名字。

张：您还整理过《左权县志》？

皇甫：那是我编的，主要是抗日战争史。抗日战争以前的没有多少记载。那个书里精彩的有两部分，一个是文化，一个是军事。八路军总部在左权县，抗日战争文化很兴盛，也算是文化之乡了。

1983年，皇甫束玉离休，2013年已是整整30年。30年，他安静地活着，与老伴一同参加老年大学，研习书画之道；写日记，出《杂咏》，真实地记

▲ 图7　皇甫束玉先生编审过的部分出版物　　▲ 图8　皇甫束玉先生的作品

注释：

① 抗日战争初期，辽县仅在县城有一所高小，为了加强干部培训，又在东乡的寺坪村和南乡的桐峪镇新建两所高小，分别称第二、第三民族革命两级小学校，简称第二、第三民校，开了农村办高小的先河，意义重大。

▲ 图9 张焕君主编（左一）、皇甫束玉先生（左二）、孟繁之（右二）、王琪（右一）合影

录自己的生活。铁血褪去世事定，休提它扰攘纷争。血脉中对文学、艺术的热爱，在饱经沧桑后变得更为浓重。多年关注小花戏、开花调，让他与左权始终骨肉相连，刘改鱼、李明珍、石占明、刘红权，成了他日常生活的一部分，念兹在兹，言笑晏晏，全然一派牵挂中的轻松。也写回忆性的文字，东隘口村口的老树、戏台、戏台下奔逐的少年，年节时乡人唱社火时的惬意，还有那树上张贴的红榜，栩栩如生，80年的风雨吹拂，始终不曾凋零。

所以，在诀别故乡36年后，他又回到故乡。是原谅、依恋，还是皈依？无需再作分辨。故乡编撰乡土文献，他倾注心血，或者逐字审阅，或者作序题跋，《中国共产党左权县简史》、《左权县志》、《左权县文化志》，上百万字的著述，老先生凭借个人之力，字斟句酌，校阅数稿，殊为不易。此外，他以山西省著名演员李明珍为主题，写了《左权小花戏》，编撰《左权县民间歌曲选集》，自编《束玉吟草》、《凌晨集》、《束玉文存》、《束玉信札》等诗文集，为当年的山西省立第八中学、抗日战争时期的边区教育制度提供回忆资料，数次返乡探视，2012年更将家中所有藏书、字画以及珍贵历史资料，尽数赠给晋中高专，造福桑梓，培育后昆，可谓尽心竭力。

但是，对父亲的思念与爱恋仍在，只是转化了形式。在回忆东隘口村的文章中，他提到父亲早年对他的教育，情深意重，让人恻然。担任县志编审时，他为父亲作了一篇小传，在民间文化人士编撰的《左权乡土人物志》中，他甚至花钱登了父亲的一张小照，配上简单几句生平介绍。父亲，是他心中永远无法磨灭的痛，也是那个时代烙在他身上的印痕。世易时移，容颜已改，当日青春少年，早已须发皤然。往事随风，无论是曾经的血雨腥风，料峭寒风，还是浩荡春风，俱往矣，美丑真伪，存而不论，惟有岁月还在，心智尚存。

说什么批判精神，不过是又一场否定之否定。再休提不破不立，最难能心怀大同分秒必争。颂曰：勉力前行，为死而生。四时变换，不为尧存。大道通天，九九归真。事殊理一，知止分定。

乐观看世界　大道可通天

书于竹帛仁者寿　光裕后昆烈士风
——钱存训先生访谈录

被采访人： 钱存训（简称钱）
采 访 人： 林世田[①]（简称林）
文字整理： 马　琳

　　书是记忆，这话不假。小到个人，大到国家、民族、人类，莫不如此。而且，因为人人害怕失忆，忘却了故乡、童年，不知从何处来，此身又在何处，就对那些能够保存记忆的书籍格外珍视。顺带着，与书相关的文字言语、笔墨纸张、印刷技术，乃至写书的作者，藏书的收藏家，读书的文化人，也都附了骥尾，受到重视。说一个人识文断字，能够读书明理，这是夸奖；说一个民族爱书护书不焚书，知识无论生产还是传播都能丰富而迅达，更是文化昌盛的标志。这是常态的描述，不过放在乱世，就有些隔靴搔痒。一统天下的秦始皇读过书，但是要焚书；逐鹿中原的刘邦、项羽未曾读书，坑灰未尽山东乱，却也弄出一番轰轰烈烈的大事业。世道乱时，当下最为要紧，无论是权力的攫夺，还是温饱的谋求或者纵欲的享乐，都现实得逼人。相比之下，记忆就显得不那么重要。或者说，过于迂阔了。刚刚过去的 20 世纪也很乱，套句俗话，那叫作主义横行，战火纷飞，民不聊生，世运衰极。苟全性命尚且不易，哪顾得上什么记忆与过去？这是常情常理。

注释：

　　① 林世田：国家图书馆古籍馆副馆长，研究馆员。马琳：国家图书馆古籍馆经典文化推广组馆员。

但人类之所以可贵，就在于总有些敢于违背常情常理的"反熵"行为。不肯轻易相信本能，趋乐避苦，却偏偏要讲究担当，履危蹈险。而且，这样的拼了身家性命的壮士之举，并不用在权力或者金钱、声望之上，而是为了那些流传了千百年的古籍文物，不惜科头跣足，跋山涉水，甚至类似秘密特工，穿越敌营，隐语暗号，九死一生。这很反常，却因此让人敬重。一己为私，背私为公。知道记忆不可断层，过去不容漫漶，振衣而起，凌霜而行，见常人所未曾见，为常人所不能为，为了那一箱箱饥不可食、寒不可衣的"破书烂报"，冒风险，犯艰难，舍弃安乐，甘于淡泊，如非大智大勇的大公之人，如何做得？能不敬重？

钱存训先生便是这样的人。"九一八"事变后，华北局势日益紧张，日本政府文化掠夺之心昭然若揭。为此，旧都北平的善本古籍、珍贵文物，纷纷护送南下西迁，国立北平图书馆馆藏珍品也分批南运至沪、宁两地。先生时任国立北平图书馆上海办事处主任，始终参与其事，并设法将这批珍贵善本运到美国国会图书馆保管。在此期间，几经反复，危险重重，幸而善人天佑，终得化险为夷，妥善保存。先生智勇之举，识者叹服。大道不孤，德者有邻。与先生相友善的杜定友、李宗侗、徐森玉、蒋复璁、刘国钧诸先生，国难当头，皆能挺身而出，纷纷护送国宝，或南下，或西迁，或筹募资金，或积极访寻。局势稍定，便整点清理，如数家珍。孔子曾长叹："吾未见好德如好色者。"世人贪慕物欲，好德之人原也稀少，但区区数人，风骨高标，便可如羯鼓，如大纛，金声玉振，猎猎挥舞，于守望中飘扬，变化出万千精神，一种担当。

钱先生生于1909年，2013年已是百岁晋四之人，仍然勤于著述，手不释卷。先生早年毕业于金陵大学，后受国民政府教育部委派赴美，获芝加哥大学硕士、博士学位。曾任芝加哥大学远东语言文明学系及图书馆学研究院教授、远东图书馆馆长、英国李约瑟科技史研究所研究员。一生致力于图书馆学、历史学研究，著述宏富，名著士林。著有《书于竹帛》、《中国纸和印刷文化史》（即李约瑟《中国科学技术史》第五卷第一分册）、《中国古代书籍纸墨及印刷术》、《留美杂忆》等。2010年10月，国家图书馆委派古籍馆副馆长林世田、社会教育部摄编组编导田苗专程赴美拜谒，对70年前的这一善本迁移事件进行采访。先生记忆清晰准确，细节讲述生动，对了解这段历史颇有裨益。承蒙世田馆长允准，采访稿首发于本刊，以飨读者。所需说明者，文中注释及标题为编者所加，内容则一仍其旧，以葆其真。先生又惠赐照片若干，图文并茂，增色不少。其中多有家人闲叙，文人雅集，先生一生行历，于中依稀可见矣。

林：钱老，见到我们的老前辈非常高兴，我们两个后生晚辈代表周和平馆长和国家图书馆全体馆员来看望您，祝您健康长寿。2009年国家图书馆和您共度了百年华诞，在百年之际我们特别思念和怀念为国家图书馆作出重要贡献的前辈们。在2010年6月1日，我们特别举办了"袁同礼先生纪念座谈会"，与会者从各个方面缅怀了袁同礼馆长对国家图书馆的贡献，我们还出版了《袁同礼先生文集》，正在编辑《袁同礼先生纪念文集》，承蒙您惠赐大作，我们非常感动也非常感谢。据我们了解，袁同礼馆长对您非常欣赏，特别从上海交通大学聘请您担任国立北平图书馆南京工程参考图书馆主任，后又派您到孤岛上海，担任上海办事处的主任，典守南运图籍，主持收集抗日战争资料等工作，危难之中委以重任。

您在上海办事处的10年，为北平图书馆作出了巨大的贡献，更为民族文化事业的传承作出了重要的贡献。不过，由于情势紧急，又事涉机密，当年留下的文件资料不多，最直接也是最为宝贵的，就是您后来写的一些回忆文章了。后辈们想更进一步了解您和其他前辈们当年艰苦卓绝、不屈不挠的奋斗经历，不免有些文献不足的感慨。今天我们来拜访您，还想向您请教一些当年的旧事，请您为我们说解一二。

钱老，您接受北平图书馆的聘书时，已经是1937年上半年，当时中日大战迫在眉睫，局势紧张，北平图书馆善本已经南运，在这种情况下，您接受国立北平图书馆的聘书，对未来的事业发展，抱有怎样的心态与期望？

钱：我接受南京工程参考图书馆的工作，第一，主要是因为南京工程参

▲ 图1　1927年金陵大学图书馆学系第一届学生

▲ 图2　1935年钱存训先生与夫人许文锦在苏州虎丘

▲ 图3　1979年钱存训先生与顾廷龙在上海黄浦江游艇上倾谈

考图书馆的工作比较重要；第二，我原来在交通大学图书馆，杜定友①已经辞职离开交通大学到了广州；第三，是我家里的问题，因为我大哥是外交部人事科的科长，此时调任南京政府驻英国大使馆的秘书，但子女还都留在中国，我的母亲以及弟弟妹妹也都在南京。大哥出国之后，家人需要照应。因为这三个原因，我接受了南京工程参考图书馆的工作。

林：您就任的南京工程参考图书馆是北平图书馆在南京设的分馆，它是哪一年设立的，是因善本南迁而设立的吗？它的收藏范围是什么？主要职责是什么？它在当时有何影响？

钱：南京工程参考图书馆的设立是1934年，那时候日本已经占据了东北，华北的情形非常危急，当时的政府就把故宫的古物迁移到南边，北平图书馆的善本书也要南迁，所以就在南京设立一个分馆。我到馆工作是1937年，刚刚到馆一个礼拜就发生了"卢沟桥事变"。南京工程参考图书馆的收藏主要是整套的外文期刊，工程方面的期刊，还有参考书，大概有4000多

注释：

① 杜定友(1898—1967)，我国近代图书馆事业和近代图书馆学的重要奠基人，也是我国图书馆学史乃至世界图书馆学史上屈指可数的理论大家之一。早年求学南洋公学，毕业后受校长唐文治委派，赴菲律宾大学留学，专攻图书馆学。1932年，与友人共同发起创办上海图书馆。1936年，在中山大学校长邹鲁的力邀下，前往中山大学，主持图书馆事务并任教授。抗战军兴，中山大学西迁，杜定友负责将馆藏善本书、志书、整套杂志、碑帖等数万册装箱押运，厥功甚伟。中山大学复员后，任广东省立图书馆馆长。广州解放后，省立图书馆改名广东人民图书馆，杜定友继续担任馆长。一生著述80余种，约600万字，在图书馆学理论和图书分类学方面贡献尤大。

本，最主要的还有内阁大库的舆图，大概有7000多幅。8月份的时候，我把在南京的家眷送到江北避难，逃过了日本人在南京的大屠杀。我本来准备把家眷在江北安顿好就去后方，到昆明总馆去，可是中途接到总馆的电报，说上海办事处需要人，因此1938年春天我就到了上海。

林：1938年，您接手上海办事处工作时，上海局势如何？租界内的局势又如何？北图南运图书的保存情况如何？

钱：那时候上海市区已经被日本军队占据，但租界因为是西方人的势力，日本人还没有干涉。上海成为一个孤岛，难民都逃到上海，物价很高，房屋特别缺少。我们侥幸租到了西摩路也就是现在的陕西北路21栋6号3楼，是一个两间半的Apartment（公寓），当时是一个白俄人在上海工部局退休后（工部局就是租界里面的市政府），转让给了我们。我记得，我大哥花了500美金买了下来。上海办事处在亚尔培路，就是现在的陕西南路，在中国科学社内，与住处在一条街上。主要有西文的和日文的全套期刊10 000多本存在那里。当时，我被派到上海之后，最初在中国科学社办公，后来又被调到中美文化基金会。那时候北平图书馆的一部分经费是他们付的，所以到那里去工作。最后又搬到震旦大学[①]，在震旦大学设的一个办事处。所以上海的存书，期刊是存在中国科学社，但是敦煌遗书、善本书等都存在公共租界的仓库里面，后来几经迁移，移到震旦大学和私人住宅。

林：上海办事处主要承担五项工作，分别是保管南迁的藏书、采访古籍、《图书季刊》的编辑和发行、对外联络和采访、抗日战争史料的征集，您能详细介绍一下这方面的情况吗？

钱：当时上海办事处的工作很多，主要是保管南迁的善本书。其次，新书仍在上海继续出版，好多古书也还在市面上流通，收集古书和新书，都在

注释：

---

① 震旦大学（Aurora University），是天主教耶稣会创办的近代著名教会大学。1903年，著名学者马相伯在上海徐家汇天文台旧址创办。"震旦"是印度对中国的旧称，又有中华曙光之意。1952年全国院系调整，震旦大学各院系被分别归并复旦大学、华东师范大学、上海交通大学等有关高校，震旦大学从此撤销。著名校友有戴望舒、何振梁、芮沐、王振义、单声、徐悲鸿等。

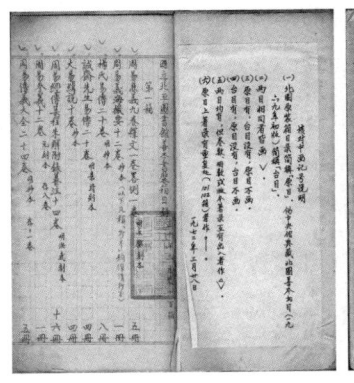

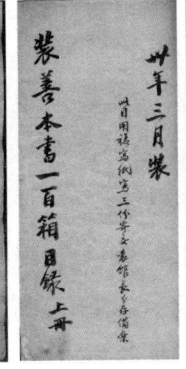

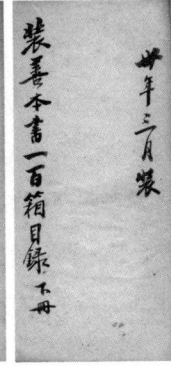

▲ 图4　北平图书馆善本装箱目录

上海办理。除此之外，就是征集日本在上海方面的出版公文和刊物；地下党在上海出版的许多地下刊物；还有当时用外商，用美国名义在上海出版的报纸，像《大美晚报》等。所以那时候在上海的工作很多，同时与国外的联系也是在上海办理，国外的接收，尤其是缩微胶卷都是从国外寄到上海，从上海寄到香港，从内地再通过陆路同后方联系。

林：后来南迁古籍从震旦大学迁入附近租用的民房，分散掩藏。您能不能介绍一下这方面的情况？

钱：并不是从震旦大学搬到了私人住所，是同时一部分存在震旦大学。因为当时日本同法国政府维持邦交，所以法国在上海的产业日本人并没有干涉，这是为什么存到震旦大学的原因。还有一部分在法租界李石曾[①]的侄儿李宗侗[②]的私人住所，在他的仓库里面。所以是同时存在那里，并不是从震旦

注释：

① 李石曾（1881—1973），名煜瀛，以字行于世。其父李鸿藻，曾任军机大臣，晚清著名清流人物。早年留学法国，组织赴法勤工俭学运动，致力于中法文化交流。参加辛亥革命，是民国四大元老之一，也是故宫博物院创建人之一。

② 李宗侗（1895—1974），字玄伯，李石曾之侄。毕业于巴黎大学，先后任教于北京大学、中法大学、台湾大学。曾任故宫博物院秘书长，负责故宫文物的清理和接收。抗日战争期间，护送故宫文物南迁，历尽艰辛。京、沪沦陷后，匿名隐居上海，中央图书馆未能及时转运的善本图书寄藏其家，多方设法保护。1948年故宫文物迁台，参与清点整理。著有《中国古代社会新研》、《中国史学史》、《历史的剖面》等著作，逯耀东、许倬云、李敖皆曾为其门下弟子。

大学转到那里。后来李宗侗去了台湾，袁同礼过世之后，他写了一篇纪念文章，里面讲到当初有一部分善本书就存在他家的仓库。这个事情很隐秘，当时只有三四个人知道，我是其中之一。后来我根据他的提议，写了一篇文章讲上海的善本书怎样运到他的私人住处去。这是第一次，假使他不提这个事情，到现在恐怕也没人知道善本书当时是怎样的情形。

林：1940年6月，当时法国在第二次世界大战中失利了，法租界也开始允许日本人进行搜查，这样书即使放在法租界也不安全了，当时馆里采取了什么样的措施？您能介绍一下吗？

钱：中美两国政府都同意，很想把这批书送到美国。但怎么样运出来，当时有两种方法，一种他们称为上策，一种是下策。上策是用美国军舰到上海来接运，下策就是通过海关。当时通过海关只有两箱通过美国领事馆送到美国，后来就没有人接手，我也不知道是什么原因，估计当时是有日本人干涉，美国领事馆才拒绝通过商船接运。上策也不可能，所以王重民[①]从美国寄给我的信里面说当时胡适之不在华盛顿，美国驻重庆的大使Johnson在9—10月假如办不成，就不可能运出来。因为装箱的时候我并没有参加，装箱主要是善本部徐森玉[②]、王重民两个人挑选，书册大概是李耀南写的，我当初并没有参加装箱的事情。后来因为不能运出去，袁同礼馆长从后方写了一封介

注释：

[①] 王重民（1903—1975），河北高阳人，与李石曾叔侄同乡，著名版本学家、敦煌学家、图书馆学家。毕业于北京师范大学，师从陈垣、杨树达、高步瀛、黎锦熙、钱玄同等先生。1939年受聘于美国国会图书馆，整理馆藏中国善本古籍。1941年，北平图书馆南运至上海的善本书运往美国，王重民负责鉴定、拍摄，同时撰写提要1600余篇。1947年归国，执教于北京大学。1949年后，任北京图书馆副馆长，北京大学图书馆系主任。

[②] 徐森玉（1881—1971），著名文物鉴定家、金石学家、版本学家、文献学家。少年时就读于白鹿洞书院，1900年考入山西大学堂，攻读化学。在校期间，著有《无机化学》和《定性分析》，深受校长宝熙之赏识。民国建立后，先后任北京大学图书馆馆长、故宫博物院古物馆馆长、北平图书馆采访部主任。"七七事变"前后，主持故宫文物南运，历尽艰辛。致力于文物的查访、发掘与保护，先后发现山西大同辽代古寺、赵城的元代戏台、河北蓟县唐代寺庙等，参与保护赵城金藏，与张元济、郑振铎抢救刘氏嘉业堂、张氏适园、刘氏回海堂、陶氏涉园、邓氏凤西楼所藏善本古籍，贡献巨大。

绍信，介绍我去海关访问海关总监督丁桂堂，但他一口回绝，说事情责任太大，他不敢担这个风险。这样我才参与到运书的事情上。

林：正当众人焦头烂额之际，您得知妻子许文锦女士的同学张芝静有位哥哥在江海关任外勤（检查员），您立即拜访了这位海关人员，他为善本运美提供了很大的帮助，您能详细介绍一下您第一次拜访他的详细情况吗？

钱：我妻子的一个同学，姓张，随便到我们家来探访，闲谈中间知道她的大哥在海关外勤，任检查员，职位很低。通过她，我去拜访了她的大哥，什么名字现在我已经不记得了，但是他爽快答应会帮忙。说在他值班的时候可以把书分批送到海关，由他检查，但是箱子并不需要开启，由他签字放行。

林：当时您为完成使命，不顾个人安危，用一个月的时间，独自一人用手推车，分10次将这批图书送上开往美国的轮船。您能详细为我们介绍一下细节吗？

钱：我把这100箱书分成10批，每次他值班的时候，我就手推大板车到海关去报关，差不多用了两个月的时间。当时用"中国书报社"的名义开发票，发票上写的都是给国会图书馆买的新书，实际上里面是善本书，书送到海关之后经过张先生的签字就放行出去。这件事情的进行要十分保密，日本人知道了就可能会有生命危险。

林：到12月5日，最后一批善本书籍由上海驶美的"哈里逊总统"号轮船运出。您能否介绍一下最后一批运送的情况。

钱：最后一批商船哈里逊总统号预定是12月5日从上海开，过了两天是12

▲ 图5　1984年钱存训先生访台与存台善本合影

▲ 图6　1998年国家图书馆代表团为钱存训先生颁奖

月7日，就发生了"珍珠港事件"，美国同日本正式开战。第二天，报纸上就讲哈里逊号已经被日本俘虏，我当时估计这批书一定是全部损失了。但是，第二年美国国会图书馆宣布102箱已经完全收到，准备开始做缩微胶片。这批东西是怎么样运过去的，我到现在还不清楚。当时，这个事情引起日本兴亚院①华北联络部的注意，他们派了两个专员到上海。当时北平图书馆馆长是周作人，但实际上是王钟麟（王古鲁）②负责，所以由王钟麟带他们到上海检查，查到书都存在中国科学社，就把那些西文的全套书籍给运回去了，其余还有好多地方存的书，他们没有查到，就这样一直维持到抗日战争胜利。胜利后，政府将宝庆路17号作为北平图书馆的办事处，一直维持到后来。

林：最后一批书籍是如何逃脱劫难，安全运达美国，至今仍是一个未解之谜。您在1983年曾请美国国会图书馆调查过当年"哈里逊总统号"，能介绍一下您调查的情况吗？

钱：1983年，管中文部的是比尔博士，我请他以国会图书馆的名义向美国轮船公司申请查一查当时哈里逊号是怎样的情景。根据轮船公司的档案，查到哈里逊号并没有到上海，它是从马尼拉经菲律宾到秦皇岛去撤退美国的侨民，经过上海，被日本军舰俘虏，日本人把这艘船改名为"郭公丸"，用于军事运输。至于这批书是经过什么船运到美国，档案里没有查到。后来这艘船从新加坡运美国战俘到日本，船上大概有900人，在上海被美国潜艇击沉。500人遇难，只有400人生还。

林：1947年，您受当时的教育部委派到美国，准备将寄存在美国国会图书馆内的3万余册善本书接运回国。您能介绍一下这方面的情况吗？

注释：

① 兴亚院：成立于1938年12月，首相近卫文麿任总裁，外相、藏相、陆相、海相兼任副总裁，办理外交之外的对华政治、经济及文化等事务，并负责监督在华特殊公司的营业。在北平、张家口、上海及厦门等地，设置联络部，担任现场指挥之职。1942年11月，因大东亚省的设立而废止。

② 王钟麟（1901—1958），字古鲁，曾两度赴日留学，与周作人关系密切。北平沦陷后，随周作人任国立北平图书馆秘书主任，主持日常馆务。著有《语言学概论》、《王古鲁日本访书记》，翻译日本学者青木正儿的《中国近世戏曲史》。

钱：当时到美国的经费7000美金已经批下来，护照等一切手续都已经办好了，但是国内爆发内战，所以政府就决定这批书先不运回来，暂时存在美国。同时，芝加哥大学请北平图书馆派一个人到芝加哥大学图书馆来工作，负责整理整批善本书。袁同礼馆长就介绍我过来，所以我1947年到了美国。一年之后，他们又要求馆里延期，先是两年，后来又延期。这样，我就留在美国，再没有回去。

▲ 图7　1979年钱存训先生赠书国家图书馆

林：袁同礼馆长与美国国会图书馆签订协议，美国同意接受存沪善本古籍运美寄藏，并代为缩微复制，以供永久保存和使用的便利，拍摄工作由王重民先生负责。您能介绍一下详细的情况吗？

钱：我没有看到当初订立合同，但是知道有学者根据美国国会图书馆的档案写过一篇东西，合同肯定在文章里面。这批书在美国是王重民经手的，王重民在美国国会图书馆工作，他自己从箱子里面把善本书拿出来写提要，提要写好之后，就把这批书送到国会图书馆的缩微部，让他们摄影。后来这些提要都收在他的《中国善本书提要》和《补编》里面。这样子前后共计花了5年的工夫，照成了1070卷胶卷，那时的费用每套要花6万美金。当时我听说他们卖出去200套，送给中国图书馆3套，芝加哥大学买了1套，其余的卖给什么地方我就不知道了。

林：1965年2月，袁馆长作为这批藏书的监护人故去后，因为新中国与美国尚无正式外交关系，台北"中央图书馆"提出要美国国会图书馆将这批图书运交台湾。美方同意了台方的要求，于当年11月7日将书运抵基隆港。1967年台湾"中央图书馆"编印善本书目时，曾将这批图书列入《国立中央图书馆善本书目》。您当时曾以美国东亚图书馆协会主席名义致函有关负责人，表示抗议，指出这批书非其馆藏。1969年另编目录时，即更名为《国立中央图书馆典藏国立北平图书馆善本书目》，您能详细介绍一下吗？

钱：他们那时候出版了一本《国立中央图书馆善本书目》，把北京图书馆的书都收在里面，说是他们的。那时我是美国亚州研究学会东亚图书馆协会的主席，所以我用主席的名义提出抗议。当时台湾"中央图书馆"的馆长是包遵彭[①]，他答应重新编目，后来出版了叫《国立中央图书馆典藏国立北平图书馆善本书目》。典藏就意味着寄存，因为那时候"中央图书馆"的馆刊里由"教育部"批准是用寄存的名义，而且当时要求善本书运到台湾，蒋复璁[②]写的那篇文章里也是用的寄存的名义，所以寄存很重要，既然是寄存，那么所有权当然属于北京图书馆。因为这批书是寄存，又是从美国直接运回台

▲ 图8　1948年钱先生在芝加哥剪影　▲ 图9　1957年钱先生获得芝加哥大学博士学位　▲ 图10　1968年钱先生与李约瑟在剑桥书斋　▲ 图11　1984年钱先生入选芝加哥名人堂与市长合影

注释：

① 包遵彭（1916—1970），字龙溪，安徽定远人。毕业于复旦大学、中央政治干部学校。1949年去台湾，曾任幼狮通讯社社长。1968年调任"中央图书馆"馆长兼历史博物馆馆长。著有《二次大战与中外学生运动史》、《五四青年运动史》、《海上国际法》、《中国海军史》、《博物馆概论》等。

② 蒋复璁（1898—1992），浙江海宁人。毕业于北京大学哲学系，留学德国，在柏林大学研习哲学、图书馆学，1932年学成归国。抗日战争爆发，护送善本图书西迁。1940年创办中央图书馆，担任首任馆长。次年，冒险潜往孤岛上海，抢救沦陷区的珍贵古籍达数万册。此后，从戴笠手中收回举世闻名的珍贵文物毛公鼎，收回日军从香港劫走的大批珍贵古籍。1948年起，大陆善本图书分批运往台湾，参与其事。20世纪五六十年代，先后担任台湾"中央图书馆"馆长、"故宫博物院"院长。主持影印出版《四库全书》，对史学、哲学、文化、艺术均有相当造诣，被全球文博界誉为中华瑰宝的守护神。

湾，同当初从大陆运到台湾故宫去的古文物是两样情形，所以我委托了"中央研究院"的院士许倬云先生，他是匹兹堡大学的教授，在台湾认识连战等重要人物。他答应帮忙疏通。将来要收回的时候，我想要通过他。

林：当时教育部为了表彰您冒着生命危险，完成使命，曾经传令对您嘉奖，您能不能介绍一下这方面的情况？

钱：当时重庆政府在上海有很多地下工作人员，是他们报告的这个情况。重庆当时的教育部颁发了奖状，同时还有1万块钱的奖金。但是因为情形特殊，馆里面并没有通知到我。抗日战争胜利后，袁馆长回到上海才告诉我这个事情。那时候的1万块钱，正好够到馆里去领奖的一趟车费。

林：1999年12月17日，国家图书馆为表彰您在担任国立北平图书馆上海办事处负责人期间尽忠尽职，置个人安危于不顾，竭诚保护珍贵古籍，颁发特别荣誉奖，您能为我们介绍一下吗？

钱：国内对这批书运美的意见前后有所不同。1973年中国图书馆代表团到美国访问的时候，带队的副馆长鲍正鹄对这件事情提出批评，认为这批书运到美国来是不对的。1999年，周和平馆长派副馆长孙蓓欣以及李致忠、孙利平三位到这里来，很隆重，美国的很多中文报纸对那次访问都有记载，纽约的《侨报》对当时的场景和情形有长篇报道。我记得有一个美国记者问为什么你当初冒着生命危险干这件事情，我说当时主要是执行任务，是馆里派给我的工作，并没有考虑到其他问题。

林：您对迁台善本书的回馆，应如何进行协商，推进手续，有什么建议或指导？

钱：1987年我回国的时候，曾经向当时的副馆长胡沙报告过这批书的情况。因为1984年我到台湾看过这批书，那时候台北故宫副院长是昌彼得，他开箱让我检查，书保存得很好，当时故宫有防火、防尘的设备，设备很完全。后来我同昌彼得写信，说这批书应该运回北京，昌彼得说这批书从"中央图书馆"移到故宫博物院的时候经过"教育部"批准，所以假使要拿回去也要得到"教育部"的批准。所以我想将来如果馆里面要收回，应该通过海峡两岸关系协会或者海峡交流基金会，通过正式的谈判。以前我以为自己可以向故官博物院申请，让他们寄回，但是现在看来大概不行，要通过上面比较高级的谈判才行。将来要收回，应该收回，而且越早越好。我在世界大战60周年纪念的时候，分别用英文和中文写过文章，里面提出的几个条件可以参考。

林：钱老，您能不能再谈谈您和张秀民老先生的交往？

钱：张秀民搞中国书史研究，同时也搞安南史，我也是搞中国书史，但是主要研究同美国、欧洲的关系，同西方的文化交流。我和他没有见过面，1978年馆里面邀请我回去，1979年第一次回去的时候他已经退休回到老家，正在写《中国印刷史》，所以我们没有见过面。后来他邀我写一篇序，我是根据他给我的大纲写的。6年之后他的书才出版，但我那个序所讲的还是根据当时他给我的大纲，没有改动。后来这本书由他的侄儿韩琦重新修订，里面很多关于现代书的材料应该是韩琦供给的。所以我虽然和他是同行，又同在国立北平图书馆工作，但是没有见过面。我们研究的范围相似，但也有不同。那个时候《读书》杂志写过一篇文章，将这两本书做过比较，我的书《纸与印刷》主要是讲中国印刷、中国书史，是世界眼光，但张秀民的中国书史主要注重的是细节；同时面对的对象也不同，他主要对国内，我主要对国外。

林：我们刚刚也谈到这个问题，我们觉得跟您说的差不多，但是我们又加了一条，就是说研究的方法还略有不同，您用的是中西比较的方式来研究，张秀民先生没有用比较的方法来研究，主要是考据。

钱：我因为在美国接触的是西洋印刷史、西洋图书馆史，而且我曾受刘国钧[①]先生的影响，那时候他在震旦大学开过中国书史的课程，当时参考书只有卡特（Thomas F. Carter）的《中国印刷术的发明及其西传》英文本，还

注释：

① 刘国钧（1899—1980），字衡如，著名图书馆学家、图书馆事业家和图书馆学教育家，中国近代图书馆学的奠基人之一。毕业于南京金陵大学，后赴美留学，获哲学博士学位。1925年回国，任金陵大学图书馆主任兼教授。1929—1930年，任北平图书馆编辑部主任，并负责编辑《图书馆学季刊》。1943年，与刘季洪、袁同礼、蒋复璁、蔡孟坚等人筹备成立国立西北图书馆，任筹委会主任。新中国成立后，任北京大学图书馆学系主任。在图书馆学、中国书史、图书馆事业史、道教史等领域成就卓著，在中国近现代图书馆学领域中，与杜定友齐名，被称为"南杜北刘"。

有日本田中敬的《图书学概论》。这两本书我都带到美国来，但没有相同的中文版做参考。所以到美国的时候还是决定研究西洋印刷史、西洋图书馆史，希望可以同中国印刷史做一个比较，这就是我书中用比较的方法的原因。

林：我们馆也正准备拍张秀民老先生的专题片，您刚才说的这个非常重要，非常好。今天的采访非常成功，非常感谢钱老的详细回答。

今逢四海为家日　故垒萧萧芦荻秋
——芦荻先生访谈录

被采访人： 芦　荻（简称芦）
采 访 人： 张焕君（简称张）　孟繁之（简称孟）
录音整理： 王　琪
执 笔 人： 张焕君

忍着眼泪，走出芦荻位于海淀区巴沟南路的寓所，心情突然变得轻松起来。

眼泪因绝望而流淌，绝望来自芦荻的喃喃自语与难抑悲伤。采访之前做功课，知道芦荻1932年生于辽阳，上过朝鲜战场，给毛泽东读过书，是北京大学中文系的教授，中国小动物保护协会的会长；也知道她的寓所中养了不少受伤的小动物，气味很大，她对这些猫、狗十分疼爱，为此不惜四处借贷，甚至卖房赁居，忍受世人白眼。推门而进时，屋中光线昏暗，果然是猫走狗窜，几无下脚之处，气味扑鼻，几乎让人屏息欲呕。凌乱的房间，封闭的门窗，还有戴着口罩十分虚弱的女主人，这样的场景，单单看纸面上的材料，又如何能设想得到？

老太太虽然病体未愈，头发稀少而凌乱，但一开口，用词优雅，音调和美，当年大学讲台上的风采仍依稀可见。聊聊生平往事，革命、逃难、家人，还有那些年月常常燃烧的青

▲ 图1　芦荻（左一）、孟繁之（左二）、张焕君主编（右一）、王琪（右二）在芦荻先生家中访谈

春与激情，都让人恍如隔世，遥想不已。或许，1975年夏秋时节的5个月，因缘际会进入中南海，成为毛泽东晚年的"侍读学士"，12次为革命领袖读书，听领袖谈魏晋文学，谈《红楼梦》、《水浒传》，是她一生中最自豪和最荣耀的事情。然而，面对我们的采访要求时，她却很警惕："不是又要谈毛主席吧？"得知我们只是想知道一些革命时期的人生经历，她放松了挺起的身子，"那咱们就随便谈谈"，话题就变得容易而轻松。谈自己的青年时代，因为革命理想的鼓动，入关上大学，离家闹革命，穿越封锁线，乔装扮夫妻，她时时发出爽朗的笑声，眼睛也变得格外清明，当年身穿阴丹士林布旗袍上街贴标语、裹着土布老式棉袄辗转投奔解放区的革命少女，如在眼前，栩栩如生。

然而，厄运还是不可阻止地来了。如果说革命中的挫折，无论那是领导的误解，同事的排挤，还是命运的嘲弄，让她饱经忧患之余，还能变得更加坚强、独立，即便疑心重重，处处防范。那么，因为同情弱者，因为爱世间那些孱弱的生灵，不计利害，投入一切，放弃了自己的学术事业，疏忽了对家人该有的照料，变卖了母亲留下来的所有值钱之物，改变了一生钟爱的生活方式，结果呢？除了一身病痛，老来凄苦，邻里抱怨，友人侧目，就只剩下数不清的债务，满屋子的病猫病狗，后继无人的担忧，以及每月都要面对的近20万元的费用。俱往矣，尘封的书架，当年的优雅，还有那些曾经的写作计划。说什么民间捐助，政府支持，还有那些慕名而来却言而无信的企业家。病体衰躯，满目灰暗，一旦撒手西去，这20年的苦心经营，这些聪慧稚弱嗷嗷待哺的小生灵，岂不付之东流，岂不任人屠杀？一念及此，能不伤心欲绝，万念俱灰？

我们告辞时，芦荻还在哭。出门时，脚步稍急，差点踩住门口侧卧的小狗。这是2012年的岁末，北京正是雾霾笼城的时候。擦了擦眼角，长吸一口烟，心情竟然轻松了许多。这让我羞愧，因为逃避。苦难之所以为苦难，正在于其能激发人性中的良善，唤起恻隐之心，迸发英雄之举。芦荻曾对她当年的学生说，人是万物之灵，万物之中的动物，也是有灵性的，它们知道什么地方安全，什么场合会遭遇灾难，还有自己的审美观。我们应该从恻隐之心出发，从人性出发，对那些虐待、遗弃动物的行为，不忍、不愤，防止人类精神王国的塌陷。她说自己已经完全陷入到小动物的世界里，整天看着那么多眼睛，向你求告，向你哀诉。面对这些无邪的、无助的、深邃的动物的眼睛，目睹这样一种令人不忍闻不忍思的动物的境遇，无法后退，难以自拔，只要还有一口气在，有一点力量，一点办法，就要为这些生命去挣扎！小动物的苦难激发了芦荻的良善之心，她为此倾家荡产，心血耗尽，成就了一段世人口中的英雄之举。但与此同时，她自己也沦入苦难之中，残躯病体，老无所依，债主临门，忧心如焚。她希望能够有人勇于继承，希望人们能够爱护动物，和谐相处，希望这些可爱的小生灵能够脱离虐待，幸福生活。可是抬头一看，除了纸上的颂扬，口头的赞美，别有用心的捐赠，工于心计的计算，又哪里有无私、真诚，遑论什么民胞物与，一体同仁？心愿终于化作落花飞絮，飘落尘埃，人也就日渐地陷入绝望之中，黑沉沉的，再无光明。

  所以，我感到羞愧，觉得自己真是那好龙的叶公。虽然从未养过宠物，生活所迫，"人"道为先，要养家糊口，要事业有成，日日忙碌，难得闲心，很少留意街头巷尾的小猫、小狗。但是，在芦荻屋中，突然看到那样多的伤残动物，有的被戳瞎眼睛，有的被割了舌头，有的脑袋被砍裂，有的腿被打折，仍然觉得震惊。虽然不知道他们的用心，但是下手伤害的都是人，形形色色的人。悲悯之心，油然而生。再往后，看到芦荻说起这些年来的沉重负担，夜不成寐，筋疲力尽时，脸色苍白，闭目饮泣，心中感到的却是恐慌。那样

▲ 图2 全国农业学大寨会议　　▲ 图3 全国评《水浒》　　▲ 图4 《人民日报》姚文元写的社论

的付出与期待，使我猝不及防，不知所措，只想一走了之。关于苦难，也曾看过不少论述描摹，知道那意味着沉重与压抑，需要坚强与无私，但是突然遭逢于现实之中，活生生的，就在眼前，仍不免张口结舌，惧意暗生。直到溜出门外，远离那样的场景，才觉出分外轻松。似乎眼中不见，世间便再无苦难。这是逃避。

此后半年，心情一直忐忑不安。孟子说：人们看到小孩子趴在井沿上，担心他掉下去，都会有"怵惕恻隐之心"。恻隐之心是人之所以为人的根本标志，天生就有，不假外力，也与利益考量无关。只是有了这恻隐之心，并不意味就能减轻苦难。所以，孟子说，还要"扩而充之"，就像"火之始然，泉之始达"，要因势利导，扩充落实，才能善始善终，有所成就。我的忐忑不安，正是因为仅有此心，却未能扩充，在那样的苦难面前，说完几句安慰的话，便掉头而去，如释重负。由善心而善行，未能畅通，是不为，还是不能，又该如何区分？

网上找了许多关于芦荻的资料，最多的就是为毛泽东侍读和小动物保护的报道。前者报喜，字里行间都是亲近龙颜后的自豪与喜悦；后者报忧，触目皆是凄苦孤独、奔波操劳。不禁暗想，这样两个截然相反的形象，如何能够集于一人之身？1975年，芦荻44岁，正是风华正茂的年龄，虽然政治背景不佳，也下过干校，受过批判，但是突然蒙受天恩，进入中南海，为心中的天神诵读诗词歌赋，谈古论今，兴奋激动，何以言表？

芦荻母亲信佛，受母亲的影响，她很早就断绝荤腥，对弱者更有一种天然的同情。"文化大革命"后期，家中的猫丢失了，她一夜之间几乎跑遍半个北京城。自家的猫没有找到，却看到暗夜中流浪街头的许多病猫伤狗，让她心痛不已。从此，她开始收容流浪病残的小动物。1992年，经民政部、农业部批准，正式成立中国小动物保护协会，芦荻任会长。此后一发不可收拾，创办动物医院，积极募集善款，扩充注册会员，救助猫、狗、猴子、狐狸等各种小动物近千只，但也引发诸多争议是非。2007年，因为无法忍受芦荻屋中散发出的恶臭，百余名邻居与志愿者形成对峙，几乎拳脚相加，芦荻当场晕倒。协会人员流动频繁，很多招聘来的工作人员待不了几天就走了，有的是受不了环境，有的则是受不了芦荻的"领袖"脾气。芦荻对小动物特别好，但是对人则显得苛刻。她常说这世上只有恶人，没有恶狗。所有的工作人员，包括她自己，饮食极为简陋，但小动物吃的却是最好的饲料，用的是最好的药品。饲养员经常被小动物抓伤咬伤，芦荻并不在意，但是如果饲养员对动物照顾不周，则会遭到惩罚甚至解雇，被斥为没有爱心。老伴生前是中国社会科学院的研究员，不喜欢猫狗，住院期间，芦荻忙于协会事务很少去医院照顾，有人指责她，说她丈夫的死就是与她养了这么多的猫狗有关。一子一女，都在美国，除了寄钱回来充当协会经费，芦荻与他们交流很少，感情很是一般。虽然多年来她一直说自己身体不行，要找一个接班人，但是一旦选出来，她又不放心，对人疑心很重。

在关于芦荻的报道中，这样的质疑并非主流，但是却使人疑惑异常。爱心固然可贵，善待弱者也是义举美德，但为此千金散尽，身陷无尽苦难之中，日夜忧戚，生不如死，是否就是唯一选择？清代山东堂邑人武训行乞办学，一生到老，四处奔波，不置家产，不娶老婆，似乎与此类似，但其精神，诚如陶行知先生所云，却是"朝朝暮暮，快快乐乐"，未见如许颓唐。古代儒家提倡"达则兼济天下，穷则独善其身"，时运不济，讲究的是一个能放下，反躬自省，善待己身，这样的主张似乎也与芦荻的选择不符。佛家云："我不入地狱，谁入地狱？"又说要舍身饲虎，割肉喂鹰，倒是有些相同，只不知割舍之后如何面对刻骨的疼痛，进入地狱之后，眼前可会幻化出八部天龙，天国胜景？

盛名之误人，与激情相同。2011年4月15日，一群志愿者在京哈高速通州段拦截了一辆满载肉狗的车，双方对峙十几个小时，成为轰动一时的公共事件。期间，志愿者通过腾讯微博发出求助，数十位爱心人士驾车赶到，给囚禁在笼中的小狗喂水喂药，场面感人。又有公司、基金或者出钱购买，或者承担病狗医药费，一时温馨四溢，名人涌现。更有甚者，对运狗司机、车主痛斥谩骂，人肉搜索，全然不顾人家手续合法，正当谋生。中国小动物保护协会也适时出现，敞开大门，将数百条狗全数接纳，赢得无数美名。美德得以发扬，好一派动人场景。只可惜激情易散，好景不长，成名后的名人们陆续四散，小狗们仍然在艰难生存。2013年5月，10家当年收治病狗的医院将协会与腾讯告上法庭，两个月后，海淀区法院判决协会支付40余万医疗费用。喧嚣过后，尘归尘，土归土，盛名不养人，也与激情相同。

事后有人反思，肉狗屠宰早已产业化，公路上奔驰不息的运狗车，能拦截多少次？猫狗固然需要爱护，但鸡鸭牛羊又当如何？不都是鲜活的生命，弱小的生灵么，何以厚此薄彼？对于芦荻而言，或许这些都不是问题。当年齐宣王衅钟，以羊易牛，人们说他吝啬，孟子却认为是仁者之心，因为他只见到牛的恐惧，由此触动心中的不忍。孟子又说："君子之于禽兽也，见其生，不忍见其死；闻其声，不忍食其肉。是以君子远庖厨也。"人的情感有限，看到的永远是那些让她动心起念的。40年前的那个夜晚，黑暗的京城，流浪的猫狗，一个四处寻觅的女人，脚步踉跄，精疲力竭，这一幕已经成为芦荻苦难人生的隐喻，时时提起，历久弥新，或许自己就是被救助的猫狗？或许，寻觅就是此生的宿命。

10多年前，芦荻在接受采访时说，希望有朝一日能够脱离这些事情，返回到自己的专业领域，研究中国诗歌，研究禅与中国文学，写一个毛泽东系列："毛泽东和诗词"、"毛泽东和戏曲与小说"、"毛泽东和文赋"、"毛泽东和中国古代哲学"。现在，这些话题她已很少提起。偶有涉及，也只是一声长叹。世事艰难，风烛残年，不提也罢！当年初进中南海，毛泽东问她是否喜欢秋天，她一愣。让她背诵刘禹锡的《西塞山怀古》，背到最后两句："今逢四海为家日，故垒萧萧芦荻秋。"她恍然大悟。那时如何想得到，物换星移40年，荣宠散去，世易时移，漂泊无定，这才是真正的"故垒萧萧芦荻秋"。抚今追昔，能不感慨万端？

芦：真是太寒酸了。由于生病，原来的房子卖了，这是临时租的房子。因为带了一些动物过来，显得狭小，准备再换一个稍微宽敞的地方。我现在说话比较困难，眼睛出血。大夫说是肺癌，用了一种进口药来控制，还可以。这个病使人的身体瘦弱，容易出现并发症。我的症状就是纹理变粗，紊乱，呼吸不通畅。另外，我的右腿自从1998年摔断后，换了假骨头，现在也不能走了，行走坐卧都不方便。我每天能做的事不多。我的两个儿女远在美国，最近听说要回来一个。她们在那儿已经30年了，我也习惯了。要回去，要走，我也没有什么牵挂。主要是有些事情，看起来已经为时太晚。有些人间事，还没有办完，莫可奈何。

张：您是山西什么地儿的？

芦：我的母亲是山西文水人，我的一半血统来自山西。

张：您以前去过山西吗？

芦：我母亲少年时期，就流落到东北。我的外祖父是一个中医，死了以后，家里的人无以为生，就到东北投靠亲戚，所以我母亲就在东北嫁人成家了。我去过一趟山西。那是1975年，奉毛泽东之命，到大寨参观、受教育。在大寨住了几天，中间到过一次阳泉，此外再未去过。但是我跟你一样，都是教书的。讲古代文学史，魏晋南北朝隋唐那一大段，山西都是重镇，王勃、柳宗元、王维、司空图这些大诗人，都是山西人。读他们的诗，我是从文学作品中领略当时山西的风采。你们杂志的这些壁画不错啊。山西从春秋时期的晋国开始，文物一定很多。保存得怎样？

张：山西的古建筑、历代寺观壁画、彩塑、古戏台，在全国都是保存最多的。但是有些保存得不太好，有些则是在一些很偏僻的山间小庙，缺乏深入研究。

芦：想起毛泽东叫我们用功读书，我现在很理解他。他如果不读书，脑子就会想别的事情。老人家固然是平生嗜学，爱书如命。但在他晚年时，病痛缠绕，国事纷繁，头脑很乱，又不能亲自出去了解。这个时候，就只有读他喜爱的古人古书，能暂时占领他的领域，不想那些事情。这是我最近才理解到的。所以他那时候，无论什么书，拿起来就读，读一会儿书，可以暂时忘记一切，忘记现实中令人烦扰苦恼、举棋难定的那些大事。他平生喜欢国学，视之如命，读起来精神会得到一种空灵，得到一些安慰。只是因为他那

▲图5　芦荻与油画《求索》　　▲图6　芦荻在大寨

时眼睛不好，所以才找人给他读书。

张：那时候您给他读什么书呢？

芦：哎呀，他自己兴之所至，也没有一定的范围。当时北京大学党委成员谢静宜带我去中南海，车都开到西单了，才告诉我去看毛主席，要我多准备诗词歌赋。我也不知道具体内容，这方面毛泽东比我们都懂得多。最初交谈的几次，主要是谈魏晋南北朝，他很关心这一段，也不知为什么。就从东汉末、建安时期谈起，一直到两晋南北朝。他让我读《三国志》、《晋书》、《南史》、《北史》，尤其是《晋书》。这一段的人物，像谢安、左思、陆机，以及此前的三曹（曹操、曹植、曹丕），孙权、阮籍、嵇康，都要注意。他很少谈正史，主要说的是作家，文体主要谈赋，譬如说孔稚珪的《北山移文》。刘宋之后的作家，他对谢灵运、谢玄晖谈的比较多，对陶渊明也没有微词褒贬。对田园诗派、隐士也有评价，哎呀，这个他谈的特别多。（略迟疑）我不知道这位老师，您的专修是攻什么？

张：我是学历史的。也做过一些魏晋南北朝礼学的研究。这次来，主要是想对您做一个访谈。

芦：是不是要谈中南海的事啊？

张：也不是，主要是想听听您的一些经历，包括小动物保护协会方面的事情。

芦：（轻松一笑）这是我在人间未了的心事，恋恋不舍，割舍不下。现在也不知道如何是好，进退两难。我当年在部队时的一个领导，现在国家卫生和计划生育委员会，和李先念夫人林佳楣在一起工作，最近也跟我说要赶快作个决断。这个协会啊，我投入最多，也最痛。

张： 能谈谈您的经历吗？

芦： 我自幼丧父，母亲是佛教徒。父亲是个读书人，他死的时候，我只有3岁多，虚龄。父亲得的是肺病。他教我读了一些很简单的古典诗词，就像骆宾王的《鹅》这一类的东西。他对我最大的影响，就是他养病期间离开祖宅，在菜园子边上盖了几间房。父母带着我住在那儿，周围种了很多树木花草，花木葱茏。母亲还养了很多小动物。因为离开大家庭，很自由，我就每天在土泥里面跟小动物玩，而且养成喜爱花的习惯，杏花、梨花、刺梅，我都很熟悉，到今天仍然如此。因为住得偏僻，没有什么玩伴，那些猫啊狗啊就成了我最要好的朋友，这影响了我一生。

张： 您后来怎么参加革命的？

芦： 上大学的时候，开始接触地下党，深受影响。我不是党员，但对国民党比较反感，当时好多学生都是这样。那时候的年轻人和现在不同，对国家命运更为关注，并且甘愿为此奉献生命，这是他们享受的青春之美。峥嵘岁月，学业是次要的，政治更重要。我念到大学二年级就离开学校闹革命，所以也没有大学学历。在北京大学的时候，经常读错字，基本功不够。在中南海，毛泽东专门让我看书，各种类型的书都要涉及，甚至我很少涉猎的音韵学，许慎的《说文解字》，老人家都让我读。这才认真读了一些书。

孟： 您等于是毛泽东晚年亲自指导的研究生。

芦： 对。读《晋书》，读音韵学，读《资治通鉴》，读二十四史。他告诉我《旧唐书》比《新唐书》写得好，要多读赋。新中国成立以后，按照《在延安文艺座谈会上的讲话》的精神，认为赋华而不实，尽是些风花雪月的东西，很少涉及国计民生，大家就都不读了，但是毛泽东要我大量地读。魏晋南北朝这一段，他很重视陆机的《文赋》，批判最厉害的是左思。当时我们认为左思出身寒微，反对权贵，但毛泽东揭他的老底，说根本不是那么一回事，算是一家之言吧。在魏晋南北朝诗派中，他唯独推崇山水诗派，而田园诗派中的一些文人，却是走终南捷径这条路，相形见绌。另外，古诗十九首也是认真读过的，毛泽东对刘大杰先生还有批评。这一阶段我读书比较刻苦。进中南海之前，每天都是政治运动，闹革命，给工农兵学员上课，还要应付别人给我写的大字报，整天都热火朝天的，哪有时间读书？当学生的时候，先在蒋介石办的东北

▲ 图7　子民图书室

中文大学，我是免费生，但是只读了一年就到了北京，经过地下党同志的介绍上了北京大学。到了北京大学，也没有认真读书。我的工作就是在子民图书馆组织读书会，这都是革命需要。那时候，老师不怎么讲课，学生也没有人认真听课，我还是属于抽工夫听课的。这能学到什么知识呢？所以我真正读书，夜以继日地读书，就是这段时间。因为经常熬夜，血糖又低，常常一下子倒到地上，太累了。这才打下点基础。

孟：您那时主要是受王朝闻夫人解驭珍的影响吧，你们是一个宿舍？

芦：她是打入北京各高校的地下党负责人，和我关系很好。我那时像男孩子一样，骑着车在北京城里四处跑，贴标语，发传单。当时有几个东北大学的，像后来当了飞行员的赵宝桐、王金凤，他们都是地下党，我们属于外围，年龄也小，跟着跑腿，组织读书会，送书，发传单，组织合唱，宣传，都是这样的活动。

张：这些活动主要在什么地方举行？

芦：到处活动，学校、大街上，红楼后边的民主广场是我们经常活动的地方。现在民主广场还有吗？

孟：没有了，都拆了。

芦：（叹气）往事不堪回首，一点陈迹都没留下，全摧毁了。

张：您后来又去了解放区？

芦：到解放区是地下党在幕后推动。国民党对我们这批青年学生盯上了，地下党就组织我们分批到解放区去学习。当时，快解放了，毛主席他们已经快到平山了。到石家庄时，那里炮火连天，国民党的飞机还在轰炸。我

们4位同学，都不到20岁，假装成两对夫妇，打扮成村里的农家小媳妇，样子很可笑。说实话，装得也不像（笑）。经过一个叫闸口的地方，正是两军边界，坐船过河就是解放区的辖区，那里倒是不打仗。我们那样子，人家一看就知道是假的，穿了个蓝布袄，还带着钢笔。人家问："回娘家还要带一破钢笔？"我们同行的强一，他是辅仁大学的，见势不妙，赶紧掏出钱来，我们这才脱身。

刘：这是化名吧？

芦：对。他本姓温，是世家子弟，家里很有钱。妻子是他表妹，名叫秋移，也和我们同行。另外一对同学，就因为没给钱，挨了一耳光子，不过最后也放了。那时不知道什么是艰苦，晚上睡在一个磨坊里，一头小毛驴就站在墙角吃草。我们围成一个圈儿，叽叽呱呱聊了半夜，亮亮的眼神，暗夜里也看得见。（叹息）真是岁月如歌啊！

张：那是夏天吧？

芦：对，是1948年的夏天。后来把我们送到石家庄，进城那天，正赶上轰炸，一个电影院就在我眼前被炸成废墟。又让我们赶紧走，好几辆车，拉的都是学生。送到正定，那里有一个大佛。党中央到了西柏坡，不久石家庄也解放了，这是我们解放的第一个大城市。我在那儿学习了几个月，还是组长。当时北京大学还有一个学生，叫李笙，长得特别好看。她正好在我的那个组里面，整天身边围一堆男生，人来人往，都是找她的，每次开会，总不见人影，我那时老说她，说她给北京大学丢人。这些事情，现在想起来真可笑。

张：您学习的地方是在华北大学？

芦：对，那是中国人民大学的前身，吴玉章任校长，就设在正定县城。

孟：李逸三那时也在那里？他是山西武乡人，也是革命前辈。

芦：对。他是领导，负责人事工作，还专门看过我们，气氛特别好。他那时也很年轻，40出头，很精干。

张：北京解放，您就回来了？

芦：没有让我跟着大部队南下。天津打下来，我跟着部队进城，城里城外都是血，我害怕极了。我当时住在设在东局子的法国兵营，那地方原来是崇厚、李鸿章办的天津机器局，八国联军侵华时被夷为平地。我们在那里成立了华北革命大学，主要招收拥护共产党、愿意学习新知识的青年学生。我和强一的夫人秋移同屋，一人一床白布被，连铺带盖。晚上，我总是躲在被子里，不敢露头。秋移她们那队要是不下班，我甚至不敢进屋。为什么？那墙上都是血啊，我害怕！我那时做团的工作，经常哭，还发脾气，秋移看我像妹妹，特别照顾我。1949年9月，我们才回北京。中华人民共和国成立那天，我们都是守卫，我就站在天安门城楼西南角的探照灯旁。我亲耳听见毛主席喊"中华人民共和国、中央人民政府成立了"，那洪亮的声音，真是激动万分，热泪盈眶。

张：站岗？

芦：当时我守在防空警卫部门，怕飞机轰炸，一夜都没睡，心潮逐浪高。新中国成立，人人都兴奋异常，不知疲倦，不知困顿，热血沸腾，学校给每人发了个窝窝头，都没顾上吃。后来，我被分到俄文大队当团委书记，在五棵松，招了很多人学俄文，苏联专家负责指导。我也跟着学，属于干部队，此外还有学员队。我学得还算好，常得5分。后来，我几个同学也到了北京，他们被送到外事学校学习，我也想去，不想当这个团支部书记了。

张：为什么？

芦：当时大队里搞运动，说要抓阎锡山的反动组织。我们队上有一个学生叫吕怀喜，就被抓走了。三天两头地搞，抓特务，抓反革命，清理阶级队伍，层出不穷，让人特别烦心。我先去出版社干了两天，后来开始抗美援朝。我决定要去，写了血书表达决心。为此，王若飞的夫人李培之，她是我的领导，专门找我谈话，见我非去不可，还送给我一个本子，上头有好多人写的嘱咐的话，要我遇事冷静。这大概是我一生的毛病，改不了了。参军一去3年多，部队上斗争少，还可以。

张：您是在什么部队？

芦：在空军政治部下设的宣传部担任随军记者，司令员是刘震。我陪刘震司令去前线，见到阔日杜布，他是苏联打下62架德国飞机的王牌飞行员。我们的空军刚刚建立，用的都是苏联的米格飞机，但是也出现了一批王牌飞行员，像王海、张积慧、赵宝桐，都很有名，打下美军很多飞机。战争结束后，我就转业了，虽然我并不愿意离开部队。

张：您转业去了哪里？

芦：当时我有三条出路：第一到团中央做团的工作，其次到大学教书，第三回北京大学继续学习。当时我的一个诗人朋友告诉我："你最好去大学教书，教书也不耽误学习。你上北京大学读书，完了不知道把你分配到哪儿去，团中央那工作你又不愿去。你喜欢古典文学，教书最好。"这样，我就去中国人民大学教书了。

张："反右"时您还在教书？

芦："反右"那年我入党，一年之后便被开除党籍，直到"文化大革命"后在胡耀邦的干涉下得以恢复，（长叹）这是我一生不幸的开始。从部队转业回来，我就把母亲接到身边。1957年7月，母亲被查出癌症晚期。当时全国"反右"正是如火如荼的时候，我爱人在中国社会科学院，也要参加"反右"，哥哥和姐姐在老家，也是如此，风暴席卷全国，人人自危。母亲病危，无人照料，我找支部书记说明情况，请求允许我在家照料母亲，他也答应了。那几个月，整日忧心忡忡，以泪洗面。可是母亲还是在第二年年初去世了。我父亲走得早，是母亲一手将我拉扯大，恩深似海，却突然撒手而去，真让人感觉天崩地裂一般，当真是树欲静而风不止啊。（啜泣不止）

张：就因此将您开除党籍？

芦：母亲死后，我终日哭泣，就又给我安了许多罪名。当时，我的孩子在托儿所，那是邵力子夫人傅学文办的。有一天夜里去接孩子，下楼梯没踩稳，腿摔断了，打石膏卧床4个月。那时候吃大锅饭，家里不许做饭，都要到食堂吃饭，碗筷放在食堂，不准拿回家。我不能下地，就让我一个9岁的侄女帮我把饭打回来。有一天，吃完饭，她上学走了，忘了把碗筷送回去。

▲ 图8 芦荻在基地　　▲ 图9 2012年中国小动物保护协会联谊会合影　　▲ 图10 志愿者到基地植树

就这么一件事，他们说我损害公德，挖社会主义墙脚。又说我反对下放，政治立场不稳，同情旧文人，和党离心离德，包庇袒护"右派"。还说我爱穿旗袍，是资产阶级情调，对我审查了好长时间。那是我一生最艰难的时候。母亲没有了，政治生命没有了，怀中的幼儿却嗷嗷待哺，那种痛苦滋味，常人难以体会。不管怎样，我总是活了下来，没有给我划成敌我矛盾，我的历史也很清白。尽管如此，因为我是被开除党籍的人，就与我保持界限，这倒让我躲过了"文化大革命"的大磨难。此后，我被下放到江西。中南海之行后，又从北京大学调到中国人民大学。那里有我不少解放区时的老朋友，不会排外。

张：您是什么时候开始搞协会的呢？

芦：我自幼就喜欢动物。"文化大革命"当中，大概是1971年吧，1月5日我从干校回来，只有两个孩子在家，他爸爸找了一只狸花猫，让他们和猫玩，算是解闷吧。有一天夜里，猫跑出去丢了，我就和孩子们出去找。这一找啊，发现好多野猫，都是饥寒交迫，有的还受了伤。我就和孩子往回救，当时我们住在三里河，有两间比较大的房子，救回了很多受伤的猫啊鸟啊。没有狗，那时候狗都杀死了。20世纪80年代后期，我去美国看女儿。她要做事，没有时间照顾孩子，叫我去看孩子。我把当时已经救的100多只猫，租了个房子，请了两个人照顾。到了美国之后，才知道还有动物保护组织，就想回国之后也办一个。1989年9月，我开始申办中国小动物保护协会。叫这个名字，是受了一个叫大卫的美国朋友的启发。他在堪萨斯办了个动物保护组织，说只有这样才能救更多的小动物。当时也不懂什么国字头，3年之后，得

| 177

到国家批准。

张：您办协会的经费怎么解决？

芦：最初没想那么多，只觉得这些生命何等可爱，何等单纯，待人何等友好，为什么要受虐待呢？救护是出于本能。经费主要是用我的工资，用来买粮买药。1993年，世界动物保护协会（WSPA）还给了我们57 000美元，教我们如何给动物做绝育手术，一些美国、英国的朋友也来看望、捐助，问题还不大。但是，受伤被虐的猫狗实在太多了，救不胜救，负担就越来越沉重。我儿子在美国工作，定期给我汇款援助，也还是不够。南京有个佛教徒捐了不少钱，再加上我借贷的，变卖家产的，零零碎碎，再有大家捐赠的，你给窗户，他给木板，这个弄点吃的，那个捐点药品，就这么对付着。最近3年，我老了，心力交瘁，经济上负债累累，就准备换班。可最困难的问题正在这里，谁敢接？基地还在扩大，15年的使用期，明年的1月31日就到期了。谁乐意掏出这么多钱而且承受这么重的负担？不爱狗的人不行，没有经济实力的也不行，那狗不能挨饿啊。所以非常艰难。我曾经找到一个企业家，他说自己喜爱狗，但他爱的是名犬，而不是这些缺鼻子少眼睛的流浪狗。（指着袖子下的一只小狗，那小狗一直缩在里边，这时慢慢露出头张望）这只小狗是我从雪地里救出来的。在西红门，正拆迁哪，它半截身子被雪埋住，几乎冻僵了。工作人员刚把它从雪里刨出来就哭了，看见它嘴里还叼着一截火腿肠的皮，空的，咬得特别紧。它的背老这么弓着，我特别心疼。我最近准备给政府写封信，我时日无多，这个事情不解决，我死不瞑目。现在有将近1000条狗，6名工人，住宿、水电、维修、管理费都得交，还有狗粮、药品，一个月将近20万元。我活一天就共存，要是我死了，我多么希望，如果你们要写什么，就呼吁善良的人挺身而出，接管这个协会。企业家，做买卖，金钱利益是第一，不会真正关心到这些。

张：听说"四一五"事件中的狗也运到您这儿来了？就是2011年京哈高速上的那车狗。

芦：都在我们这里呢。我现在不敢再救了。吃狗肉的人那样多，每天高速公路上的运狗车一辆接一辆地过去，我无能为力啊！但是已经救下来的这些，我怎能再让它们受罪？我现在走路困难，天天吃药，没有亲人，儿女在美国久了，习惯了美国的生活方式，亲情都淡漠了。这不要紧，我就自己扶着，扛着。我要战胜一切病魔，多活一天是一天，把这个协会安置到尘埃落定，我才可以放心离去。

张：除此之外，您还有什么心愿？

芦：我希望能把毛泽东与我谈的一些内容，他的一些观点，他晚年的悲凉生活写出来。他的晚年很苦楚，很孤独，什么事也不让他知道，没有人告诉他。只有要利用他的时候，才让他写个什么批示。这事很敏感，我回头再说，但是我要把我所见的记下来。这件事情完成后，我还有一件小小的心愿。（哭泣不止）我的父母，他们埋在何处，我至今也不知道。

孟：他父亲葬在辽阳，墓地被铲平，找不到了。

芦：我想找政府，看看能不能找见，让我把他们遗下的几根白骨取出来，重新安葬。我不知道这几件事能不能完成。我们这一生，颠沛流离，吃苦无数，只希望民气平和，世事公道，小动物得到善待，不被宰杀。我说得太多了，对不起，你们是笔杆子，我希望你们还有一半的乡土之情，可怜可怜这些动物吧！

芦荻的声音越来越小，听得见的只剩抽泣。我们黯然，肃然，心被缠裹在一种巨大的压力中，四壁坚硬，密不透风，无处突围。那样的苦痛、奉献、艰难与期待，重叠交织，甚至找不到一句现成的话来作安慰，所有的日日使用的思维与辞藻，在这样的场合，都显得那样虚伪而无力。或许，我们真的只是笔杆子，摇一摇，喊几声，仅此而已。这算是道义上的支持，情感上的认同，人格上的敬重，却也是彼此距离的昭示：我们无心也无力改变自己的生活，用自己的肩头撑起一角天空，荫庇那些饱受虐待的动物和这位孤苦无依的老人。这样的选择，体现的是人类自诩为万物之灵的理性，得失利弊，一目了然，但终究让人郁闷、难堪，若有所失。

20世纪的历史学，提倡要客观中立，研究问题时尽量不带感情，来保证结论的可靠。芦荻 80 年的人生，前一半的主题是基于理想主义的革命，后一半则是基于人道主义的奉献，理想与人道，革命与奉献，是适时替换，还是水乳相融，或者本就是硬币之两面？这样的学术式探索自有意义，但是一旦身临其境，耳闻目睹这样的伤残病痛，心思便不可抑止地逆转。坐在你面前的，不是一个学术问题，而是活生生的一个人，一个饱经磨难、伤痕累累的老人，虚弱的声音，颤抖的手，分明在向你求助，向你呐喊！这样的时刻，最是难熬，说什么客观冷静，不过是掉头不顾却要心理平衡的遁词！但又能如何？笔杆子罢了！

乱石未迷归山眼　疏枝凌空适可依
——李零先生访谈录

被采访人： 李　零（简称李）
采 访 人： 张焕君（简称张）　孟繁之（简称孟）
录音整理： 李淑芳
执 笔 人： 张焕君

反对产生立场，刺激源于厌倦。此话怎讲？世间之事，有大有小，有真有伪，有急有缓，有常有变，这是能够跨越两界的仁者看法，很超脱。但是正如人心深刻难测，世间情事也是变化多端，换个角度来看，大可小，真可伪，急可缓，常可变，就看话是谁说，事是谁做。这里边似乎包含辩证法，体现的是面临选择时的智者心法。中国自古提倡仁智合一，如山水相依，雄浑之外，更有秀美附体，说的就是待人接物不仅要大气有境界，而且明察秋毫能断是非。这就涉及判断的标准问题，因此又有了所谓的立场。

崔健有一首歌叫《红旗下的蛋》，当年十分流行，唱的是20世纪四五十年代出生的人。这些人，大多生在新中国，长在红旗下，接受的是纯朴的革命英雄主义教育。如果生长在北京这样的首

▲ 图1　仝建平（左一）、孟繁之（左二）、李零先生（右二）、张焕君主编（右一）在长治学院访谈

善之区,就更是见多识广,阅历丰富。虽然,丰富不一定意味着好事,有时反而因为所见所闻过于深刻,更觉内外交困,彷徨迷茫,有常人不易觉察的撕裂之痛。"红旗还在飘扬,没有固定方向",大历史逐渐远去,尽管"挺胸抬头叫喊,是天生的遗传",但丧失了目标的生活,日渐细腻而猥琐,空中飘荡的是昔日声讨的金钱与权力之旗,地上爬行的是理想破灭后眼红手黑的昔日同胞,虽有喉咙,却无处发声。仁义充塞,满眼尽是伪装的正义与激情,真理成为不同阵营的共同武器,人民成了各路豪杰纵横捭阖时博取封荫的坚固盾牌。曾经痛骂踢倒的再扶起来,甚至可以成为手中猎猎挥舞的大旗,奔跑驰骛,炫耀于世界民族之林,如与"祖宗"有关的传统文化、儒学或国学;曾经引以为豪的被故意遗忘,甚至常常作为刀俎下的食材,因时而异,各取所需,为话题助兴,供饭后批驳,如与"革命"有关的战争、救亡或启蒙。混沌既破,人欲已开,道术已为天下裂,慕名而兴者有之,逐利而起者有之。但不约而同的是,在称述自家事业时,口舌中洋溢的无不是20世纪以来最为鲜活的系列大词,如科学、民主、博爱、自由,如信仰、梦想、复兴、崛起,让人神为之逸,肠为之抽,不甘又不敢,块垒郁结,如鲠在喉。

鲁迅说:不在沉默中爆发,就在沉默中死亡。死亡不易,爆发亦难,更多的时候,是对扰攘喧嚣的深深厌倦。情难自抑之际,说几句话,写几个字,便如料峭之风,钻心入肺,痴迷者或兀自痴迷,欲醒者则蓦然清醒。这是清醒者的反对之声,是过来人的醒世之音。虽然清醒之后,两脚仍在苍茫大地中,欲渡黄河冰塞川,将登太行雪满山,但至少眼明心亮,不能再让人随便揉沙子,也就不会再轻易盲从。

李零先生便是这样的人。先生山西武乡人,北京大学教授,这是先生最为珍视的头衔。先生生于1948年,高中毕业后,上过山,下过乡,内蒙古

▲ 图2 在周易新书座谈会上

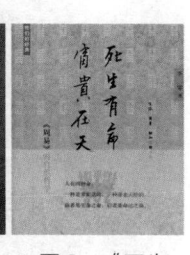

▲ 图3 《死生有命 富贵在天》书影

两载，山西5年，参加过大辩论，也当过小学教员、生产队会计，经历可谓丰富。"文化大革命"后期，对轰轰烈烈的政治运动感觉厌倦，开始埋头读书。乡村僻静，正好读书，古书、野书，来者不拒，拍案低吟，皆见性情。1975年年底返京，1979年入中国社会科学院研究生院考古系，师从张政烺先生做殷周铜器研究。毕业后，先后从事考古发掘、先秦土地制度史研究，在《孙子兵法》、古代方术的研究上用功尤深。20世纪八九十年代，先生潜心学术，成果迭出，在考古、古文字、古文献研究上尤其突出，所著《长沙子弹库战国楚帛书研究》、《〈孙子〉古本研究》、《吴孙子发微》、《中国方术考》、《中国方术续考》、《郭店楚简校读记》等鸿篇巨制，皆能考据严谨，还原历史场景，力求不误读不曲解，从而奠定了他在学界的地位。中国社会科学院研究员赵超先生对他的研究方法十分肯定，认为李零"不用现代人的想法去解读古人，这是真正的学术与政治宣传、时髦看客之间的本质区别"。但李零志不在此。虽然读古书，治古学，他却不愿也不能只做一名不食人间烟火的书生。心游千古之上，身在红尘之中，便无法不去关注现实，乃至经世致用。北京大学唐晓峰教授说他"恰恰不是埋头读古书的人，他的现实感受力极强，每次大潮起来，他都能意识到其中的问题，非常清醒，也敢于对潮流说不"。杂文是他直抒胸臆的武器，也使他在学界之外暴得大名。早在1996年，他的第一本杂文集《放虎归山》便已问世，其中的一些名篇，如《太史公去势》、《文人相倾》、《汉奸发生学》，更是广为传颂。2005年后，他更是以一年一两本的速度出书，《花间一壶酒》、《兵以诈立》、《丧家狗：我读＜论语＞》影响最大，虽在学界有争议，却受到读者欢迎，还连年被各大媒体评为年度好书。这样的个案百年难遇，他略带邪气却十分漂亮、干净利索的文笔（包括他习惯使用的"括号体"），也成了当今学界各路学人思维僵化固定、语言干瘪空洞的最好印证。

李零讨厌被归类，不愿代表别人，也不愿被人代表。他说自己不是蜚声海内外的著名学者，也不是什么大师，甚至不愿承认自己的知识分子身份。他坦承："我一直在逃，从专业学术的腹地逃向边缘，从边缘逃向它外面的世界。"他觉得"读书人"比"学者"或"知识分子"更受听。因为真正的读书，都是兴之所至，爱看就看，不爱看就不看，雅的俗的都不拒，根本不像学者，读书等于查档案。最近十几年，大学有钱了，学者也跟着脱贫致富，但一言一行，都让人觉得是那么矫情，都离不开"名利"二字。学术文化的各式圈子里，那些满嘴自由主义、唯美主义（即唯美国马首是瞻的那个主义）、人文关怀和知识分子良心的人最吃香，最能成为优秀代表。他们在单位溜沟子拍马，虚名实利，一样不能少。助纣为虐，行若由夷，与时俯仰，清浊通吃。这种做派，名利兼收，蔚然成风。不客气地说，现在的学者大多是知识残废，离开家门一步就找不着北，即使讨论他们最擅长的学术问题，也多是一隅之见，不加改造，根本无法与读者见面。

　　李零先生自称胆子小，但写文章却是简洁明快，不留情面，不玩虚套花活。《丧家狗：我读〈论语〉》出版后，引起一片轩然大波。很多人根本不看也不理会作者的真实意图，只凭借书名中的"丧家狗"，认为这是诋毁圣人，排斥国学，便骂李零"不是一个好鸟"，居心叵测。事实上，李零最为反感的，正是这种不问青红皂白一拥而上的做法，无论是唱赞歌式的颂扬，还是肉体消灭式的批判，都带有40年前的凶狠味道。他以牙还牙。从康有为开始，提倡国学正是为了与西学对抗，而对抗之中，暗中偷学西学精髓，甚至许多名词术语不都是从西方以及作为二道贩子的日本转译过来的吗？民国时期的国学大师，如王国维、陈寅恪、郭沫若，哪个不是中西兼通？又哪里还有纯粹的国学？进而言之，孔子自古多变幻，有先秦的孔子，有秦汉的孔子，有宋明的孔子，当然也有现代的孔子，都是各个时代的政治家、学问家根据需要给孔子涂脂抹粉，哪个才是真实的？历史研究可以现代化，但历史本身不能现代化，时装化的历史观离真实的历史最远。秦汉之后，中国便是政教分离，强调的是国家和文化的大一统，宗教并不重要，当然也就不需要什么教主，孔子被视作圣人是在道德层面上，也与信仰无关。为何到了现如今，反要孔子做"通天教主"，不仅负责国内的文化复兴，还要四海一家，统一全球各大宗教，把基督教、伊斯兰教、佛教都要收归旗下，这是哪门子的传统？这又是什么文化？所以，李零反复强调自己做的就是"祛魅"，逐章逐句地解读，认认真真地考证，为的就是还原一个真实的有血有肉的真孔子。

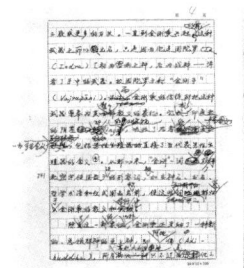

▲ 图4　李零先生手迹

20世纪的中国，主义满天飞，革命最关键。救亡图存要革命，反帝反封建要革命，打土豪分田地要革命，推翻旧政权建立新政权更要革命，甚至"破四旧"也需要"文化大革命"。革来革去，把人们革怕了。谈虎色变，提到革命就摇头，所以无论是"左派"还是"右派"，自由主义还是保守主义，都要告别革命。革命成了贬义词，与革命相关的暴力更成了所谓现代专制得以产生的罪恶渊薮。李零不信这个。逆流而上，他说中国革命的案不能翻。为什么呢？第一，革命使中国摆脱了列强的瓜分，第二，结束了中国近代以来四分五裂的局面。当时的局势就是要先解决挨打问题，再解决挨饿问题，其他的只能慢慢来。我们不能好了伤疤忘了疼。他从学理上分析。中国革命的一面重要旗帜是"反专制"，国民党、共产党都打这个旗号。专制和民主是两种东西方都有的政体。在西方，专制原是希腊对波斯的诬蔑，近代以来被泛化，成为帝国主义诬蔑东方古国、亚非拉、伊斯兰国家乃至共产主义的应手武器。他们把专制主义与绝对主义、共产主义与极权主义（法西斯主义）一锅乱炖，混合了不同历史时期的不同概念。给人的印象，似乎民主自古就是西方的基因，东方的基因则是专制，全是胡说八道。诚然，秦始皇之后中国就是中央集权的帝制国家，称之为专制也不为过。但是，在古代这种国家体制却是代表先进。与古代的中国相比，中世纪的欧洲简直是五胡十六国，小国林立，书不同文，车不同轨。所以，近代欧洲的革命分两步走，先借专制反封建，搞所谓的"开明专制"，榜样就是中国，再借民主反专制，这时连榜样一块儿反。民主，以及自由、法制、人权这些好词，全是欧洲革命的遗产，随后才与"革命"一起，进口到中国。可以说，革命是西

▲ 图5　与友人去小汤山看望俞伟超先生（自左至右：唐晓峰、李水城、俞伟超、罗泰、李零）

方民主他爹，也是中国民主他爹。要讲民主，就别骂革命。骂革命，是数典忘祖，就别谈什么走向共和。进而言之，革命的目标是民主自由，但民主自由也是一个历史性的概念，并不是生来就是现在这样。英美式的民主自由，是建立在掠夺、屠杀、黑奴贩运、殖民地的基础上，印第安人的保留地、美国的黑人民权运动，揭开的就是当年罪恶的伤疤。即便如今，美国式民主的核心支撑仍然是美元加美军。文治靠耍钱，武功靠玩弹。穷奢极欲，穷兵黩武，以前的朝鲜战争、越南战争，用的都是自由的名义，后冷战时期的四大战役：海湾战争、科索沃战争、阿富汗战争、伊拉克战争，祭出的法宝还是民主自由。小布什说话很直接，谁反对美国谁就是恐怖国家。反过来说，只有参加以美国为首的军事集团和金融集团，才有资格叫民主国家。民主的背后，是美国人主宰的世界秩序。然而让人奇怪的是，我们的一些精英知识分子却无视这样的常识，混淆概念，抹杀历史，捧起来是一套，骂起来又是一套，自说自话，自掌自嘴，如何让人信服？李零把这种思维方式称为"回溯性差异"，说他们"爸爸不亲爷爷亲，反认他乡是故乡"。

　　李零不愿被归类，事实上他也最难被归类，虽然归类是划分阵营最简便的方法。现在社会上常见的对知识分子的分类方法，新与旧，自由或保守，"左派"与"右派"，在他身上都不适用。用他自己的话说，就是"有点不识时务，逢左必右，逢右必左"，总是呛着来，不愿与时尚趋同。他专研中国古代文明，却说西化是大道理、硬道理，土的再挣扎也包裹在洋的里面，传统早已是欧风美雨沐浴过的传统。这样说，并不等于他承认西化的天然合理性。相反，他对美国式的民主十分警惕，自称反帝不脸红。"文化大革命"对于他和他的家庭而言都是一场灾难，但他并不因此否定革命对于时代的必要性，更不相信民主自由会像孙悟空一样，无根无源，能从石头缝里蹦出来。他批评知识分子，经常引用王蒙的话："认得几个狗字，有什么了不起。"赞赏农民生存的智慧和能力，说他们虽然没有历史，却一样有生活，有血有肉，有泪有笑，自己之所以偏爱杂文，也只是书写凡人小史。但他坦承并不愿意做农民，并调侃说如果将博物馆交给农民去办，里边陈列的不是女尸，就是五条腿的驴。这一切看上去矛盾，实际上却有一以贯之的内在认识。张木生先生在他的《改造我们的文化历史观：我读李零》中总结李零的文化历史观：你有你的一定之规，我有我的路径选择，反正中国人要生存，要温饱，要发展，只能靠自己，拿欧美历史作标准本身就有大问题。在我看来，这样的文化历史观放在现实生活中，就是能够回到一种自由、独立、有滋有味的质朴生活，不吹捧，不打压，无迷信，无盲从，能说理，能交流，有智慧，有情趣，有公认的秩序，有真实的良知。用毛泽东的话说，就是一个鹰击长空，鱼翔浅底，万类霜天竞自由的自由世界。

李零先生不习惯在公众场合说话，他说最怕看到电视中自己那张脸，为此拒绝了央视《百家讲坛》、香港《凤凰卫视》的邀请。2013年9月，应长治学院之邀，李零先生回到家乡做短期考察。承蒙繁之兄安排，李先生虽然不太情愿，仍然接受了我们的采访。话题并未按照原定的采访提纲，看似散漫，但李先生说话时的专注神情，分明在告诉所有听者：这是严肃的对话，是十分正经的事儿。因为里面有他的忧虑在。

张：李老师您好，很荣幸您能接受我们的采访。其实，所谓的采访，也就是随便聊天，不用太正式。

李：行，这样比较随意，不过要是弄成文字的东西，还要加工，我又不是那种出口成章的人。平时说话可以随便，没头没脑也无所谓，人家也不能把你当成中央首长，说话可以断断续续，供大家从中窥察风向。

张：我们根据录音稿整理出来的文字，只是稍微做些修改，应该不会有太大的差距。

李：以前有人采访我，完了改得都不像我说的话。有的记者瞎写，说我"如是说"，但其实每一个字都不是我说的。

张：整理是根据录音稿，我们一般不大动，只是在文章开头加个按语，相当于背景介绍，这些都用不同的字体标注。

孟：今年第3期采访的是皇甫（束玉）老，我认为在所有访谈录中那篇最出彩，问出了一些问题。我印象最深刻的是那段，说他在外面闹革命，父亲却在家乡被当作反革命镇压了。所以30多年没回家乡。

张：对。1936年。

孟：但他只是说，作为革命者，就是这个样子。是吧？

张：对。我当时问他是什么感觉，他说："就那样呗。"能怎样呢？还要活下去呢。

孟：或许，他认为那就是革命。

张：革命就是那个样子。所以，有时候学历史，真是越学越糊涂，尤其是近现代史，总觉得很隔，也很难理解当时革命者的心态。当年反帝反封建，可我们这一代人对帝国主义……

李：帝国主义好着呢（笑）。

张：也没什么感受。只是觉得当年搞民主，争自由，但等到在野的变成上台的，往往反其道而行之。有些人一生效忠，即便被打死也不改初衷，真有这样的人吗？我总觉得这是编出来的。如果真是如此，那真让人无法理解。

李：你这么想，也是一种洗脑。就是把原来的洗掉，又回到前边的那种认识。之所以对这些人有这样的不理解，也是因为你有感于现在（的种种问题），发牢骚罢了。以前的历史也不是他们说的那样，你多看些史料，了解当时的社会气氛，就会觉得好多说法都是胡说八道。今天还有人跟我说简化字破坏了中国文化的韵味，都是瞎说。那是台湾人给你洗脑！这些说法都是不胫而走，似乎有道理，实际上毫无道理。我们学过古文字的人都知道，怎么就改变了古文字的韵味？任何楷书对古文字都有破坏。你比如说，现在简化字中万岁的"万"，战国文字中就有了。碑刻、墓志上大量的碑别字、俗字，包括"二王"，包括大书家写的字，都有简化字。你说这些大书家就不知道他写的字都是破坏？这不都是胡说吗？

孟：对。其实，简化是任何文字都要经历的过程。

张：以前听裘锡圭先生讲课，他说战国文字中就有很多简化字。再说，草书不也是简化字吗？

李：对，草书也是啊。简化字方案里有相当一批就是草书。草圣写的你也说没有文化韵味，谁写的有？

张：现在大家都写简化字，看古文就有些怵。

李：我们古文献专业的学生刚入学也不会写繁体字，但只要学也没什么难的。我自己有亲身经历。学完繁体后学简体，学完注音字母学拼音，脑子里就有了一开关，如果稿子是给中华书局写的，啪，一扭，就按照繁体字写。如果是给三联书店写，弄成繁体反而麻烦，编辑还得一个一个地改。而且，我不觉得简化字有什么不好。因为我对文字改革的历史也留心过，那个简化字方案很考究。

张：对，脑子要经常转弯儿，给三联书店、商务印书馆就用不着写繁体了。

李：台湾人没有这样的经历，所以不理解。简化字刚开始看确实看不懂，但等它变得强势了，国际上承认，那他也没辙。照样订你的杂志，看你的文章。不过，他们过去确实偏见很深。我原来在美国的时候，看台湾人编的华语报纸，有个人说大陆的简化字匪夷所思，他认为排字厂工人排简体字，肯定是共产党的干部用手枪顶着才干的。我说正好相反，你现在找个工人来，拿手枪逼着他排繁体字还差不多。他根本就不认识繁体字了。

张：这是不是文化正统权的争夺？历史上南北分裂时期，南方的汉族政权总是这种意识更强一些。

李：两岸隔绝多年，有这样的差别原也不足怪。但为什么一说这个东西，大陆的人就靡然风从呢？原因还是文化气候。30年前吃亏吃多了，就念起国民党的好来了。其实，他根本不知道国民党原来是什么样的。

张：现吃的亏时代近，感同身受。国民党离得远，早已是个传说了。就像"文化大革命"。

李：对，"文化大革命"到底是怎么回事儿，很多人恐怕并不清楚。

张：说毛泽东时代好，为什么？廉洁。之所以这样说，是针对现在贪污腐败。这种说法，是以古讽今，以古非今。

李：我们生活在一个没有革命也没有战争的时代，对革命和战争的理解就非常隔膜。我不过是想尽量地接近历史真相。我年龄稍大一点，跟过去的事情离得近一点，和那个时代的人有所接触，所以认识不太一样。

张：现在抗日战争史研究很热，相关的电视剧也多，国民党正面战场抗战受到越来越多的肯定。很多人更进一步，开始怀疑共产党在抗日战争中的贡献。对这种现象，您怎么看？

李：首先要明确一点，在战争状态下，共产党很难会说国民党的好，国民党也不会说共产党的好，国共合作时可以说，关系一破裂就不能说了。我曾经在中国科学院查阅抗日战争时期解放区印的书，包括毛泽东、朱德的那些书，跟正式出版的《毛泽东选集》也不一样。那是经过删改的，因为当年他跟友军合作，经常要引用一下国民党的某某将军说的话。后来兵戎相见，这些话引文就必须删了。国民党也是如此，他也不会引用周恩来说过什么。所以，国民党也没有说过共产党的好话。要说掩盖历史，互相都是掩盖，这是当时的环境决定的。你说国民党不掩盖？那怎么1945—1949年的历史在台湾的教科书里是空白？学生很好奇，"中华民国"怎么这段时间就没有了？这个你连问都不能问。

张：对，日本投降后这段历史，无事可记。也可能是羞于启齿。

李：连年走麦城，当然不能提了。现在总说国民党正面抗战，它代表中国政府，当然要正面抗战，没什么大惊小怪的。而且，国民党的正规军都打了那么多烂仗，共产党在敌后是完全不同的概念，怎么能说共产党不抗战？不抗战，怎么搞国共合作？而且是在全国人民的一致要求下，蒋介石才放弃内战，不然他还是要剿共的。现在有人居然说当时如果把共产党剿灭了中国就好了，还讲张学良、杨虎城都是历史罪人。就是因为他们跟共产党合作，国民党最后丢了江山。他们根本就不理解"西安事变"怎么发生的。张学良从东北到了内地，因为不抵抗感到内疚。蒋介石呢，则是一直在等待国际救援，他们确实都不想抗战。蒋介石在南方，根本就不打算管北方。张学良就跟咱们老阎（锡山）、杨虎城商量，打算成立一个北方的联合抗日政府，共产党也参与其中。这才是"西安事变"的真正背景。甚至像盛世才这样的人，也要抗日，国共两党不管选择谁，要抗日是无可置疑的。这有什么错？关于这段历史，也有很多演义，比如说张学良想杀杨虎城之类的事，有很多，但这些都不能改变根本的东西。中国最终走向抗战，这怎么就不是一个好事，成千古罪人了？评价张学良、杨虎城这些人物的历史功过，关键是看他对历史发展的大脉络所起的作用。

张：现在研究历史很重视细节，但容易使历史事实碎片化。

李：细节要研究，但你要有一个总体的估价。否则，你写战争史，追求细节的真实，那么打仗就是血肉横飞，但你不能只是写一个血肉横飞就完了。对蒋介石来说，一直面临一个问题，想统一中国，但力量不足，割据势力又太多。他的办法就是让各个割据势力相互消耗。在他眼里，共产党也是一种割据势力。所以长征中他围追堵截，让沿路军阀都跟共产党打。不管谁打输了，对他都有好处。

张：他还可以趁机进入别人的地盘。

李：对啊。他折腾了半天，到解放战争时，内部的派系斗争还是他溃败的一个原因。他解决了什么？什么都没能解决。李宗仁、白崇禧他能消灭？阎锡山、三马[①]能消灭吗？都不能。谁把他们消灭了？是共产党完成了统一大业，共产党等于是他的遗嘱继承人。共产党一扫，什么割据势力都没有了。这些人到了台湾他就不割据了，手里没枪了。咱们阎（锡山）院长能干什么

注释：

① 三马：指西北军阀青海马步芳(1903—1975)、宁夏马鸿逵(1892—1970)、甘肃马鸿宾(1884—1960)。他们都属于河州（今甘肃省临夏回族自治州）回族军人集团，相互之间盘根错节，曾控制宁夏、青海、绥远等省区及甘肃、新疆的一部分，影响西北政局数十年。

▲ 图6　20世纪70年代，青年李零读书留影　　▲ 图7　20世纪70年代与父母亲在寓所前

呢？都是闲职，到阿拉伯当大使去了。统一全中国，不是谁想干就能干的，蒋介石想了多少办法都没能解决，共产党最终完成了。1949年新中国建立，为什么中国人都欢欣鼓舞，举国沸腾？就是因为这是100年来中国人第一次站起来，不再受人控制，不是谁想欺负就能欺负的了。朝鲜战争之后，就连美国也发怵！这就是当时中国人的感觉，扬眉吐气啊！为什么那么多才智之士要抛头颅洒热血地去闹革命？像方志敏说的那样，就是为了拯救"可爱的中国"，不让她"亡于帝国主义肮脏的手里"。

张：为了反帝闹革命，可以理解，但不能因此就说假借革命之名的一些行为就是对的。

李：蒋介石在抗战中跟美国顾问关系很不好，可以看出，他也想摆脱帝国主义，但是做不到。就像现在叙利亚这些中东国家，他能惹起美国？所以我常说对于欠发达国家，最迫切的问题有两个，一个是民族独立，一个是国家统一，都离不开大国的支持，不是欧美，就是苏联。这很自然。新疆的"三区革命"[①]，那都是跟苏联干的，我们还得支持它。从现在的

注释：

[①] "三区革命"：1944年11月，因为不满盛世才推行的"献马运动"，新疆伊犁、塔城、阿山三区爆发革命。苏联内务人民委员部强力干预，组织大批人员赶往阿拉木图指导暴动，内务人民委员贝利亚亲自坐镇指挥，成立"东突厥斯坦共和国"，组建民族军，前锋推进至玛纳斯河畔。蒋介石派张治中与其谈判，1946年签订《和平协定》，取消"东突厥斯坦共和国"的名称，改称为新疆伊犁专区政府，建立联合省政府。

角度看那等于是分裂祖国啊，可在那时候不这样做反而是落伍，只要分裂出来，就是脱离帝国主义和军阀、国民党的反动统治，所以才会有现在看上去很不合理甚至不可思议的做法。

张：从某种程度上说，国民党是为渊驱鱼，把统一之前需要做的都做了。

▲ 图8　20世纪90年代与老师张政烺先生

李：做了一部分吧。北伐的时候，也有共产党，国共并肩作战。蒋、冯、阎、桂，各系军阀都跟蒋介石打过，最后就算名义上归附了国民政府，实际上并没有解决问题。

张：我有一个感觉，研究古代历史，哪怕是几千年前的事，好像都能说得头头是道。反而是眼前的历史，仅仅隔了几十年，倒说不清楚了。

李：眼前的问题看不清是因为你身在其中，有利害关系在，现实的政治冲突你撇不开，不能站在各种冲突势力之外看，必须深入到里面去。

张：近代史上的好多事，对于我们来说，只能通过阅读来了解。书上写什么，我们就知道什么。虽然未必全信，但这就是最主要的信息来源。

李：所谓洗脑，不就是你原来接受一种思想，人家又拿来一种，说你以前的是被洗脑的，他就再给你洗一番。现在大陆上很多人不都是被国民党、被美国的意识形态洗脑了吗？

张：什么东西宣传多了，热起来了，就会掺杂很多人为的因素，失真的成分也比较多。

李：比如说蒋介石搞"抢救大陆学人计划"时，你要真了解那个时代，就知道真没有人跟国民党走，因为那是很丢脸的。民众已经人心涣散，美国靠山也不要他了，谁会想去台湾？只不过是你后来搞政治运动，知识分子受到冲击以后，才说还不如去台湾呢，那是现在后悔，但当初没人愿意去。包括"中央研究院"那11个走了的院士，7个去了美国，留在台湾的只有4个。[1]1993年，我在台湾，正赶上"中央研究院"选举，他们提出要本土化，因为那几年选出的院士都是美国人。在台湾，凡是反蒋的人都不愿意在那里待着，包括作为自由派的胡适，包括阎长官的后代。虽然对台湾不满，但也不能回大陆，就只能上美国。去美国的人，或者逃共，或者逃蒋。台湾并非人人拥护蒋介石，蒋经国表面上好像有些威望，还有人说他是什么"民主之父"，什么呀，他是间谍王，戴笠、毛人凤之后就是他啊。国民党就是靠特务统治的。

张：很多人认为蒋经国受过完整的苏联式教育。

李：他们逃到台湾以后，实际上一直在学共产党。第一就是整风，而且是拿着共产党的文件搞整风，然后又搞"土改"什么的。在这些过程中，台湾的左翼、共产党以及本土人士大量被杀，那都是被蒋经国杀的，不能全怪老蒋，他是管情治的呀[2]。这就是民主之父！

张：所以是离得越近越说不清。

李：所谓的民主，就是把街头政治换成选举政治，但街头政治并未消亡，照样有。（沉默）但是现在的人们，一张口都是这一套。

张：您这几年常回山西吗？这边亲戚还多吗？

李：去年清明回来了。我爸爸这边的亲戚不多了，我妈妈那边的还不少。但都是下一辈了。一回村子里感觉挺难受的。好多人都出去打工了，好多都不认得了。

张：您是1970年插队回村里的？插队都是统一组织的吗？

李：有统一组织，但是我没去。我们学校有去山西的，也有去东北的。我跟几个朋友去了内蒙古，待了两年才回来。我父亲觉得以后在北京也没什

注释：

[1] 1948年"中央研究院"选出的第一批院士共81人。1949年，傅斯年、李济、王世杰、董作宾去了台湾，陈省身、李书华、汪敬熙、林可胜、李方桂、赵元任、萧公权去了美国。

[2] 情治，即台湾的情报与治安系统，源于国民党在大陆时期的军统和中统。现在，主要由"国家安全局"、"国防部军事情报局"、"国防部电讯发展室"、"国防部军事安全总队"等情报机关组成。

么前途，加上他的老朋友高沐鸿①、王玉堂②也都押解回武乡了，就让我回去看看房子能不能修，打算回老家。我是属于打前站的。虽然我父亲后来没有回来，但我在武乡一直待了5年。一般人，"文化大革命"也就结束了，我父亲过了13年才解放，他到1979年才平反昭雪。

张：什么罪名？

李：革命时间太长，疑点太多。

张：您父亲是先入国民党，后入共产党？

李：对清朝来说，国民党也是革命党，都是逆党。我父亲看到南方在闹革命，就去了南方，那是1927年，跟尚钺③一样。那正是国民党大屠杀的时候，他加入共产党。

张：1927年，国共两党的纲领差别大吗？

李：他们原来的目标都是反帝反军阀，打倒列强，这是共同的。问题是国民党很快就发现共产党是发动底层民众起来的，要斗地主，就会有革命军家属被收拾，很多人就反过来了，变成还乡团，回来杀这帮泥腿子。所以你也不用说谁残酷，双方逮住对方都是往死里整，地主与贫苦农民也是如此，这就是当时的历史。这还不是最可怕的，最可怕的是被自己人杀掉。你要参加革命就得有这准备。尽管如此，还是有人追随革命。我父亲在黄埔军校时

注释：

① 高沐鸿（1901—1980），武乡县故城村人。与李零先生的父亲李逸三先生（1906—2003）交情笃厚，共同创办《星光》月刊、《武乡周报》，两人又都是狂飙社的重要成员。所著《少年先锋》，主人公原型即为李逸三先生。抗日战争期间，先后任《黄河日报》总编辑、太行文联主任。新中国成立后，担任过山西省文联主席、省委宣传部部长、省图书馆副馆长、省政府副主席等职务，是山西著名的文化人士。

② 王玉堂，山西武乡人，著名作家。与李逸三先生在太原国民师范学校同学，一生过从甚密。新中国成立后，曾任山西省文联、省作协副主席等职务。

③ 尚钺（1902—1982），著名历史学家，与李逸三先生同为狂飙社成员。1927年南下投身革命，抗日战争后，先后在北方大学、华北大学任教。中国人民大学成立后，曾任历史系主任，与李逸三先生同事多年。

还不是共产党员。击败夏斗寅叛变后[①]，他所在的部队奔赴南昌参加起义，晚了一天，没赶上，随后转战广州。他是在广州起义后革命力量最消沉的时候加入共产党的。

张：那时候的信仰才是真正的信仰。

李：南方天气热，起义军都戴着红领巾，只要看脖子上有红印的都杀，失败后我父亲躲到乡下的红薯地里。高沐鸿的《少年先锋》中说，一个女的把他们藏起来。那是一个普通农村妇女。她说我不懂得发生了什么，但什么革命能把孩子们都杀了？这触动了我父亲，他跟我奶奶关系很好，所以就特别想家。

张：广州起义以后就回来了？

李：没有。他是1932年年底回来的。

张：资料上说1928年他回到武乡，高沐鸿害怕他有危险，拿路费让他赶快离开。

李：对，是回来过一次，时间很短。就是这次回来，他给高沐鸿讲了革命的经历，后来以他为原型，写成小说《少年先锋》。在家的时候，我爷爷骂他共产共妻，二人发生冲突，他就去了洪湖，任游击第二纵队政委，是红军的领导者之一。洪湖肃反时[②]，他先是在上海向中央汇报工作，返回途中被关押在武汉的监狱中将近3年，幸免于难。回到武乡后，他建立共产党组织，任县委书记。"文化大革命"时不让写国民党史，很多领导都是抗日战

注释：

① 夏斗寅叛变：1927年5月17日，国民革命军独立第十四师师长夏斗寅通电攻击共产党"以暴民政治扰乱两湖"，率军进逼武昌。武汉政府任命叶挺为前敌总指挥，率二十四师及中央独立师（由中央军事政治学校和农民运动讲习所学生编成）出城击敌，将叛军击溃。李逸三先生当时正在中央军事政治学校。

② 洪湖肃反：1932年5月至1934年6月，由夏曦在洪湖革命根据地发动的肃清所谓改组派、托派、AB团等反革命势力的政治运动。上万人被逮捕杀害，更多的人遭受各种酷刑，段德昌、王炳南、柳直荀、陈协平等红军创始人也遭处决，直接导致根据地在反围剿战争中的失败，极大地影响了人们对党的信仰。

争出来的老干部,根本就没见过"文化大革命"时期的情况,觉得不能写。批斗我父亲时,根本不承认他是武乡共产党的创始人,说他是武乡国民党的创始人。我父亲说没错,我既是国民党的创始人,也是共产党的创始人。

张:先有国民党,后有共产党。

李:国民党原来也是革命的党,肇造共和,推翻清王朝,功劳很大,要不现在我们还有皇帝呢。这两年有人想把皇帝请回来,你到哪儿请啊?溥仪连生育能力都没有,没法继承。

张:要不还真说不准会弄出一个皇帝来。老看清宫戏,大家都觉得当皇帝挺好。

李:当皇帝的滋味也不是那么好受的,溥仪自己都不想当。你看清宫戏就知道,皇宫里都是什么人?女人和太监,唯"女子与小人"为难养也。很多亚非国家推翻皇帝比较容易,欧洲好多国王都没被打倒,亚洲好得多,尤其是中国,更彻底。

张:我有时想,中国两千年帝制,说不要就能不要了?

李:中国历史有一条很重要的线索,就是中国人可以一直造反。皇帝权威虽高,但人们要是不承认你,说你不"替天行道"了,起而代之,就很容易推翻。

张:天命可以转移。

李:天命可以改变。中国没有宗教统治,也不需要宗教革命。中国文化最大的优点就是这个。你看阿拉伯世界,搞个世俗革命有多难,中国太容易了,因为我们原来就是世俗政治。只要把皇帝打倒了,什么事都没了,马上就是共和国。

张:《尚书》中就有"革命"的观念,天命可转移,有德者居之。

▲ 图9 李零先生读碑

乱石未迷归山眼　疏枝凌空适可依

李：推翻清朝还有一个很好的借口，强调"华夷之辨"，满族人统治汉族人，那是异族入侵，当然要推翻。不像清宫戏里，觉得清王朝可好啦。隔了一个时代，就有这样的错觉。我在美国时没事翻看章太炎的东西，他当年在日本鼓吹的就是种族革命，特别受欢迎，因为说到每个人的心坎里了。孙中山说要"驱除鞑虏"，使清皇帝的合法性面临很大的问题，他是外族啊。国民党利用会党闹革命，会党就是反清复明的。国民党一开始就有帮会背景。

张：现在关于国学、传统文化，说得很多，范围很大，反而闹得稀里糊涂，抓不住根本性的东西。您有什么看法？

李：当年康有为有感于西方的宗教改革，在中国要搞出一个孔教当国教。日本把溥仪弄到东北去了，有了皇上，还要成龙配套，就扶植孔教，搞了一个孔教会。当年国民党禁止孔教会，说什么"近察有汉奸和共党分子要立孔教会"，共党哪里要立什么孔教会啊？把它和汉奸放在一起，不过是出于意识形态上的考虑。

张："五四"之前北洋政府号召"保教保种"，也是在意识形态上有意识地跟西方对抗？

李：是。你有基督教，我就有孔教，这样才能对等。这跟你有坚船利炮，我也有坚船利炮，才能跟你对着干，是出于同样的心理。

张：因此很多人不同意把儒家称作儒教，因为它没有宗教性，敬鬼神而远之，讲的是人间德行。

李：对，它比较世俗，尽管是官方意识形态，但并不是宗教。这点和西方不同，中国没有上层精英信教。欧洲只有经过宗教改革后，大学里不信教的人才多起来。咱们现在的知识分子和欧美大学的自由知识分子一样，根本就不信教，而且比他们更彻底。不信教，不等于就是无神论。他是不关心那个问题，没有所谓的宗教关怀。琴棋书画，他迷恋的是这些。对灵魂，不论是你的我的，会怎么样，不关心。

张：对家族绵延、家族教育更关心，操心的是子弟成才、成器的问题。

李：对。最主要是想当官。当的都是世俗的官，他不去当和尚。这才是中国文化最根本的一条。

张：对儒家的批判，是把它作为官方意识形态来批的，其实它还体现了民间的文化传统与习惯。

李：也不完全是民间的。汉代以后，它是官僚士大夫的精神世界。说它重要没错，但经常被掺杂进其他东西，弄得乱七八糟。比如蒋介石，他迷阳明之学，老婆信仰的却是基督教长老会。所以他脑子里就是一个大杂烩，美国新教和宋明理学糅在一起。他推行儒教，也不是作为宗教要推行给老百姓。老百姓根本就不信这个，咱们山西这些庙里的神灵够他们信的了。他是给他那帮军人预备的，新生活运动就是从军人开始，他要抓的是党风、军风建设。到现在台湾还在讲传统伦理、国粹、礼仪规范，大家觉得传统文化的中心是在台湾。当年蒋介石专门成立了一个文复会①，口号就是实现中华民族的伟大复兴。那时咱们正在搞"文化革命"，人家就搞文化复兴。

张：也在20世纪60年代？要复兴什么？

李：1967年搞的。文化复兴，说白了就是复兴道德。

张：道德？有具体的时代背景吗？比如汉唐，或者宋明？

李：只是一个抽象的概念。那时美国有个反共的基督教组织，鼓吹全世界抵抗共产主义，说他们有最好的道德。想理解这样的组织，只要看看杜维明②每天干什么，你就知道了。就是要建立一个世界宗教。我们知道，宗教之

注释：

① 文复会：全称中华文化复兴运动委员会，为与大陆"文化大革命"相对抗，1967年成立，蒋介石任会长，孙科、王云五、陈立夫任副会长，钱穆、林语堂、钱思亮、孔德成、王世杰等人都是重要成员。所谓文化复兴运动，并非对传统文化全盘接收，而是一场以"伦理、民主、科学"为本质，以三民主义为范畴，以全国国民为影响对象，并以"讨毛反共"为目标的运动。兴建文化设施，出版儒家经典，推动公民礼仪，倡导国民生活。李登辉上台后，提倡本土化，文复会被视作将台湾"中国化"的专门机构，功能消解，影响丧失。

② 杜维明：1940年生，现代新儒家的代表人物，儒家文化的重要传播者，哈佛大学资深研究员，国际儒学联合会副会长。早年师从牟宗三、徐复观，着重诠释儒家传统，重视儒学现代生命力的发扬，现在更为关注文明间的对话、建设"世界伦理"等重要话题，致力于推动儒家文化的现代化与世界化。

间最不相容，但很多人都说要建立世界宗教。问题是把所有的宗教装到一个筐里，谁领导谁啊？文复会声称可以包含基督教、伊斯兰教，但它们最后都要归儒教领导。这就是一些人的中国梦，其实模仿的是美国梦。

张：美国人讲个人英雄主义，中国人是什么主义？集体主义，还是国家主义？

李：也不一定。大一统从来都不是铁板一块，内部都极其松散，一旦控制不住，马上就散了。中国的一个单位里，成天打打闹闹，矛盾特别多。最好的办法就是提倡个人主义，都来点个人隐私，你也别管我的事，咱俩除了上班以外面都不见，这下就没事了。而且小心眼，你要闹他什么事，他还到法院去告你。当然外国也不是没有钩心斗角的事，但咱们是太公开化了。

张：所以要保证人与人之间的安全距离。

李：对。他们特别怕身体接触，"把你的手拿开，别碰我"。（笑）生活的地方越基层，看到的社会黑暗面就越多。

张：我觉得两头都有，在小地方，看到的野生的活力也多，跟在都市的感觉不一样。

李：哦，那就不错。现在很多地方文物保护，做得还很不够。碑刻、墓志要收回家里，这是对的，但应该把原来的地理坐标标清楚，要有记录，否则就成了孤立的东西，只能算是博物馆的标本，就失去了它原来的意义。另外像南京的六朝石刻，放在野地里只能眼睁睁地看着它日渐风化，有一天可能就碎成一团了。可是搬回来，那个景观就没了。我觉得最好是做一个钢化的复制品，把真的搬回家。现在还有一些革命时期的壁画，甚至"大跃进"时期的标语，也值得保护。上回我在我妈妈那个村，还看到抗日战争时的征兵站。

张：现在山西的很多地方，还保留下来阎锡山书写的碑，上边刻着他的训话。

李：他特别爱搞那些，他的日记也是，记一些格言，不记史事，编的跟《论语》似的。他在山西是割据势力，肯定热心于家乡建设，也发展教育。

我父亲念的太原国民师范学校，就是他手里办起来的。现在虽然校址还在，但早就不是原貌了。修马路要占地，从大门口往里压，变成缩小版的了。我也去武汉找过黄埔五期①的遗址。在长江桥头，原来是张之洞办的两湖书院，地方很大，现在里边还有好几所学校。第五期里边的共产党特别多，以军事学习为主。那时学外国最主要的就是学军事，包括阎锡山，而且都是从日本学。

张：通过日本学德国。

李：是。最早是北洋学堂。陆军学德国，海军学英国，全世界都是如此。蒋介石特别迷的是德国，是希特勒。抗日战争时，德国跟日本一伙，可实际上是德国人最早帮中国抗战。美国是到"珍珠港事件"之后才帮的，有他自己的目的。另一个是苏联。苏联援华物资是最多的，但军队训练，包括滇缅、淞沪作战的军队，都是德国训练的。

张：对，国共两党的军事顾问都是德国人。

李：李德是共产国际派过来的，背后是苏联。虽然都是德国顾问，但这边是工人，那边都是陆军的将军，完全不一样。现在有那么多专家专门研究这个，那么熟悉史料，可却经常给大家提供对历史的误解，我很不理解。我觉得，主要是文化立场有问题。

张：您说的文化立场怎么理解？

李：就是到处都吃后悔药，反面看倒霉，搞翻案史学，全是这一套。这也是一种洗脑，我都被洗了（沉默）。好多事情都说不清。

上党从来天下脊，山水雄奇，地势险要，文物繁多，民风纯朴。太行有八陉，沟通东西，李零曾数次考察，穿梭往来。这次回来，计划停留十日，考察当年太岳根据地下属的沁源、屯留等地，殷殷之情，溢于言表。先生生于邢台，

注释：

① 黄埔五期：即中央军事政治学校武汉分校。1926年年底至次年年初，先后从广州和南昌迁到武汉，分步、炮、工、政治、经理五科，分为两个团，共2400余人。1927年5月、7月先后毕业，组建为第二方面军军官教导团（后为第四军军官教导团），名义上隶属张发奎管辖，但在叶剑英的领导下，成为共产党直接领导的革命武装力量，打响了广州起义的第一枪。李逸三先生即毕业于此，并参加了广州起义。

长于北京，但山西武乡北良侯村却如烙印，伴随他走南闯北，提醒他根系所在。

先生之父名逸三，从太原国民师范学校毕业后，南下投身革命，参加过狂飙社，进过黄埔军校，广州起义受重伤大难不死，两度被国民党投入监牢。新中国成立后，任中国人民大学党委委员、组织部部长、统战部部长、中国科学院植物所党委书记。1984年离休后，热心于教育事业，跑上跑下，创办民办高校培黎职业大学、中华社会大学。老人革命一生却厌恶战争，一生做官却腻味官僚。"文化大革命"被打倒，他一度想返乡隐居，最想研究的是武乡历史和沁州方言。凡此种种，在李零先生身上似乎都隐约可见。或许，这世上可以父子相传的不仅是基因？或许，李零先生走访父亲辗转停留过的地方，反复考察上与天齐的上党与太行，也不只是寻找一个家族的失落记忆？

五音六律十三徽　龙吟鹤响思庖羲
——李庆中先生访谈录

被采访人： 李庆中（简称李）
采 访 人： 张焕君（简称张）
录音整理： 梁瑞强
执 笔 人： 张焕君

文水离太原不远，是座普通的北方小城。虽然武则天、狄青这样赫赫有名的历史人物在这里都有庙祠供奉，也有革命烈士刘胡兰的纪念馆，但小城自有小城的节奏与喧腾，看似矜持，实则从容。走进邮政局家属院，在白色瓷砖镶嵌的楼群中穿行，轻轻地敲门，煦暖的欢迎，屋中家什新旧杂陈，却也是井然有序，几净窗明，简朴中便显出浓重的温馨。

主人李庆中，山西老琴人。生于1924年，90高龄，历经磨难，劫后余生，不可谓不老。一生钟爱古琴，历久弥笃，20世纪90年代，伤感于琴人凋零，琴艺濒绝，在省城四处张贴广告，免费传授琴艺，只为一脉相承；十余年奔走操劳，百十位弟子浃浃，薪火终可传，却无意世间名利，不敢自诩大师，只以琴人自命。先生神色清癯，背微驼，却有气力，言辞平和，但言及伤心惨淡

▲ 图1　雷苗伟（后排左一）、张焕君主编（后排左二）、李国鹏（后排右二）、梁瑞强（后排右一）与李庆中先生夫妇（前排）在李庆生先生家中访谈

处，刚烈之气扑面而来，让人惊讶岁月沧桑的无力。

先生生于清源县（今山西清徐县，1952年与徐沟县合并），家境贫寒，其父凭借天赋与努力，考入孔祥熙创办的铭贤学堂，后入山西大学堂西斋攻读采矿专业。其母出身太谷名门，家资殷实，自幼信教，毕业于著名的北京贝满女中，颇有才干。先生之兄李庆天毕业于太原国民师范学校，喜好古乐，尤擅古琴，不幸早卒。先生踵从贤兄之后，研习古琴。明清以来，山西罕见琴人。1921年，阎锡山有意重建传统，在育才馆及国民师范学校开设雅乐专修科，邀请九嶷派宗师杨时百弟子彭祉卿及川派新秀顾梅羹来山西传琴，一同赴晋教学者还有顾卓卿、沈伯重、杨友三等人，皆为一时名胜。后来，杨时百本人亦来太原授课半年。彭、顾诸人在晋讲学两年，编撰曲谱讲义，成立元音琴社，此为三晋琴学之肇端。1924年后，大师风流云散，后继者有王聚魁（字梅岩）、程继元、高寿田。王梅岩是国师雅乐专修科毕业生，编有《琴学常识》讲义及琴谱，影响最大。高寿田亦国师学生，1946年在太原成立唐风琴社，李庆中曾入社学琴。后来购得古琴名家唱片十余张，反复聆听，认真揣摩，琴艺日渐提高。又向北京琴家查阜西先生书信请教，辨析疑难，琴艺突飞猛进。"文化大革命"中被打成反革命，十分困顿艰难，但所藏两张古琴，却因为垫在床下作了床板，得以幸存。

琴为雅事，但风雅终是人间事，便免不了人世间的逆风恶浪，雨打风吹。古人云："古来圣贤皆寂寞，惟有饮者留其名。"寂寞不仅仅是不能闻达扬名，更多的是一生坎坷，心志难伸，情怀难酬。这样的寂寞，自古皆然，人人难逃，遭逢的又岂止是圣贤？李庆中，非圣非贤，功名无足取，事业无所立，一介布衣而已，普通之至。少时家境安泰，得以涉足艺术之域，喜音乐，无论中西，皆能吹拉操弹，爱绘画，人物风景，皆能下手成绘，栩栩如生。又信奉宗教，相信与人为善，善为乐

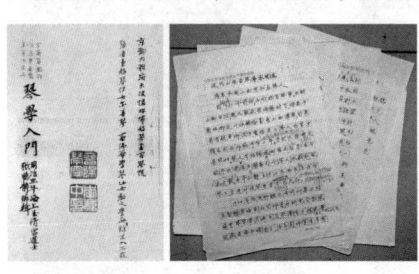

▲图2 所藏《琴学入门》，已捐赠山西省图书馆　▲图3 手稿

本。这样的人生基础，如能遭逢盛世，无论从事何等职业，终不失为一爱美从善之人，生活平淡而从容，或许不能功名腾达，但却不失雅致风情。然而世事从不如人意。先是父亲因为吸食鸦片意志消沉，最终投告无门，死于南京。继而兄长病逝，母亲发疯，亲戚友朋先后弃世，自己则身如转蓬，漂泊无定，自太原而临汾、永济、汾阳，最终发配文水小城，又因耿直强项，得罪小人，被假以革命之崇高名义，打成现行"反革命"。老母随行而身亡，掘土坑草草下葬。被批斗，遭毒打，曾经的宗教信仰荡然无存，口中念叨的是"宗教不过是麻醉人民的鸦片"，当年珍爱不已的古琴成了床下的"棺材板"，弦断尘封，更无人听。只是一点灵犀未灭，硬朗康强之气，便如春草穿石隙，莹然阑出。"文化大革命"中被批斗游街，快步前行，不使左右胁夹者有机会摁脖子，揪头发，一扫被批斗之颓气。"文化大革命"后政策放松，奔走于太原、文水之间，授徒寻琴，不辞劳苦，捐赠琴谱，毫无吝惜，全然心志得伸之豪气。现如今脚步蹒跚，行走不便，静室抚琴，一曲《平沙落雁》，吟猱抑按，意境萧散。桃李不言，下自成蹊。唐风琴社、元音琴社分别于2003年、2013年复社，先生身任社长之职，可谓弟子盈庭，执礼甚恭，却一仍旧贯，心思所系全在琴艺之研习与传播，较之时贤名流，不敢贪天之功，毫无骄矜之气。太白酒后高歌"饮者留名"，先生半生蹭蹬，本无忝列往圣先贤之意，无意功名，却因琴心成就琴者之名。世事沧桑，人心变换，能无感慨？

琴乃雅乐，难为酒狂。古人以"禁"释琴，东汉蔡邕认为琴有"御邪僻，防心淫，以修身理性，反其天真"的功能，并自制焦尾琴，成为琴史上的佳话。弹琴操缦，不仅可以禁御邪心，而且如荀子所言，还可以"乐心"，使心意平和，志气畅发，所以《礼记·曲礼》称"士无故不彻琴瑟"，如同宝剑、美玉，都是不可须臾离身的修身之器。后人以"琴棋书画"为修身养性之器艺，琴居四者之首，正是此意。

古琴之作，或曰伏羲，或曰神农，要之不晚于尧舜。初为五弦，后为七弦，沿用至今。琴面用桐木、梓木为底，皆长三尺六寸，宽六寸，以胶粘合。琴面按比例镶嵌出13个琴徽，上张七弦，一端系于琴轸，一端缠于雁足。与其他弦乐相比,较之琵琶、扬琴、古筝,古琴音调绵长,但不够响亮,气势变化似嫌不足,较之二胡,音色虽清亮,却又不够绵长婉转。而且,琴声较为低沉,不适宜在大庭广众前表演。一般人初次听琴,常常觉得单调乏味,不待曲终,或已酣眠。清人祝凤喈对此深有体会,他认为琴曲音节"疏、淡、平、静",不像一般的丝竹之音急管繁弦,容易入耳,起初会觉得兴味索然,听得多了,还是觉得十分平庸,缺乏刺激,并无引人入胜之处,只有长期浸淫,才会觉出无穷趣味。不仅可以超越一时的感官之乐,而且一旦心静神清,便能感受到余音绕梁、弦指相忘、超然物外的美妙之境。王充在《论衡》中所说的"瓠芭鼓瑟,渊鱼出听;师旷鼓琴,六马仰秣",说的正是琴瑟的这种艺术魅力。

琴瑟常连称。《诗经》中多有"窈窕淑女,琴瑟友之","琴瑟击鼓,以御田祖","琴瑟在御,莫不静好"之句,琴瑟和鸣,音声和谐,犹如一对孪生姐妹,形影不离。琴瑟均由梧桐木制成,带有空腔,丝绳为弦。琴为七弦,瑟二十五弦。二者之别,在于场合不同。尊客临门,意会神亲,抚琴一曲,静穆聆听,这是古人最正式的音乐会,不在于人多,关键是能够引为知音,琴声之萦回低沉,与气氛最为相应。瑟一般用于背景音乐,置于屏风之后,客人团团落座,在音乐声中闲谈吃喝,意兴酣张,所谓"我有嘉宾,鼓瑟吹笙",指的正是这样的社交场合,气氛往往较为热闹喧腾。

琴声不入俗人耳,因此常喻知音,有名的故事就是俞伯牙摔琴谢知音。当然,知音不限男女,司马相如一曲琴歌《凤求凰》:"凤兮凤兮归故乡,遨游四海求其皇。有艳淑女在闺房,室迩人遐毒我肠。何缘交颈为鸳鸯,胡颉颃兮共翱翔"琴心挑挠,惹得卓文君情难自已,夜半私奔,竟也传为美谈。

知音自古难觅,琴声更可抒怀。嵇康临刑洛阳东市,神色不变,手挥五弦,目送归鸿,一曲《广陵散》,慷慨激昂,震人心魄。嵇康学识卓著,精擅音乐,所著《琴赋》、《声无哀乐论》乃音乐史上重要文献,更曾创作《长清》、《短清》、《长侧》、《短侧》四首琴曲,被称为"嵇氏四弄",与蔡邕创作的"蔡氏五弄"合称"九弄",影响深远,隋炀帝曾把弹奏"九弄"作为科举取士的条件之一。《广陵散》是古琴曲中唯一具有戈矛杀伐之气的乐曲,汉代已经出现，内容则与古琴曲《聂政刺韩王》相近。琴、人之间，神气相应，自然不会缺少好故事。《太平广记》记载，嵇康夜过月华亭，此亭旧为杀人刑场，常有鬼怪出没。嵇康心中萧散，了无惧意。夜半无眠，抚琴自娱，空中竟有称善之声。问是何人，答云幽魂，形体残毁，不敢现身，

▲ 图4　为赵沨奏琴，1994年春

但性好琴曲，闻君音曲清和，还请更作数曲，一饱耳福。嵇康又奏数曲，邀其相见，不必在意形骸之别。鬼乃现身，相对而坐，辨析音声之道，言辞中肯，又从而索琴，弹《广陵散》，音声殊胜。天色将明，一揖而别，临别而言："今夕幸得相遇，如同千年之交。倏尔又要诀别，再无相见之期，让人好不惆怅。"人鬼异途，本无相交，却能倾盖如故，心神俱畅，此情此景，能不令人向往？想起金庸先生《笑傲江湖》中的琴箫合奏，刘正风、曲洋一正一邪，本如人鬼不同途，却因意气相投，傲视名利，最终笑视生死，携手赴难，每每读来，总令人荡气回肠。金庸自称合奏曲中的琴曲正是《广陵散》，嵇康虽断言"从此绝矣"，但如此神曲，怎能任其消散？江湖多变，人心难测，却隔不断千古而下的柔肠侠骨，精神傲岸，虽是小说家言，情之所钟，又岂止小说家言？

不仅如此，琴之德行，小而言之有助君子进德修身，大而言之，则能弘扬政教，有助风化。孔子删诗为琴歌，"三百五篇皆弦歌之，以求合《韶》、《武》、雅、颂之音"，使礼乐有章可循，王道具备，六艺成形。司马承祯在《素琴传》以古代圣贤为例，说明琴德合于君子、隐士之德，孔子厄于陈、蔡之间，七日不火食，而弦歌不辍。孔门高弟原宪四壁萧然，蓬户瓮牖而弦歌，这是君子借助琴德来安身立命。许由、荣启期都是隐居不仕的世外高人，前者不屑王位之尊，弹琴箕山，后者鹿裘带索，携琴而歌，这是隐士通过琴德来抒发情怀。清人徐祺的《五知斋琴谱》总结说："自古帝王明君，但凡要想正心、修身、齐家、治国、平天下，都离不开琴端正浑厚的正音来培养性

情。"程允基也认为:"琴为圣乐,君子涵养中和之气,借助琴道来修身理性,琴之所贵在于道,并非如何操缦的技艺。"因此,君子习琴的目的,绝不只是掌握琴曲的指法,熟记琴曲的曲谱,能够娴熟地操缦,更重要的是对琴曲内容的理解,对其中所包含的先贤精神的体认,进一步由每首琴曲所营造出的高深意境,达到审美品位的提升与德行的锤炼。

士有遇否,命有穷通。遭逢盛世明主,仕途通达,志向得酬,自然畅快。如果命运蹇乖,李广数奇,则难免郁郁寡欢,怨天尤人。孟子认为士人君子应该"穷不失义,达不离道",达则兼济天下,穷能独善其身。琴曲中有"操"有"畅",正与此相应。以"操"名曲者,如《文王操》、《伯夷操》,多是时运不济中的忧愁之作;以"畅"名曲者,如《尧畅》,则是春风得意时的和乐之作。两者就数量而言,名"操"者十居八九,幽愤故能传神,但士人自古多磨难,于此也可见一斑。

文水之行,起意于和国鹏兄的一次闲聊。国鹏兄是太原北辰学堂的创办人,早年经商,颇有斩获,继而厌倦于人际周旋,岁月虚度,折而向学,真心问道,对传统之学深有心得,学堂也办得有声有色。闲谈中,他说起文水有位弹古琴的老先生,谈及生平种种情事,多有感慨之语。2013年8月假期,一道前往,同行者还有雷苗伟先生、瑞强学棣。苗伟兄是李先生高足,为人十分谦和。文水盘桓一日,李先生精神矍铄,谈兴甚健。当时并未多想,只觉得先生年岁已高,能够多保存些资料,对后人总是多些启迪。后来不断翻检资料,渐渐觉出些格外的兴趣。先生功业不彰,自是凡人,但古琴作为雅乐,却是千年来传统士人的修习传统。自战国以来,音乐便有雅俗之分,雅乐如阳春白雪,曲高和寡,俗乐则刺激感官,令人不知疲倦。魏文侯问子夏:听古乐要正襟危坐,时常担心中途睡着,但是听郑卫之音,却从未有这样的担心,原因何在?古雅之乐,志在人心,音节疏淡平静,不以感官刺激为能事,粗浅之人自然难窥堂奥。秦汉之后,雅乐失传,乐官所记,仅为鼓舞铿锵之事,用之于庙堂祭祀,寻常百姓难以接触。但儒家讲究乐教,认为礼、乐、歌、舞合而为一,教化才易深入人心,不至僵化生硬,变成刻板教条的高头讲章。因此,文人学士，多以弹琴自娱，道德之善托身于艺术之美，如春雨润物，细致绵密。太白豪迈，听蜀僧弹琴，"为我一挥手，如听万壑松"；摩诘高致，"独坐幽篁里，弹琴复长啸。深林人不知，明月来相照"，世事浑然忘却，心底一片空明。琴可志离愁，孤舟夜行人不寐，"幽兴惜瑶草，素怀寄鸣琴"，月随人行，寒江黯鸣，寂寥更深。亦可表欢情，饮酒半酣，

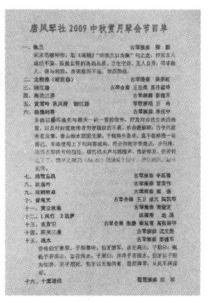

▲ 图5　程继元　▲ 图6　唐风琴社雅集节目单，2009年

鼓琴而歌，"一杯弹一曲，不觉夕阳沉"。寄情山水无山水，七弦泠泠，万木幽阴复澄明，琴声所至，"能使江月白，又令江水深"，其音朴素而幽真，如聆佛呗，"仿佛弦指外，遂见初古人"。琴通人性，"七弦为益友，两耳是知音"，心静便无事，何必分古今？月出之时，鸟雀归巢，"心积和平气，木应正始音"，鹤妻琴侣，相伴松窗，身心静好。中唐之后，玄宗热衷西域乐器，认为琴声单调乏味，琴艺渐遭冷落。乐天诗云："丝桐合为琴，中有太古声。古声淡无味，不称今人情。玉徽光彩灭，朱弦尘土生。废弃来已久，遗音尚泠泠。不辞为君弹，纵弹人不听。何物使之然？羌笛与秦筝。"琴本无俗韵，芳艳自不如，而能守其贞，"众耳喜郑卫，琴亦不改声"，这样的品格，早已决定了古琴的命运。时至今日，众声喧哗，人喜热闹，无知无畏，以俗自居，世无知音，弦断无人听，琴格高低，惟心自知。疏狂者或可如太白，"我醉欲眠卿且去，明朝有意抱琴来"，但更多的时候，只怕还是只能"自弄还自罢，亦不要人听"，钟期之耳岂敢奢求？风前月下，三五同好，"调慢弹且缓，夜深十数声"，遥想当年嵇康、阮籍之风致，龙吟鹤响，叹一声，休谈风月。

千年如线，琴事亦然。伏羲周孔而下，琴之兴衰，正可见世道变换，人心趋向。峄山孤桐，龙池凤沼，闲来抚奏，亦可怡情快心。出的庭院，市井嘈杂，车水马龙，也是人间应有气象。二者从来并行不悖，雅者固然清奇，却为正俗而生；俗韵尽可鄙陋，亦因切中人心而有生气蒸腾。雅与俗，道与艺，

生发与寂灭，有了这样编织千年的图案为背景，人归其位，事谋其诚，生命特有的智慧与情趣，昭然可见，洋洋盈盈。以此来寻思李庆中先生的一生遭际，行事为人，现实隐约消弭于历史之中，须眉冠冕，宛然而生动，如晤古人。

张：李先生，您好。我们是《山西档案》杂志社的，听说了您的一些事情，很感兴趣。据我所知，古琴在山西并不流行，您是如何学习的？是不是跟您的家庭有关？

李：我生在太原国师街，祖籍清源马原乡李家楼，村子很小，非常偏僻。我家是穷苦人家，连祖上三代的姓名也闹不清。只知道我爷爷是个商人，当年闯关东去了东北，做过酒坊、做醋、酿酒，这是清徐人的老本行。后来生意不好，才回来。他是买卖人，多少会些文化，会写字，会打算盘，回来就当了私塾先生。东家姓牛，是清源北关的大户，很有钱。家中有三个儿子，后来老大死了，老二在太谷绸缎庄做掌柜，他家老太太当家，怕三儿子不学好，就让我父亲跟他结拜为兄弟，视如己出，算作牛家的一房，分东西都有我父亲一份。后来，牛叔叔去太谷念铭贤学校，又去太原念山西大学，老太太都让我父亲陪着，学费她出。这样，我父亲才有机会接受高等教育。我母亲是好人家出身，太谷人。我外爷姓李，据说做过御医，告老还乡，家里有很多秘方，太谷县的每任县长逢年过节都要去拜望他，为人正直，村里的无赖都不敢到跟前，到跟前挨骂呢。我外婆是续弦，也是清源人，据说在江南有三条大船，还有好多买卖，后来因为女人不懂事，让掌柜的坑了，就带着两个男孩嫁给我外爷了，在我外爷60岁的时候生下我母亲，那是光绪二十五年（1899）。我二舅不成器，拆房卖地，把家败了，后来替人顶罪，死在牢里。从那以后，我母亲就跟着受了不少罪。

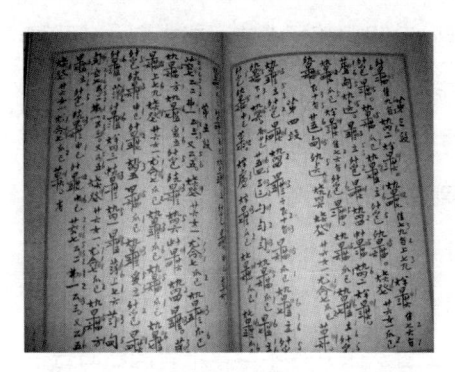

▲ 图7 愔愔室琴谱（蔡德允手抄批注套色影印）

张：您母亲也受过教育吧？

李：那时候，太谷有不少传教

士，有教堂，也有学校、医院、戒毒局。管医院的叫韩明卫，就是美国作家海明威的叔叔。他是忠诚的基督徒，愿意舍身到中国传教。我母亲就读于教会小学，韩明卫夫人是她的老师。她是非常好的标准基督徒。为什么好？当时外国人来中国，每人一栋小洋楼，雇大师傅、老妈子、打杂的，每天喝牛奶吃面包，专门有洋厨子给做洋面包和洋蛋糕。韩夫人不是这样。她有两个女儿，我还见过，两人都没出嫁，满口的太谷话，经常拿面包蛋糕换我们的窝窝头。韩夫人十分俭省，她请人吃饭，只有挂面汤，煎两个鸡蛋，两块面包，非常节约，省下的钱都做了善事，供中国的学生上学念书。我小学毕业后她要供我去北京念育英中学，而我妈就是在她的资助下才去贝满女中念的书，男育英，女贝满，那都是最好的中学。李德全是冯玉祥的夫人，也是贝满的学生，和我母亲同学。李德全就是男人样，下楼梯坐扶手，一下就滑下来了，身体非常好。

张：您对音乐感兴趣也与此有关吧？

李：是这样的。我和哥哥都喜欢音乐，哥哥还跟韩家的闺女学过钢琴。太谷当时还有一个美国牧师，我们叫他白牧师，韩老太常带我们去他家听唱片，贝多芬的《第九交响曲》就是那时听的。

张：您父亲到铭贤学校是什么时候？

李：铭贤学校实际上是美国的基督教公理会办的，由美国欧柏林大学具体负责经费、师资和教学。当时这样的学校还很多，北京的育英中学、贝满女中，通州的潞河书院，太谷的贝露女校，都归公理会管。铭贤开初不够一个学校，只是个私塾，孔祥熙的父亲孔繁慈也在学校教书。铭贤第一班毕业的只有一个人，第二班三个人毕业，其中一个就是我父亲。

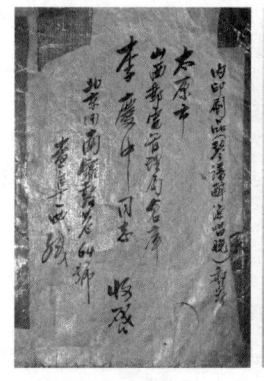

▲ 图8　查阜西先生来信　▲ 图9　李庆忠30岁留影

张：您父亲在山西大学学什么专业？

李：他学的是采矿专业，在西斋，西斋的校长是张冠三，也是我父亲的老师，大概是民国四年（1915）毕业。毕业之后，他没有跟孔祥熙，他有旧时念书人的观念，有些傲气，也很倔，你越有钱我越看不起。这些东西都遗传给我了。汾酒厂的一个副厂长，领着吕骥[1]、赵沨[2]，还有中央音乐学院的几个学生，从汾阳来听我弹琴。赵沨比我大几岁，可能有些劳累，而且古琴也不是一般人能听的，非常寡味。弹琴之前，我先讲故事，说一个古琴家半夜弹琴，听见一个老太婆哭了，他说这是遇见知音了，还有人能听哭了。结果一问，她老汉是弹棉花的，嘣、嘣、嘣，声音挺像。我说古琴有什么用处呢？节奏非常慢，催眠最适合，犯失眠，听古琴，管保能睡好。他们上了我的当，听了一会儿，赵沨就开始打盹。我说这可咋办？你来听我弹琴，却打盹，这是艺术界犯忌的事情，我就在弹的中间用力一挑，"当"的一声，他惊醒了。副厂长说再弹一曲吧，我说不弹了。他非让我弹，我说你想听你来，我不弹。

张：后来全家就都到了太原？

李：我母亲原来在太谷女中当教师，和父亲结婚后就到了太原，在国师附小教书，我出生后她就辞职了，专门带孩子。我父亲毕业后，先后在南桂馨和崔廷献家当过家庭教师。南桂馨字佩兰，宁武人，是警务处处长，崔廷献字文正，寿阳人，任政务厅厅长，是阎锡山手下最红的两个人。后来又有李冠洋[3]，是阎锡山的十三高干，很受重用。"五卅惨案"后，山西也抵制日

注释：

[1] 吕骥（1909—2002），湖南湘潭人，曾任中央音乐学院副院长、中国音乐协会主席，获首届中国音乐金钟奖终身荣誉勋章。作品有《抗日军政大学校歌》、大合唱《凤凰涅槃》等。1977年，曾到山西等地考察先秦音乐文物，积极支持北京古琴会的成立，倡导古琴打谱工作，促进《琴曲集成》的编辑出版。

[2] 赵沨（1916—2001），河南开封人，著名音乐理论家、音乐教育家、社会活动家，1956—1983年历任中央音乐学院副院长、院长。

[3] 李冠洋（1904—1984），山西灵丘人，1924年毕业于北京大学，是山西地方社团的优秀创建者。曾组织中国青年救国团、自强救国同志会，影响极大，是阎锡山的十三高干之一，曾代阎锡山主持山西省政府工作。

货，政府成立了国货社，崔文正挂名社长，底下有好些稽查员，我父亲是总稽查员，办公地点就在国师街我家住的地方。国货社的主要任务就是会同学生、商铺，进行稽查，有日货就封存，不许上架。几年后运动过去，国货社无事可做。民国十七年（1928），阎冯党竟，阎锡山乘机夺了京津，崔文正担任天津特别市市长，李服膺任北平警备司令，他太太和我母亲同学，小时候我常去他家。大同会战时，李服膺任61军军长，驻守天镇，因为撤退让枪毙了。由于这两层关系，我们全家就到了天津，我父亲在崔文正手下当了一个科长。民国十九年（1930），张学良入关，占了天津，崔文正返回山西，我父亲在天津无事可干，随后也跟着回来了。

张：那几年正是中原大战，阎锡山的势力最强的时候。

李：我父亲在国货社的时候，家庭状况最好。南桂馨是警务处处长，专门给我家派了个警察站岗。这个警察后来还和我哥哥结拜了兄弟，他姓宋，沁县人，很有志气，后来考上了国民师范学校。那时候国民师范学校的学生大都是县里来的，家里穷，念不起别的学校才读师范。我父亲回到太原，闲了一年多，后来到阎锡山的实业计划委员会当秘书，做了一年多，就赋闲没事了。他是旧官僚，在国货社又学会了抽大烟，没工作了还是照样抽。他包了个熟人的大院当二房东，靠房租维生。他一直傍着崔文正，可是崔文正这时已经吃不开了。不喜欢孔祥熙，可实在没办法，给家里留了100块钱，拉下脸到南京谋职，还得央求孔祥熙。他是老官僚，戴个帽壳壳，拿根文明杖，一走三摇，还好吃口大烟。孔祥熙安排他住在白下路，让他戒烟，才给事做。南京的冬天又冷又湿，又抽不上大烟，就死在那了。孔祥熙让铭贤同学会出面，将他埋在公墓里，还立了碑。母亲带我去奔丧。在太谷的时候，母亲叫孔祥熙是祥熙哥，后来当了部长就不能叫哥。我当时十来岁，刚刚高小毕业，穿着棉裤，站在财政部外面的大会客室里，和几十人一起等着传号。我想小便，也不敢吭气，憋得尿了裤子。正好外面下雨，也好遮拦。等到叫我们了，进去就跪下磕头，放声大哭，孔祥熙说不敢哭不敢哭，办公的地方。说了些安慰的话，又叫账房给了100块钱，打发回来了。那些跟随孔祥熙的老乡都阔了，都在税务局、银行当局长、行长，我父亲看不起他，没弄成事，一辈子就交代了。

张：您从小生活在信教的环境里，现在还信吗？

李：我十几岁就信了耶稣，不过现在不信了，一切宗教都不信，都是迷信。因为我了解它，也就知道怎么反对它。马克思说，宗教是麻醉人们的鸦片，完全正确。在我看来，宗教的作用就是自我安慰。打个比方，强盗想偷人东西，先去菩萨跟前上供磕头，第二天作案时就胆大了，因为有菩萨保佑。《圣经》上说，上帝照自己的样子造了人，人的样子就和神一样。我反过来说，人创造了上帝，根本不存在神、上帝，没有神没有鬼，都是人思想里创造出来的。何以证明呢？上帝、耶稣的样子都是人，这就不合道理。外星人的形象和人不一样，谁也没见过神，为什么他就是人的样子？马列主义说，思维是客观物质的反映，客观上有啥，你就只能想到啥。宪法有宗教信仰自由，你来不来就定性为现行反革命，信教就犯罪了？这不合法！所以，我就成了反革命，从没做过反革命的事，怎么就成反革命了？可是你不承认不行啊，不承认就过不了关。武斗队把我抓去关了一晚上，四个人围住我打，眼睛、嘴被胶布粘住，打倒在地，还把我的一根肋骨踢断，现在X光还能照见，就是这样残忍。逼着让我承认是"反革命"，没办法，只好写了，按了手印。可是我怎么就是"反革命"？我没有干过啊。所以我就写了从事过"反革命"的宗教活动，因为我没有"反革命"的事实。

张：这是"四清"还是"文化大革命"的时候？

李：挨打是在"文化大革命"。"四清"的时候，给我定性，准备开除我，进了学习班，脱产3个月学习。学习班里也要打人，我还充当过打手，因

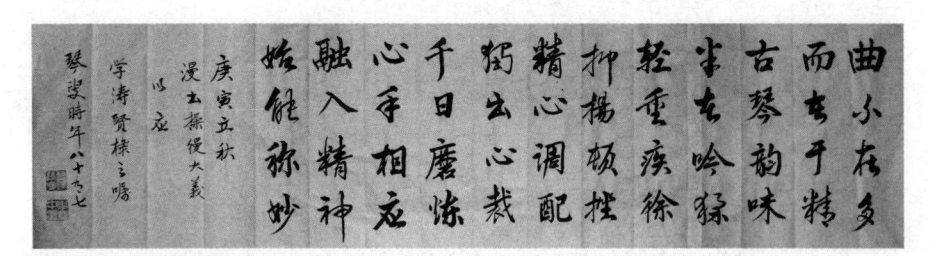

▲ 图10 手书琴艺条幅，2010年

▲ 图 11　唐风琴社晋中古琴音乐会留影，2007 年 11 月　　▲ 图 12　与弟子雷苗伟合影

为我平常也练一些武术。县委统战部副部长是班主任，他说你会武术，你给我打，就让我打人。"文化大革命"时，副县长张正祥（音）是文水头号反革命，我是第二号。他是清华大学毕业的，福建人，曾经是非常好的中学物理教师，他父亲是厅长，他本人入过三青团。

张：您的主要罪名就是信教？

李：那是个引头，其他还有呢。现在有人给我写传记，我说我是小人物，不用写。如果是文学家，可以把我写成一个文学人物，反映20世纪读书人、文化人的经历。不必用我的名字，实际上同时代的人都是这样的遭遇。我现在不信耶稣了，不过到了太原还会去桥头街基督堂看一看，因为他们都是心里向善的人，不是坏人。我现在不信教了，成了叛徒，但是还愿意去看看。1000多人的大会场，座无虚席，有人给我让了座位，我坐下看了看就出来了。日本人在的时候，教会不能公开，我家里就有秘密的教会，十来个人，一起读经、祷告。东岗巷有个牧师，他也有一帮人，抗日战争胜利后，两班人汇合到一块，在桥头街租了英国人的地方，成立了教会。

张：您信教是不是受父母的影响？

李：有一点，不要紧，主要是教会宣传，发小册子。我看了托尔斯泰的《圣经故事》，写的比《圣经》还好，看了很受感动，当时也就十五六岁。共产党进城，虽然知道他们反对，但我们不怕，在五一路的医院墙上拿石灰刷大字："信耶稣，得永生，免沉沦。"教会里的人怕得不行，怕我们冒头惹事。我在邮局工作，新中国成立后被送到山西公学，学了3个月的新民主主义，但是我的宗教信仰没有放弃。有六七个班，占着阎锡山的大营盘，十几个号子，一个号子十几个人，学员有好几百人，早上起来先唱革命歌曲，我还是领唱。结业的时候，班主任跟我说，也不是要你真的放弃信仰，人家性情活，一下就过去了，你就是性情太直，思想上总过不去。他是为我好，可惜我那时太年轻，不明白。回到单位后，工会主席在大会上说，有的人3个月也放弃不了宗教信仰。不点名批评我。不过，他也说得太简单了。基督教是欧洲各国的根本，就像中国的根本是孔子，你信也好不信也好，思想中都有他的东西呢，哪能说扔就扔？外国也是如此，斯大林就是在天主教的幼儿园学习的，他们都懂得这，这是一种文化，是国家、民族的根本。

张：谈谈您学琴的经历吧。

李：清代以前，山西有没有弹琴的不清楚。民国十年（1921），阎锡山和赵戴文在太原专门盖了一座至孝堂，那时有复古思潮，礼拜天就在那里讲四书、五经。在古乐方面，邀请九嶷派的杨时百[①]来，在太原教了5个月，还做了省政府参议，实际上影响不大，主要是他的弟子彭祉卿[②]和川派的顾梅羹[③]。顾梅羹是四川人，他的爷爷顾玉成是川派古琴鼻祖张孔山的亲传弟子，也是著名的书画家，有《百瓶斋琴谱》传世。他的父亲顾哲卿、叔父顾卓群也都是近现代琴坛有影响的古琴人物。彭祉卿说是九嶷派，但他也有家学，他的父亲筱香公著有《理琴轩谱》，精通音律，他

注释：

[①] 杨时百（1863—1932），名宗稷，自号九嶷山人，湖南宁远人，近代琴学大师，九嶷派创始人。师从黄勉之，奏琴讲究吟猱合拍。雅好收藏古琴，平生购得53张。著有《琴学丛书》43卷。

[②] 彭祉卿（1891—1944），著名琴家，与查阜西、张子谦在苏州共创"今虞琴社"，有"浦东三杰"之称。因精通《渔歌》，时称"彭渔歌"。查阜西对其颇为推崇，称其对琴坛有七项重要事功。

[③] 顾梅羹（1899—1990），名焘，别署琴禅，四川华阳人，泛川派古琴代表人物，兼善诗于书画。1959年，任教于沈阳音乐学院，弟子有朱默涵、顾泽长、丁纪园、丁承运等。代表作《琴学备要》是古琴教育史上的第一本最全面的古琴教科书。

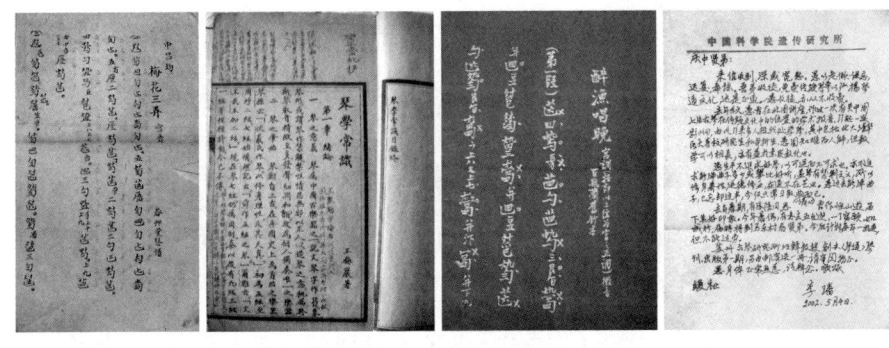

▲ 图13 手抄《梅花三弄》琴谱　▲ 图14 王梅岩《琴学常识》书影　▲ 图15 查阜西先生所寄晒蓝琴谱《醉渔唱晚》　▲ 图16 北京琴人李璠来信

曾和查阜西①、张子谦②共创今虞琴社，对吴景略③、吴兆基、姚丙炎等古琴宗师深有影响，可以说他也是广陵派、虞山派的传人，对川派也有影响。杨时百弹的《平沙落雁》最好听，查阜西到日本演奏的就是这个曲子。管平湖④

注释：

① 查阜西（1898—1976），名镇湖，又名夷平，江西修水人，古琴演奏家、音乐理论家、音乐教育家。早年在苏州、上海创建并主持今虞琴社。编纂《存见古琴曲谱辑览》、《历代琴人传》，主编《琴曲集成》等巨著，是一位全面的古琴艺术大家，对古琴学术研究、艺术活动作出了巨大贡献。

② 张子谦（1899—1991），江苏仪征人，古琴演奏家、教育家。创今虞琴社，与查阜西、彭祉卿合称"浦东三杰"，因善弹《龙翔操》，被誉为"张龙翔"。学兼广陵、虞山、川派之长，演奏格调高古，指法凝练而奔放，意境豁朗而深邃。注重传统琴歌的挖掘、整理，《精忠词》、《梨云春思》、《春光好》为其代表作。弟子有李凤云、龚一、成公亮、戴晓莲等。

③ 吴景略（1907—1987），江苏常熟人，著名琴家。今虞琴社组织者。代表曲目有《潇湘水云》、《忆古人》、《胡笳十八拍》、《墨子悲丝》等，发掘整理了《广陵散》、《阳春》、《白雪》、《高山》、《流水》等近40首古琴曲。精于古琴鉴别与修复，并致力于古琴的改良。著有《七弦琴教材》、《虞山琴话》、《古琴改良》等论著。

④ 管平湖（1897—1967），江苏苏州人，生于北京。博取九嶷、武夷、川派之长，自成一家。1912年，参加杨宗稷在北平创办的九嶷琴社。1947年，与张伯驹、王世襄、溥雪斋等琴家创办北平琴学社。在古谱发掘方面贡献巨大，且精于制琴和修琴。代表曲目有《流水》、《广陵散》、《胡笳十八拍》、《幽兰》等，有《古琴指法考》等著作传世。

| 217

是杨时百的弟子，但也兼收并蓄，并不全是杨时百的东西。我学的是吴景略的，弹的第一个琴曲却是川派的《醉渔唱晚》，这也是顾梅羹的第一曲，当时他只有12岁，在琴坛传为佳话。

张： 当时都有哪些古琴大师来山西教学？情况如何？

李： 1920年，山西琴人孙净尘、招学庵、傅雯绮、李冠亭等人，为提倡三晋琴学，聘请川派名家顾荦前来授琴，并组建元音琴社。顾荦，字卓群，曾与顾隽（哲卿）、顾焘（梅羹）一起在长沙成立"南薰琴社"，在当时的琴界颇有影响。1921年，应山西育才馆教务长张芹荪之邀，又有顾梅羹、彭祉卿、沈伯重、杨友三等琴人赴晋任教。当时的教授琴课，分为太原育才馆及国民师范二处，共历时两年，编撰有多部古琴教材和音乐史讲义，存世的有《山西育材馆雅乐讲义》、《山西国民师范馆雅乐讲义》两部琴谱，收录了《渔樵问答》（琴歌）、《平沙落雁》、《阳关三叠》（琴歌）、《归去来辞》（琴歌）、《普安咒》、《流水》、《梅花三弄》，当时传曲还有《胡笳十八拍》、《离骚》等。1922年秋，琴学大师杨时百也曾来晋，在太原授琴5个月。元音琴社一时群英荟萃，名家云集，成为当时山西文人的一个重要活动场所，授课之余，另有斫琴雅事。孙净尘（江东布衣）与五台琴工方进升造琴200余张，瑟10余张，音色透亮、做工精美，顾梅羹也曾监制12张新琴，杨时百与山西民间的一位制琴名匠秦华也斫琴多张。秦华是潞安（今山西长治）人，他还与时任山西教育厅厅长虞和钦共造"虞韶"100张。当时琴社社员众多，甚至有不少各界名流，如财政厅厅长朱子钦、实业厅厅长赵炳麟、教育厅厅长虞和钦、太原警备司令荣鸿胪、画家俞云（号瘦石，浙江绍兴人）等人。两年后，因为山西政局动荡，琴人风流云散，元音琴社也就无疾而终了。这些陈年往事，在赵炳麟的《柏岩感旧诗话》和查阜西等人创办的《今虞琴刊》中都有零星记载。

张： 当时授课除了琴曲传授、音乐史，还有哪些内容？

李： 内容很丰富。中国讲究礼乐教化，礼和乐分不开。跟乐配合的还有歌舞，正式演出的内容则与祭孔有关。以前，文庙还有这一套东西，日本人来过后就丢了，现在都看不到了。当时在育才馆和国民师范学校设立的雅乐专修班，这一套都要学习。古琴在雅乐里最重要，是领头的乐器，等于交响乐团的小提琴。历史上琴就是雅乐，属于合奏，秦朝以后跑到民间，渐渐成了独奏乐器。瑟是古琴的烘托乐器。此外，还有许多不同场合使用的礼器。雅乐不是单纯的音乐，它包括歌、舞、礼器一整套，就是孔子"在齐闻《韶》，三月不知肉味"的那个东西，那实际上不是音乐，不是一支曲子，而相当于一台晚会。礼和乐相互融合，彼此交织，分不开。现在弹琴奏乐，根本没有礼。有些人还愿意在弹琴的时候烧炷香，把这当作礼，以前可不是这样。

张：所谓沐浴焚香，以示虔诚。

李：古琴的味道，无论琴歌还是琴曲，一直在变。唐朝有十部乐，既有汉地的，也有中国新疆、印度的，不是一个体系，味儿就不对，和咱们的不一样。宋朝留下来的不多，只有一个姜白石，也不对味。现在流传的最早的是明朝的曲子，所谓的古味也是以明朝为标准。明朝古琴非常发达，宋徽宗是古琴家，明崇祯帝也是古琴家，都是亡国皇帝，但水平高，宗室子弟很多人都精通音律，宁王朱权有《神奇秘谱》，收入古琴曲63首，所制飞瀑连珠"中和"琴，名列明代四王琴宁、衡、益、潞之首，被称为明代第一琴。《乐律全书》的作者是郑王后裔朱载堉，更是一部音乐奇书。他独创新法密率，解决了历代在旋宫问题上的理论难题，所用等比级数音律系统阐明十二平均律的方法，在世界音乐史上也是最早最领先的。现在学校里教的都是欧洲的音乐体系，民族音乐要按西洋的来做，这不对，还是要原生态。世界音乐有三大体系，是三套不同的东西，欧美、阿拉伯和中国，各有各的历史，各有各的味道，不能一味向欧美靠拢，那不是创新，是忘本。

张：现在懂得欣赏古琴的人不多，会弹的人更少，如何在现代社会有所发展，要解决传承与创新、普及与提高的问题。

李：琴、棋、书、画称文人四艺，崇雅黜俗，与俗乐泾渭分明，是中国的高雅音乐，一般人听不懂，所以不遇知音不弹。西乐古典交响乐也是如此，都不可能普及和流行。明清两代已有人将民间戏曲民歌编为琴谱，意在普及，但徒劳无功，至今不传。一般歌曲、戏曲、丝竹等民乐，都有韵律结构，西乐也是如此。只有古琴乐句是非韵律性的，更因古琴乐器本身音色特殊，所以很难把其他乐曲改编为琴曲，还能听得顺耳的。古琴音域宽广，什么乐曲都能在琴上弹出，但在古琴上弹出的民间俗乐并不能算是古琴音乐。不在乐器，主要是乐曲的风格，风格不同，强行改编，当然只能非驴非马。另一方面，事物是不断发展变化的，琴曲也是历朝历代不断变化革新，今天所弹琴曲是明清两代琴人在前人基础上改编的，如川派《流水》，就是清人张孔山改编的。我认为谈革新首先是要继承好传统，在此基础上才好革新，不然就是无本之木，无源之水。只有指上有了功夫，技术上无后顾之忧，才能演奏好琴曲，达到气韵生动，然后才能改进革新。在当代新作中，李祥霆的《三峡船歌》既保留了古琴韵味，又是创新，能立得住，其他一些新作尚待时间考验。古琴乐也如古物，要修旧如旧，如失去本来面目，就不算文化遗产了。苏州吴门认为不要迁就普及流行，最怕琴人忘掉本身立足何处，我也有同感。普及是要在逐步提高的前提下才能达到的，不要见异思迁，急功近利。不过为了扩大影响，做一些宣传、讲解、CD欣赏等工作，让更多的人了解古琴，引起他们的兴趣，也是当前古琴界急需进行的工作。

张：您弹琴数十年，有哪些心得体会？

李：古琴艺术为中国传统文化的精髓，是一门博大精深的艺术。数千年来靠口传心授，师徒相传，绵延不绝，是值得下一番工夫研究和学习的，万不可以玩的心态对待。即便退一步讲，你想弹两支琴曲玩玩，那也得下一年工夫，还未见得就能弹得像样。学古琴，一方面需要悟性，能举一反三，触类旁通；另一方面要掌握技术，那是指上的功夫，不下苦工夫是达不到的。一支琴曲，只有练到滚瓜烂熟，技术上毫无顾虑，能够得心应手，心手相应，才能根据自己的艺术修养程度，结合当时的心理精神状态，自由发挥，才能得到精神享受，同时使他人受到感动。识减字谱，能照谱按弹，只是初级阶段。还要向前辈留下的录音学习，仔细揣摩，一字一句地学，如习字临帖一样，不可贪多，欲速则不达，必须下苦工夫，功夫在指上，谁也代替不了。日积月累，功到自然成，没有别的捷径。学者初能识谱按弹，然后求声音纯净；下指要实，不可浮摸；吟猱要松活，自然才能有表情。通篇有筹划，句句要分清，难处要反复练，直到满意。也不要全曲一遍一遍只管弹，毫不用心，浪费时间；必须用心揣摩前贤遗音，找到要点、难点，一点一点去克服，用心感受气韵轻重急徐，该轻则轻，该重则重，才能抑扬动听，有点气象。当今社会人人为利而奔忙，少有宁静，钱无止尽，何时是了，抽出点时间来，练练琴，享受艺术，陶冶身心，这是值得的。古琴可以修身养性，但是不能神秘化，烧香、洗手就没有必要，这就像汉代董仲舒的谶纬之学，非把天和人进行比附，我不同意。古琴是民族音乐的一种，但不能当作一般民乐看待，它有特殊的味道，它的基础是传统文化，有文化底子就容易接受些。古琴一直就是少数人的东西，你看每年的音乐会不超过200人，再多就不正常了。

张：您学琴和您哥哥有关？

李：学琴要有传统，有师承，我是从国民师范学校传下来的，是顾梅羹传下来的，属于泛川派。顾梅羹的叔叔顾卓群，当时在山西是弹得最好的，会的曲子最多。我小时候在基督教的唱诗班，学唱歌，发声，练习长音。当时听一些世界名曲，主要是浪漫派、古典派的音乐。十几岁的时候课余参加了山西高等音乐院，是日本人成立的乐团，主要是铜管乐。当时我学黑管、单簧管，太平洋战争后还跑到那里练。练了一年，有了七八成的功夫，能吹中等的，像莫扎特的协奏曲太复杂，吹不了。后来还练过小提琴。我哥哥原来和国民师范学校的学生程继元学琴，我也跟着背了一些谱子。哥哥死后，我主要就是自学。1946年，高寿田在太原组织唐风琴社，我和同学张亮垣都跟着去学。高寿田是地下党，他还动员我把邮局的要秘偷出来，让他拍照后再拿回去，我没敢。当时我的水平很差，电台邀请高寿田去演奏，他不出面，我就替他去，实际上我的水平也就是能弹响。新中国成立后，跟吕骥、查阜西请教过。吕骥水平很高，懂古琴的价值，他说音乐学院的学生至少要学一年古琴，但是实现不了。龚一、许健，他们的老师都是有名的琴家，后来的就不行了。

张：山西还有哪些人学习古琴？

李：元音琴社解散后，传授琴艺的主要就是王聚魁（梅岩），他是国民师范学校雅乐专修科毕业生，1924年在国民师范学校音乐研究会教琴，编了《琴学常识》讲义，我这儿就有。后来的程继元、高寿田都是他的学生。"大跃进"时期，

▲图17　为雕塑家龙启印（右）奏琴，2008年中秋

成立山西音乐学院，山西音乐家协会主席洪飞请高福生来教琴。他是山西孝义人，是20世纪20年代育才馆的毕业生。不久学院解散，他就回乡下了，传人不详。还有程宽，他是管平湖的弟子，字子容，山西平陆县关家窝村人，他收藏过两张唐琴，一张是贞观二年（628）斫制的"飞泉"，后来捐赠给故宫博物院，另一张是唐琴"清角遗音"，可能已经转卖给人了。有没有徒弟不清楚。所以，山西古琴的传承主要靠的就是国民师范学校。书法家张颔也会一点，老人里就剩下我了。

张：您一直在邮政局工作？

李：是的。新中国成立前，邮政联盟和红十字会一样，全世界通行，就像清末的海关总税务司，邮政局局长很多都是外国人。入职的时候，先宣布解约须知，规定不能参加任何政治活动，不能加入政治党派。邮政是中间派，延安也有邮局。中华邮政是出人才的地方，也容易埋没人才。为什么？因为它实行高薪养廉。当县长、特派员，太危险，那就当个职员，收入高，还能拿退休金，很多山西大学的学生也去当邮

▲图18　元音琴社复社，与弟子友好合影，2013年4月

差。在山西公学学习时，邮差是工人阶级，我们是职员，属于小资产阶级，结业后人家入了党，后来都成了局长。我的历史背景虽然复杂，但不能这么定性，说我是国民党，这是教条主义。像我妈，一辈子心高气傲，她是贝满女中毕业，在太原是最高学历，很多同学都成了要人的老婆。当时有山西妇女救国会，阎锡山的小老婆是挂名的会长，我母亲是总干事。她带慰问团去张家口慰问傅作义的军队，这就害了她。后来，她还当过国民党太原市党部的妇女委员、日本人办的桐旭医专的护士班舍监。新中国成立后，这些经历害了她，也怪我计划不周。我因为担心她的历史问题，我的工作调动多，从太原先后调到临汾、永济、汾阳、文水，走哪儿我都带上她，都要迁户口，每迁一次户口我就给她改一次名字。她原名李克勤，字静安，我给改成李静安，这样就找不到李克勤了。"四清"之前，我把她从永济送回太原，图省事，名字又改回李克勤。这下坏事了，她是榜上有名的人，就给查出来了，批斗她，揪头发，画脸子，揪上满街跑，她好活惯了，没受过那气，哇哇哭，就疯了。后来我成了"反革命"，被下放到马东村劳改，她就跟上我一起劳改，后来死在马东村。我给她洗洗，梳了头，穿上旗袍，外面拿她的被子一裹，三道箍。雇了几个人，拿小平车推到山上，挖了个洞埋进去，就算下葬了。后来那地方让推土机推了，做了垃圾场。过段时间我得回去看看。

张：劳改一直就在马东村？

李：一开始在局里，拉水车，打扫卫生，后来才去的。我被打成"反革命"，一个是我性格上的原因，一个与我信教有关。我这人认死理，容易得罪人。文水邮局没有正局长，副局长是矿工出身，没文化，后面也没有靠山。我俩关系好，我是会计，经常给他出主意。当时太谷、祁县、文水都归晋中地区管，上边的领导要派自己的人来当局长，可是资格不够，就以政治教导员的名义来过渡，可是邮局根本就没有这样的编制。别人都头脑灵活，新官上任，都去迎接，唯独我没有去。进了门，让我帮他拎行李，我没理。我是职能人员，是会计、出纳、总务，和你这个教导员是平级，开局务会议都要列席，凭什么压我一头！这就恨上我了。这人文化也不高，开会学文件常念错别字，我忍不住就给指出来，仇就更大了。后来，就以我信仰基督教为由，把我送到学习班里去了。

张：性格决定命运，不过也跟那个时代有关。

李："大跃进"时，我还在太原。当时刮浮夸风，邮电系统也要办厂，钱都要从我手里出，被我拒绝了。我们是商业经营，从银行贷款，不是上头拨款，我们拿上贷款付上利息给你办厂，这不合会计的规定，这就得罪了人。有人说局长都不吭声，你敢说不行？我说我讲的是财经纪律，不能就是不能。还有其他类似的事情，觉得我不好玩弄，就把我踢到汾阳邮校了。新中国成立初期，追查反革命宗教活动，太原的重点就是桥头街基督教堂。结果，查出了一个北起大同、南到灵石的反革命集团，各个点上的基督教负责人都被逮起来，打得很厉害，我也被供出来了。当时我还在永济，逮捕证都发下来了。因为我工作认真，表现好，而且住的房子和县长、检察长是一个院子，天天见，吃什么穿什么都了解，宣传部长的兄弟又是我的徒弟，我教他业务。他们了解我，就不让逮捕，这才保护住。"文化大革命"一发动，文水头一个斗争的是清华大学毕业的副县长，画的黑脸子，捆在台阶上。第二个就是我，漏网的宗教徒，又攻击伟大领袖，是历史反革命加现行反革命。其实就是贴标签，下指标。我是顽皮不要脸，电灯局的都是一帮粗人，从人群中探进手去揪了我一绺头发。斗我的时候，前面的人拉着，后面的人踩我的脚后跟。第二天我穿上布鞋，拿带子捆住，叫你踩！我练过武术，身体好，揪斗时我不让他拖上走，那就受罪了，你走我拼命跑，带上你跑，你就揪不了我。古人说："君子不党。"就是不能画圈圈，分出个你的我的，你的就不好，我的就对，这就麻烦了。不管什么党，党员水平都是有高有低，不能一味庇护。新中国成立后，邮电合并，县政府什么干部来了，拿一把白条子让我报销，我不收。他是青年团的，就告到管理局要押我，说我压制他们的人。有个党员大中午到我宿舍来报药费，我说上了班再办，他说不行，后来这也成了我的罪状，说我反对共产党。反对共产党员就是反对共产党，这是什么逻辑！是共产党员，就要给你的党争光，不能抹黑，更不能横行霸道做坏事。我们是一个人出来就代表基督，要人看出你是基督徒。怎么看？我们的姊妹们一人一身长袍，不露胳膊和腿，夹一本圣经，一看就看出来了。天主教的修女就更不用说了。男的都是光头。啥意思呢？你在哪里，你就是那里的光，要行善助人，照亮众人。这就是基督徒。

李先生有一个书柜，里边放了很多琴书，新旧混杂。既有当年太原育才馆、国民师范学校的琴学讲义，也有顾梅羹先生前些年出版的《琴学备要》。他还收藏了不少信件，其中就有查阜西、李璠等著名琴家的来信，笔迹纵横，多与琴艺有关，偶尔也提到些世道艰难、最需坚韧之类的话题。他早年喜欢抄琴谱，蝇头小楷，十分工整。应我们的邀请，又取出琴来，抚奏一曲《平沙落雁》，琴声清爽，意境高远。见众人意犹未尽，他指着《琴学备要》，缓缓而言：顾梅羹终生操琴，这是他70年的心血精华，无人能够超越，想明白琴史琴事，认真读这一本书便足矣。

2007年，唐风琴社在晋中学院举办古琴赏析音乐会，李庆中、彭建军诸琴人纷纷操缦，妙音纷呈。2013年4月，元音琴社复社典礼暨李庆中先生90寿诞在山西博物院隆重举行，南林旺、雷苗伟、张雪涛诸弟子伏身叩拜，一时琴韵悠扬，场面感人。先生一生爱音乐，虽历经磨难，却未改初衷。晚年奔走道路，仆仆风尘，却甘之如饴。斯人斯事，放在多灾多难的20世纪，固然可见心志之诚，世路艰难；放在古琴三千年的传承中，却也是冷落中有欢腾，寂寞中见知音。世间自有美与善，美善从来坎坷多。只是皇天不负善人，东市夕阳，屠刀霍霍，归鸿虽可逝，《广陵散》终不曾绝。跨朝历代，余音绕梁。

征程不歇鞍　犹发少年狂
——顾棣先生访谈录

被采访人： 顾　棣（简称顾）
采 访 人： 张焕君（简称张）
录音整理： 光梅红
执 笔 人： 张焕君

　　人皆有猎奇之心。猎奇心的强烈程度，取决于自己的阅历见闻，心性所好。但凡自己乐于见闻却知之甚少、迫切想做却未能施展的，往往容易生出好奇之心，就想设法打听，竭力靠近。在认为获得真相之后，就容易产生出满足感、兴奋感乃至沧桑感之类的情绪波动。这样的过程，既表现在张家长李家短的日常生活中，也存在于现实之外，如在面对过往的历史，接触一些以往不清楚的真相，听到一种迥异常说的新观点时，虽然并无切身利害，但被触发、打动的体验却无二致。古人说："听评书落泪，替古人担忧。"正是这种现象。借助学术语言，说这样的心态是对历史的"了解之同情"，大概也有几分近似。

　　最初听说顾棣先生的大名，是因为他曾在朝鲜战场上当过随军记者，拍了不少好照片。朝鲜战争，距今已

▲ 图1　张焕君主编（左）、顾棣先生（右）在顾棣先生家中访谈

有 60 多年，跨度之大，足以让人产生丰富的想象。恰好此前也曾采访过不少 80 岁开外的老兵，听他们讲述当时的战事，如同白头宫女说玄宗，当年情景，宛若眼前，就给这般想象又加了很多生动的注脚。后来翻查资料，发现事实远非如此。在顾棣先生的一生中，更重要的主题是"革命"，而革命相较于战争，是个更大的词，内涵丰富得想不联想翩翩都不容易，好奇而且强烈，就更在意料之中。

网络上有不少顾棣先生的采访记录，正是如此。让大家津津乐道的有不少事情，比如顾先生生于 1929 年，但在 1940 年年仅 12 岁（虚岁）时，就担任了河北阜平一区的儿童团长。次年，到位于平山的华北联大群工部学习，身份是后备干部。1942 年，日军扫荡最厉害的时候，机构压缩，他担任了新建立的童子军大队长。根正苗红，参加革命自然不遑多让。不止如此，他的家庭也是一个革命家庭，阜平县是晋察冀边区政府所在地，他父亲则是总动员委员会主任，母亲是妇救会主任，哥哥是抗日先锋队队长，兄妹五人，全部参加革命。更重要的是，1943 年，一个偶然的机会，他认识了著名的革命摄影家沙飞，深受赏识。第二年 9 月，军区政治部开办摄影训练班，在沙飞的力荐下，他正式参军，成为一名摄影战士，直到 1958 年转业到山西工作。在这期间，因为沙飞的有意栽培，他虽然未能战斗在第一线，却成为战争摄影资料的重要整理者和保护人。他不仅亲自参与来自各大军区的战争底片资料的整理，创立一套科学系统的管理办法，而且在新中国成立后还翻拍了国统区、华东军区的数千张底片，并与苏联塔斯社及东欧国家积极联系，亲赴朝鲜桧仓、开城、平壤，收集志愿军、朝鲜人民军战争照片千余张。20 世纪 80 年代以来，他先后出版了《中国解放区摄影史略》、《崇高美的历史再现》、《中国红色摄影史录》等 6 部专著，作品获得第十届中国图书大奖等奖项，他本人也荣获第二届沙飞摄影奖特别贡献奖、中国摄影金像奖终身成就奖，完成了从摄影史料档案的保护者到革命战争摄影图像的历史研究者的转型，被称为"摄影历史档案的保护神和记录人"。

和平而从容的时代，连苦难也容易显得雅致。于是，战争中看不见血淋淋的杀戮、惨绝人寰的暴行，没有血肉横飞，肢体残缺，更不会想到，那样的悲惨会与自己有丝毫的关联，即便在想象中的战场上。赞美自然不会吝惜，愤怒与希望也同样强烈。只是因为少了对铁与血的真实体验，一切都变得如此唯美，什么飘扬的旗帜，悬崖上屹立不倒的战士，黑色国字脸上横眉怒目的眼睛，猥琐而丑陋的敌人，如静态的画面，久久地宣扬，迹近永恒。革命更是宏大叙事，大时代大人物大事件，导演在幕后，演员在台前，台词、动作、站位、表现，都有标准化的脚本，即便激情洋溢，也是一丝不苟。读这样的文章，听此类的故事，真如春风拂面，暖意自生，既能满足猎奇之心，又不必操心越轨违禁，更不用设身处地，重设苦难活受罪，何乐而不为？只是无论横看侧看，总觉得有些时下常见"软文"的调情味道。如果说这是真实的历史书写，却是坚决不能承认的。

历史学乃人学，其根本即在于求真。真到极处，美、善自现，无需庸人自扰，人为添加。所谓人学，无外乎个人或群体于特定背景下的存活应对之道。其中体现的王气或霸气，如田横五百壮士之大气磅礴，项羽破釜沉舟之喑呜叱咤，固然壮人胆色，因大真而有大美；其他如庾子山之哀吟江南烟柳，杜少陵之叹惋民生多艰，虽流离辗转，难免凄楚之语，但悲悯天人之际，真情善意亦拳拳可见。然而世间偏多"庸人"，或为私利，或为党争，好为壮语，甘心大言，或制定标准纳一切言论于规范，或罔顾事实虚美隐恶以为宣传，或抽离背景只抓一点，或假托先知引经据典，以致鱼目混珠，真伪难辨，所谓美善，亦成口中雌黄，随时势而变迁。

然而天道好还，人心思反。何谓真实固然言人人殊，但求真务实却是亘古不变。1950年3月4日，顾棣的恩师沙飞因杀死为他治病的日本医生津泽胜被枪决。经过沙飞子女及战友的多年奔走申诉，1986年5月19日，北京军区军事法院为沙飞平反。平反意味着纠错，是对当事者亲属师友的慰藉，更是向历史真实的回归。然而，尚不止此。沙飞为何罹患精神病，说法很多，较有代表性的有两种。一种认为他是因为在抗日战争中受到严重刺激，对日本人产生严重的仇恨心理。另一种看法则注重从沙飞的革命者身份来分析，认为他是因为未能完成在革命队伍中的身份转型。沙飞原名司徒传，出身于广东开平著名的司徒家族。在近代史上，这个家族出现过司徒美堂、司徒乔、司徒慧敏等优秀人物。沙飞早年参加过国民革命军第一军，担任机要员，后来在汕头电台做报务员，虽然薪水不错，但沙飞不甘心在国难当头之际做一个幸福的小职员，1936年只身赴上海学习，得以结识鲁迅等左翼艺术家。在鲁迅逝世前的11天，在一次木刻展览会上，他拍摄了那组让他声名鹊起的鲁迅与青年木刻家会谈的照片，奠定了他纪实摄影家的地位。1937年年底，他奔赴华北抗日前线，遇到同样热爱摄影的聂荣臻将军，先后创办并主持《抗敌报》、《晋察冀画报》、《华北画报》，一生事业因此成就。但正如已故历史学家高华教授所说，当年投奔解放区的革命知识分子都需要经过两次转型，一次是"从左翼艺术家到革命宣传战士"，随后是继续转变为"成熟的党的工作者"。在前一次的转型中，沙飞完成得很好，他以摄影机为武器，拍下日军的暴行，宣传我军的政策，鼓舞士气，他提出的"武器论"对后来的摄影理论影响极大，甚至有学者认为，近年来遭人诟病的"新华体"，其来源也出自沙飞。然而在第二次转型中，因为阶级出身、家族背景、早年经历、个人性格等原因，他却未能成功。他在1937年参加革命，却直到1942年才正式入党，而且在申请书上并未如实填写家庭、经历，这表明他对组织考察的担心。1947年，边区政府开始整风运动，开展"三查"（查阶级、思想、工作）、"三整"（整顿组织、思想、作风）运动，人人追查三代，纯洁队伍，清除混入革命队伍的阶级异己分子，而且是人人过关，鼓励同志甚至家人之间互相揭发。各个单位，必须要揪出特务，查出问题，才算过关，才有成绩。沙飞的一个战友因为逼供承认自己是特务，这让沙飞很惶恐。在一次次的内部清查中，他一直隐瞒了自己的家庭出身和参加国民军的经历，这些说不清的经历最容易让人产生不良联想，而且是越隐瞒问题越大，越想说越说不清。到了1948年，沙飞已经到了疑神疑鬼的地步，他甚至怀疑画报社除了他和石少华之外，都是特务。1949年2月，部队进京，革命已经成功，开始论功行赏，人人都很迫切，只有沙飞表现得十分淡漠，毫无兴趣，甚至对开国大典都不关注，遇到熟人部下，只是询问些画报社的情况，那是他一生心血所在。这样的与组织疏离，在他人看来自然是"政治上极为落后"，就他个人而言，恐怕更是身心交瘁之后的恐惧彷徨、无处可去的表现。以这样的心态，即便没有枪杀医生之事，新中国成立后的种种政治运动，只怕也无法幸免。高华先生说他与写出《野百合花》的王实味相似，都有知识分子如何在革命潮流中顺利转型并实现身份认同的困惑，并都因为未能完成从带有左翼倾向的自由知识分子转变为组织化、政治化下的党的宣传干部而丧身殒命，确实不幸而言中。

  相较于沙飞，顾棣的背景要简单得多。他出身革命家庭，历史清白，社会关系简单，因此不会有沙飞式的隐瞒及隐瞒后的困惑与恐惧。但作为一个有血有肉的个体，他同样有着行进在革命道路上的苦恼与愤怒。这些情感，既保留在他多达 300 多本的日记中，也体现在他的一言一行中。时至今日，他雍容平和的语气只要接触到"沙飞之死"之类的话题，仍然会高亢而陡峭，他不能理解，也就无法不"狭隘"。从 20 世纪 80 年代至今，他用 30 年的时间，使自己从革命战争的记录者变为一个战争图像史的研究者，30 年的奔走呼号与伏案写作，更使他成为一个"沙飞精神"的总结者和弘扬者。如果说在 20 世纪三四十年代小型相机的普及使以抓拍为主的新闻摄影成为可能，沙飞又创造性地将抓拍与摆拍相结合，使新闻摄影成为军队在舆论宣传上提振士气打击敌人的有力武器，那么顾棣 30 年的不懈努力，就是在还原沙飞及其摄影团队当年的拍摄背景，敌人不断扫荡侵袭，随时需要撤退，没有电，照相制版器材奇缺，摄影员跟随作战部队冲锋，有的拍完照片后就牺牲在战场上，有了这样的血肉填充，历史变得丰满而真实，可以传承的"沙飞精神"也就不再是一句失去历史依据仅供饭后闲谈的空洞口号。这是顾棣的贡献，既是忠实记录，更是真诚诠释，无人可以代替。

  张：我们这次来是想把您的经历、感受、遭遇写下来，作为档案留存下来，算是口述史吧。

  顾：我老家阜平县在冀西山区，和五台、灵丘、繁峙相邻，是老革命根据地。1937年冬天建立起抗日组织，农民有农救会，工人有工救会，还有妇女抗日救国会、青年抗日救国会、儿童团。1938年冬天，我9岁，当了村里的儿童团长，主要任务就是站岗放哨，宣传抗日。1940年2月，正式任命我为晋察冀边区阜平县第一区抗日儿童团团长。过了春节，就去区里上任，那里离我家12里，要翻两座山才能到。上任第一件事就是准备儿童节，那时的儿童节不是"六一"，而是"四四"儿童节，要开大会，还有军事、唱歌比赛、政治测验。一区下辖22个村庄，我去了以后先统计人数，加以汇总，造出花名册，记在一个本子上，然后分配工作。到了5月份，县里开办露营，把各区的儿童团长、抗战队长等大约百十来人，集中训练20多天。主要内容就是出操、军事训练、爬山，政治课主要讲毛主席思想和边区的形势，比如为什么要抗战，抗日民族统一战线，边区管辖范围，党的领导，115师的师长是谁等，就是灌输这些思想。我只上过4年小学，通过这段时间的学习，感觉脑子打开了，知道中国有4万万同胞，也了解了国家的基本情况，觉得能力大大提高了，特别兴奋。

张：您那时上小学主要学什么？

顾：很简单，主要学的是国民党统一编的教材，有语文、算数、常识三种课本，知识太少了。那次露营之后，我也常看区里订的报纸，对国家大事、国际形势有些了解。当时经常下乡，到村里开会宣传。每年的6—10月，还要开展民主选举运动，区长、县长都要选举。儿童团的任务一个是活跃会场，把儿童组织起来唱歌，也要拿着红缨枪站岗，维持秩序。当时大家情绪都非常高，旧社会哪有什么选举？一点权都没有，现在县长、区长都要

▲ 图2　沙飞、王辉夫妇合影于阜平坊里村（顾棣摄）

▲ 图3　沙飞与石少华在阜平坊里村（顾棣摄）

231

我们选举，一下子有民主了，就很兴奋。

张：当时是拿豆子来选举吗？

顾：对，当时人们都不认字，不会写票，就拿豆子选举。整个解放区都十分活跃。歌咏比赛非常多，唱的歌也多，比如《大刀进行曲》，好多歌曲都带有政治内容，唱歌的同时接受教育。

张：您是什么时候认识沙飞的？

顾：那是1943年，我在放学的路上偶然遇到沙飞。他是参议员，《晋察冀画报》社社长，骑着高头大马，别着盒子枪。我们村叫凹里村，条件比较好，是边区政府所在地，参议会也在我们村里。那天，他到参议会办事，路上遇到我，和我聊了一路，听我对当前抗战形势说得头头是道，很意外，也很高兴，让我跟他学摄影。临走时，把我的名字、地方记下来。1944年，我高小毕业，县教育科把我保送到华北联合大学的教育学院学习，想把我培养成高小校长。刚去了没几天，沙飞就通过军区政治部把我调到摄影训练班，那是在9月份。未开学前，先学暗房技术，当时洗的照片我现在还有。后来让我回家动员参军，要扩军。在1943年年底的柏崖惨案中，画报社遭到重大牺牲，牺牲了9个同志，还有6个被捕，后来又有一些被调走，原来有七八十人，一下子只剩20多人，急需印刷、制版工人。当时，画报社属于部队编制，兵源短缺，也调不来。我回去动员了11个人，有的学印刷，有的学制版，有的搞器材，一下子为画报社增加了一个班的力量，领导很高兴。12月15日，训练班开课，教员是沙飞和石少华。[①]不久，沙飞带我参加边区第二届战斗英雄劳动模范会，也叫群英会，整整一个半月。在会上我一边学习摄影技术，一边进行采访，还要当解说员，给群众放幻灯片，进步很快。回来后，我就留在画报社。当时拍的照片还入选了"跨越百年"展览，就是在沙飞的指导下拍摄的。沙飞从来就没想过把我培养成战地记者，他有他的目的，这个我到后来才明白。他让我搞内勤，管底片，学暗房，学编辑，就是

注释：

[①] 石少华（1918—1998），广东番禺人，著名摄影家。

不让我上前线。抗日战争胜利后，部队到了张家口，我才从暗房转到摄影科当干事，搞接待，这时出去拍了不少照片。

张：或许沙飞最初见到您的时候，就有这个念头。

顾：大概是吧。沙飞对底片一直很重视，画报创刊时，就规定各个部队送照片时，必须无条件上交底版，由画报社统一管理，部队要办展览，照片由画报社提供。仅抗日战争时期的照片底版，画报社就有2万多张。在画报社，专门成立资料组，任务就是保管底版。我就被分到资料组，当时非常不满意，我本想到前线打仗，想亲手杀死几个日本鬼子。

张：听老人讲，日军扫荡，确实很残暴。

顾：阜平县的一个地区就死了2000多人，用刀砍、用机枪扫，把小孩扔到开水锅里，不是人干的事。正规军走了，就拿老百姓来出气。沙飞不让我走，不给开介绍信，闹了一段情绪。解放战争一开始，组织上号召要集中参与，投入战争，作为共产党员必须服从安排，情绪也就没了。沙飞把画报社的全部底版交给我，下了死命令，说只要你死不了，就不能丢掉底版。后来，我在写书时把他的话总结为："人在底版在，人与底版共存亡。"底版是画报社的根，要是丢了，多少人的心血就没有了。1946—1958年转业，我就一直负责这个工作。画报社的底版都是我多次冒着生命危险保留下来的，并且用科学分类的办法整理分类。当时，画报社关于抗日战争的有2万多张，关于解放战争的有3万多张。新中国成立以后，我又到南京、上海、大连、长春等地收集，又通过驻各国的官员和外国交流，这样又增加了7万张，这是一笔巨大的财富。这些年我能够写这么多书，主要靠当时大量接触底版，熟悉资料，否则完不成。我这一生基本上就做了一件事情，早年保护底版，晚年重新研究，一辈子就是和底版打交道。我写的《中国红色摄影史录》，获了中国摄影金像奖终身成就奖。获奖不是靠我的作品，主要靠两点：一个是我用生命保护了底版，而且整理出来，形成一套完整的红色档案，现在发挥了作用；第二个就是梳理、研究这段历史，让更多的人知道这段历史。

张：沙飞是怎么去世的？

▲ 图4　顾棣1961年作品　　　　　　　▲ 图5　顾棣1949年作品

顾：（语调变高，很激动）沙飞去世是个大冤案。他是因为在石家庄国际和平医院住院时打死了一个日本医生，草草就被判了死刑，后来又平反了。沙飞为什么得精神病？有几方面原因：首先，他是南方人，又是个工作狂，工作起来不要命，北方生活艰苦，他虽然是团级干部，但也只有5块钱的津贴费，营养不良，积劳成疾。其次，在反扫荡中，他两次受伤，又亲眼看着战友牺牲，对日本人太仇恨了。还有一点，就是工作不太顺心。沙飞从1942年创办画报社，投入了所有的心血，也很有成就。解放战争一开始，为了战争需要，就把画报社的机器设备全要走了，人员也从180多人骤减到十几人，沙飞很伤心，和领导大吵一架，大哭一场，受到了极大刺激。原来印刷厂和画报社在一起，有什么事都好办，现在相距200多里，而且财权也被收回，买瓶墨水也得等领导批了才能买，对工作造成太大损失。我就深有体会，为了做底版套，我们在阜平住着，印刷厂在唐县，夏天那么热，我专门跑到唐县，跑了200多里，沿途只能喝大河水，差点死了，给工作造成了巨大损失，所以沙飞各方面受到了很大刺激。

张：当时政府为什么要压缩画报社的规模？

顾：到现在，我都觉得莫名其妙，是政治部还是哪个领导决定的，咱们也弄不清。但沙飞绝不是"狭隘的民族主义者"，他也是国际主义，他对白求恩多好啊。他就是精神失常，无法自控，才打死日本医生。领导不深入调查，草草率率，就判了死刑，这一点我现在也解不开疙瘩。日本鬼子杀了咱们几千万人都没事，咱们打死一个日本人，就把高级干部枪毙了，这叫什么事啊！

张：当时他住院治疗是为了治什么病？

顾：他有痨病，老是治不好，吃的药有副作用，他就怀疑那个日本人是特务，要暗杀他。他是1949年12月出的事，到3月4日就处决了，根本不经过法律手续，太草率了。后来虽然平反了，但人都死了，还有什么用啊！沙飞一生轰轰烈烈，现在被誉为"中国摄影事业第一人"，他开创了中国摄影，好多部下都是他培养的，没有沙飞，就不可能有晋察冀画报社，摄影事业也不可能有这么大的发展。他办了10期培训班，培养了200多人，把整个抗日战争、解放战争记录下来。他在晋察冀，但对整个解放区都起了带头作用。他派人到晋冀鲁豫创办人民画报，派人到山东创办山东画报，派人创办冀热辽画报，后来的东北画报，现在的人民画报都是晋察冀画报社派生出来的，现在新华社摄影部也是当年沙飞摄影科的弟子，沙飞的地位无人可替代。

张：可惜了，如果他在，后来的许多大事由他记录，肯定不一样。

顾：英年早逝，确实可惜。1937年，沙飞先到太原八路军办事处，经周巍峙介绍到了五台，拍摄平型关战役中缴获的电台、头盔等战利品。这期间，他遇到115师二科科长苏静，他摄影水平也很高，1955年被授予中将，二人结下深厚友谊。抗日战争前两年晋察冀边区的作品基本上都是沙飞拍摄的，他是开拓者。他是有意识追求八路军的，此前他在广州、桂林办过

▲ 图6　顾棣（左四）、田华（右三）、聂力（右二，聂荣臻将军之女）、王雁（右一，沙飞次女）在"百年沙飞"捐赠展开幕式上，2012年

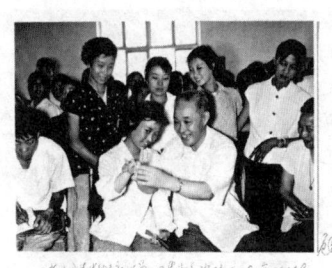

▲ 图7　顾棣作品

影展，想把摄影作为一项事业为国家服务，就在李公朴的推荐下，来太原投奔共产党，意志很坚定。在五台，他见了八路军总部的朱德、彭德怀和徐向前，被聘为八路军特约记者。后来聂荣臻到冀西一带开辟根据地，听说了沙飞的才华，任命他为《抗敌报》副主任，一年以后，又将他单独抽调出来，成立晋察冀军区摄影科。这是解放区出现正式摄影组织的标志，有严谨的组织关系，通过正式会议及文件制定规则、发布命令，成员按组织规划统一分配任务。这种严密的组织形式使组织者的指导思想得以顺利贯彻，拍摄题材及采摄区域得以合理分布，团队体系得以迅速健全并持续发展。聂荣臻的支持十分重要，沙飞团队在艰苦的条件下能够取得辉煌的成绩离不开聂荣臻的支持。

张：您还参加过抗美援朝战争？

顾：我去朝鲜的时候，已经签订了停战协议，我的任务是为编撰抗美援朝画册找图片资料。我先去了桧仓，后来又到了平壤，那里一片废墟，街上到处都是炸弹壳子、炸弹皮，有好几米深，坑坑洼洼的。而且社会秩序也很不好，枪声不断。朝鲜的人民报社、出版局负责接待，条件很艰苦。当时朝鲜粮食供应基本都靠中国，老百姓吃的是高粱米。后来又去开城住了三天，板门店没去成，太危险，在三八线转了转就回来了。在朝鲜待了几个月，一共照了700多张，但是最后画册不知为什么没能出版。

张：您一直在晋察冀，怎么能对全国各根据地的资料都熟悉？

▲ 图8　白求恩大夫（沙飞摄）　　▲ 图9　在长城上（沙飞摄）

顾：办法就是四处跑，四处看，翻查档案，翻拍照片。1950年，在北京故宫举办中国人民解放军战地展览，包括了红军时代到解放战争胜利的全部过程，是新中国成立以来最大的展览，到现在也没超过。展览持续了两个月，各野战军都提供自己的军事照片，展出了好几千张照片，我全部把它们翻拍。因为人手不够，总政专门从东北歌舞团调拨人马协助我工作，我指挥着他们拍、洗、贴照片，整整忙活了一个多月。这样，就把晋察冀、晋冀鲁豫、山东、晋绥、太行、新四军、延安的资料集中到一起，现在都在解放军画报社。这7万多张底版，现在成了摇钱树，画报社盖的楼都是卖图片挣来的，真是"前人栽树，后人乘凉"啊。

张：1958年，您怎么就转业到了山西呢？

顾：（沉默）这是很伤心的事情，不太好说。我在画报社一直当资料组组长，沙飞生病后，石少华主持工作，但他经常出差，工作就由吴群临时负责。吴群也是广东人，工作很认真，就是有些死板教条，不爱说话，总是板着个脸。有一年中秋节我请假回家，石少华准了三天假。但是因为我四爷爷那几天去世，就耽误了两天，回来后正好石少华不在，他就上纲上线，说我无组织、无纪律，我也很不高兴。他之所以这么批我，是因为我以前得罪过他。他以前从资料组拿过好多东西，包括账本以及我抄写的郑景康①老师的讲义。当时，每个礼拜都要开党的生活会，我就在会上对他提出批评，弄得他很不高兴，就记下仇了。到了北京之后，他是《华北画报》的副主任，我是支部书记。"肃反运动"时，画报社成立了专案组，他是组长，要把一个姓杨的年轻人打成特务，开除团籍、军籍。理由有三：父亲是国民党的市长；参加过"三青团"；老师是特务，已跑到香港，却在日记中承认对其帮助甚大。我认为这些理由都站不住脚，而且指出当时很多青年都参加"三青团"，不能作为罪证。最后这个青年只劝退了事，吴群认为我是在逼他，自

注释：

① 郑景康（1904—1978），广东中山人，现代著名摄影大师，郑观应之子。代表作品有《挥手之间》、《画家齐白石》、《红绸舞》、《南泥湾之秋》等。

▲ 图10　太原市档案局罗玉洁（左一）、刘国华社长（左二）、顾棣先生（中间）、张焕君主编（右一）、太原市档案局李海仙（右二）合影

然很生气。1957年"反右"时期，机会终于来了，理由却让人啼笑皆非，说我乱搞男女关系。当时女孩子喜欢部队上的人，我那时年轻，又有些文化，也接近过几个女同志，但是没有什么发展。后来在去南京出差的火车上遇到我的老伴，关系就固定了，其他姑娘我就不再喜欢了。但后来这事被捅出来，就大会小会地批斗，搞逼供信，还没收了我的所有东西，晚上把我关在黑屋子里，门口有人走来走去。这种阵势，"三反"、"五反"时我见过，有人胳膊都被打断了。虽说我是个营级干部，但要是把我胳膊弄断，成了残废就糟了。我就想赶紧把我处理了，赶紧让我走，离开这个黑屋子！这些事情，直到现在我都不想回忆，太痛苦了！当时运动有任务，"反右"必须打"老虎"。查抄了我的日记、信件，要找反党言论。我从小就参加共产党，全家都是共产党，能反党吗？我的日记除了记事，就是抄录，看见好句子就抄下来，看到巴尔扎克小说里描写爱情故事的语句特别优美，也抄下来了。特别欣赏的，还拿给大家看。其中有一封信，是在抗美援朝停战前写给女朋友的，说了句："抗美援朝快停战了，我希望你可以调到北京来。"结果，给我的审查结论是："为了感动一个女人，不惜暴露军事机密。"当时，中山公园都贴着这样的公开报告，居然成了泄密！欲加之罪，何患无辞！最后，将我开除党籍，降级使用，发配山西。

张： 您来山西是自己挑的，还是组织调的？

顾： 到了山西，我先在文化局主办的《山西文化》工作，山西人忠厚老实，编辑部里的民主气氛也十分浓厚，我心情非常好，不仅不受气，还成了先进工作者。关于我来山西的事，我也是后来才知道，山西省向中央要干部，中央就把一些"右派"分子派过来。我虽然不是"右派"，但被开除了党籍、军籍，工资也降成20多元，跟"右派"一个级别。我那时工作热情特别高，一天最多能工作17个小时，白天拍照片，晚上冲洗，第二天连放75张照片，就这么厉害。领导也高兴，也支持。1960年，在北京要举办一个戏剧影展，山西的戏剧发展比较好，文化局把山西各地戏剧召集起来拍摄，选了100张照片参展，其中有60张生活彩色照片，都是我弄的，这是折腾了两个多月，但是很值！当时各地送的都是黑白照片，山西省因此一炮打响，人们都说："山西不得了，弄了这么多五彩照片，受欢迎得不得了。"给山西争了光，领导们对我更是另眼看待，此后的相片、胶卷不受限制，随便买，只嫌照的少。还要我把山西的所有戏剧都照下来，连剧目都照下来，照了好几千张，可惜到了"文化大革命"一扫而光，全被红卫兵给拿走了。

张：您在"文化大革命"中也受到冲击了？

顾："文化大革命"一开始，文化系统就受到冲击，《山西文化》工作清盘，变成了戏剧研究室，编辑部人员分流，我留在研究室。红卫兵说，我们照了那么多剧照，是专门为"帝王将相"、"才子佳人"唱颂歌的，是"裴多菲俱乐部"，敲锣打鼓，批斗。我被打成现行反革命，和走资派关押在一起，挨打受气。现在提起来，还寒心得不行！我十二三岁就跟着党走，却两次受到残酷打击，后来又被下放到吕梁农村，待了5年。不过，好歹平反了。（沉默）

顾棣喜欢写日记，现在还保留了300多本。内容无所不包，除了与摄影相关的记载外，天文地理、文化科技、政治经济、军事外交、小说电影、民谣外语，一应俱全，笔墨最重的是他的亲历和思想感情。或许是纸张紧缺的缘故，最密集的每页多于两千字，字号小于6号，整本多达40万字，一天的日记就达数千字。据他的助手、前《人民摄影报》总编司苏实统计，仅1943—1950年的20本日记，字数就达数百万字。这无疑是一笔巨大的财富，翔实的记录，丰富的经历与情感，不仅保存了研究晋察冀画报社及后来的华北画报社、解放军画报社乃至山西文化的一手资料，而且也为了解20世纪的中国革命和中国社会提供了更为感性的视角。

2009年，顾棣80岁。这一年他的《中国红色摄影史录》出版，在该书"前言"中，他说自己之所以不辞劳苦从事写作，是因为心中有"三报恩，两感动，最终靠的是党性和沙飞精神"。其中，三报恩是父母养育之恩、党的教育之恩、四位老师和领导（沙飞、石少华、郑景康、吴印咸）的栽培之恩，而使他感动则是当年烈士的事迹，正是因为他们的英勇无私，充满理想信念，中国解放区摄影史才成为中国摄影史上最纯、最真、最善、最美的阶段。他在自作的庆寿诗《福寿歌》中高唱："战士不言老，抱病驰沙场。征程不歇鞍，犹发少年狂。"历史或许可以丢失，如同人的失忆，但对真诚者而言，传统仍在，尤须发扬，至于当年的是非恩怨，也就由它去吧。

块然独立能陆沉　山人泼墨尚萧森
——陆贤能先生访谈录

被采访人： 陆贤能（简称陆）
采 访 人： 张焕君（简称张）
录音整理： 光梅红
执 笔 人： 张焕君

陆贤能先生便是陆沉，又有个雅号，九屾。与先生神交既久，听其言语，抚其书画，越发觉得这两个字号名副其实。陆沉本意是指陆地无水自沉，如东晋桓温登楼慨叹"神州陆沉，百年丘墟"，语气深沉，似见桑田沧海。由此而引申，又有不合时宜之义，如王充《论衡》所言食古不化之人"知古不知今，谓之陆沉"。然而何谓时宜？言人人殊。世间固然从不缺少趋时附势之徒，曲学阿世之辈，但心志清明、不肯顺流而下之士也代不乏人。于是乎，陆沉又有隐逸之义，口有应时之言，心存寂寞之志，肃穆静处，神游天外，庄子称之为"与世违而心不屑与之俱"，这是更高明的陆沉。

九屾，是陆贤能先生60岁后作画常署的雅号。他说自己排行老九，生平喜欢大山，为了搜尽奇峰，曾爬过18座大山，故取此名，以志情怀。陆先生作画，领域宽广，写生、水粉、花鸟、山水、壁画、

▲ 图1　张焕君主编（左）、陆贤能先生（右）在陆贤能先生家中访谈

▲ 图2　李有行作品之一　　▲ 图3　李有行作品之二

雕塑、装饰工艺、工业造型，无不涉猎，但最喜山水，最爱旅行中写生，一生行程十万八千里，乐而忘忧，老而弥笃。2013年炎夏，师生数人，省内写生，由长治而晋城，穿越太行山，至临汾、运城，历时半月有余，黝黑仍显清健，浑然不觉已是76岁的老人。钟灵毓秀，山川留痕，自题九屾，颇见心性。但是联想到先生一生为人，似乎言犹未尽。屾字字形为二山并立，适为《周易》"艮卦"之形。其卦辞曰："艮其背，不获其身。行其庭，不见其人。无咎。"意思是说，无论朝堂之上，还是庭院之中，都看不到他的身影。当行则行，当止则止，动静之际，心底光明，思不出位，谋不及己，如高山相对而立，治世能进德润身，乱世可免于祸患。

先生为人热情朴素，纯出天性，无需雕琢。所谓热情，既是待人之道，也是谋事之诚。先生早年从游于"东方色彩大师"李有行先生①，写生临摹，问学请益，奠定一生基础。师恩深切难忘，继承更需发扬，仆仆奔走，口宣笔谈，十数年间，未尝稍懈，其心其志，令人感佩。谭兴渠、吴德文、陆贤能，

注释：

① 李有行（1905—1982），四川梓潼县人，四川美术学院创始人，自幼学画成痴，早年留学法国。与林风眠齐名，有"南林北李"之称，是中国工艺美术教育的先驱，水粉画大师，国际上有"东方色彩大师"的称号。他将中国意象色彩与西方科学写生色彩融于一体，结合艺术设计、分版套印要求创立了一套归纳写生训练的色彩教学方法，称为"色彩归纳法"。1982年全国八大美院举行的杭州会议上，这套方法被正式命名为"李有行体系"，在工艺美术界影响深远。

在轻纺美院号称"三驾马车",三人皆出身四川美院,前后来到山西,切磋技艺,患难与共。2009 年,吴德文去世,陆先生写了一篇悼念文章,回顾半个世纪的师生、兄弟情谊,字字血泪,令人感伤。陆先生爱生如子,尽心竭力,他的色彩归纳教学法深受学生喜爱,是轻纺美院多年的精品课程,他与谭、吴两位师兄培养的学生遍布三晋大地,20 世纪 60—90 年代,山西轻纺系统的装潢美术、纺织印染、陶瓷美术行业的设计主力军全部出自他们门下。弟子三千,佼佼者不胜枚举。用情之深,成绩之大,令人钦佩。

陆先生自幼喜爱绘画,对色彩尤其敏感,一生心血灌注,颠沛造次,未尝远离。"文化大革命"之后,听说李有行先生复出,要到云南写生,他毫不迟疑,立刻请假追随,苍山洱海之间,朝夕笔墨相对。2001 年,他已年过 60,只身前往中央美术学院美术史系进修,苍苍白发,每天与儿孙辈的同窗相伴出入,夜雨秋灯,握管难眠。当年,他的三篇宏文在《中国美术》、《流行色》、《美术研究》上次第发表,从中外色彩学理论的历史演变中,归纳出"水墨重彩画"的基本特征,并利用李有行体系中将绘画艺术、设计艺术和相关科技发展注入中国画笔墨的理念,使平面构成、色彩构成、立体构成与传统中国水墨画完美融合。白首求学,固然可成美谈,但暮年而能葆有壮志,岂非更让人心仪?或许,也正是有如此心志,他才能坦然对待生活中的贫苦艰辛、名利争夺,寡言少语,恍惚忘形,似在三界之外。然而,一旦遭逢性情中人,可谈之事,他又是如此地热情似火,单纯率真,说到动情之处,畅怀大笑,分明还在五行之中。可获其身,可见其人,艮之妙趣,尽在九艸。

陆先生生于 1938 年,生肖属虎,四川合江人。他的头衔不少,是中国美术家协会、中国工笔画学会、中国工艺美术学会、流行色协会四个国字头协会的会员,也是山西省美术家协会水彩画艺委会主任、山西省当代工笔画艺术研究院院长、山西省文史馆馆员。如果说拥有的头衔可以代表研究水平与领域,那么从这些头衔中不难看出他在美术领域的涉猎之广。绘画既成学科门类,便有法度边界,难以逾越。寻常人专精一门技艺,尚且不易,但在陆先生笔下,画种虽有不同,却似有一道灵光,周旋滚动,相互渗透,或雄浑,或细密,可冲决,可感染,定

▲ 图4　李夜冰作品《荷塘九月》　　　　　　▲ 图5　李夜冰作品《村景》

规成法犹存，盎然生机却早已扑面而来。是传统的水墨国画？还是充满现代感的水墨重彩？外形仿佛都不是，无家可归，神韵俨然皆充足，自成一家。

　　先生曾撰文评价李夜冰[①]先生的绘画，说他身上的世界眼光、中国精神、现代意识，最为可贵。所谓世界眼光，就是能不故步自封，自设藩篱，通过吸收世界优秀文化，如西方的色彩法，丰富优化中国画。有了这样的眼光，还要具备中国精神，否则就容易邯郸学步，数典忘祖，成了假洋鬼子。对于一个画家来说，中国精神既是传统技巧的习得，更是学习西方的基础。西方绘画重视色彩，中国画则讲究水墨为上，色不碍墨。能在其中寻找平衡，尽管颜色可以画得像油画一样厚重，但笔法乃至线条、墨团、色块，体现的还是中国式的审美与情怀。至于现代意识，体现的是画家对自身所处时代的认知与情感。记得以前采访赵梅生先生时，也谈到相似的话题。赵先生认为如果一个画家仅仅满足于考古、复古，即便真能画得像石涛、八大山人那样好，因为少了对自己时代的反映，也难臻上乘。陆先生认为李夜冰的画有朝气，将游丝般的细线同大块的泼墨、泼彩放在同一个画面上，色彩、墨色对比鲜明，能使人从兴奋中享受到快感。画面繁复却不拥挤，体现的是一种丰富感，而丰富正是当下世界的显著特征。画家能够不回避现实，发自内心地描摹世上

注释：

　　① 李夜冰（1931—　），河北井陉人，中国美术家协会会员，曾任太原市工艺美术研究社社长、山西国际文化交流画院院长、山西省文史馆馆员。师从董希文、罗工柳、石鲁、程十发、关山月，广泛涉猎油画、版画、年画、工艺美术等艺术领域，作品风格兼容并蓄，清新厚重。

的繁华气象，将自己的激情、兴致与观感传递给观者，作品就有了自己的时代价值。能够兼有这三种品质，是李夜冰先生绘画的最大特色，但是在我看来，这样的中肯评价，更像是陆先生的夫子自道。

先生一生最喜画梅，素有"梅癖"、"梅痴"之誉，所绘梅花，风格独具，人称"陆家梅"。他曾长期研习杨无咎、王冕、陈继儒、金冬心、李复堂等前辈大师的梅作，但笔下梅花却无枝枯花疏的闲适韵致，倒是不乏老干嶙峋、新枝劲发、繁花密蕊、遮天蔽日之气象。赏其画，如览故国关山，家国情怀油然而兴；思其人，似见沧桑人生，清香之气似断还续。有时追忆往事，他会念起童年家乡门口的那棵粗壮的老梅，想起艰难辛苦的父母兄姊，想起一生远离的家乡山川。赤水河，吊脚楼，插入长江的石盘角，壁立千仞的洞宾崖，那些流传千古的石雕彩塑之侧，有"流杯祠"盛载文人雅事，江面宽广，汽笛声鸣，为川江号子伴奏的，却是山间庙宇中的暮鼓晨钟之声。俱往矣，何须多言？一株老梅，千朵繁花，摇曳间，情怀毕现。笔法固然有中西之糅合，精神岂非凝聚于一人之身？2010年，母校合江中学百年校庆，先生伉俪捐款祝贺。钱财固是身外物，但因饱含了依依聚散，切切相思，就成了老梅树上的一朵花瓣，有风吹过，顾盼生姿。

先生喜山水，尤其善作大画。1979年，他的国画《咏梅》、《太岳金绣》被山西省政府梅山会议厅采用，他设计的绿色金丝绒大窗帘图案被人民大会堂山西厅采用。1994年，他又为太原火车站候车大厅创作了巨幅壁画《黄河壶口》，为山西晋祠国宾馆创作了巨松图《力担千载》，为山西晋剧院贵宾厅创作了《北岳恒山》，为山西省图书馆创作了《黄河》。1999年，为"建国50周年成就展"山西主展厅创作大型不锈钢主题雕塑《托起太阳》。2012年，为人民大会堂山西厅创作的《三晋览胜》，既有写意之美，又有雄浑之气。先生画山水，

▲ 图6　画梅图之一　　　　▲ 图7　陆贤能先生作品《老梅》

看重的是山水的魂魄，奇崛崔嵬，湍急灵动，红叶如霜，新芽娇嫩，静穆中流淌，无声处有情，斯人岂无深致？何处而非画境？艺术创作，可变可守，皆须出于自然，发乎真情，能融合一生坎坷，高岸为谷，深谷为陵，知雄守雌，知白守黑，荣辱之际一旦分明，笔下游动的是青岚，是山松，定睛去看，分明又是一个个有所思有所爱的精致生命。这样的发现，很让我着迷。

张：您是大学毕业就来山西？

陆：对，1964年，我从四川美术学院毕业，就分配到了榆次纺校，也就是现在的太原理工大学轻纺美院①，现又分成了纺织工程学院和艺术学院两个学院。

张：您跟山西没有什么渊源，怎么就分配到这里来了？

陆：有渊源，而且还很深。我小时候爱读抗战小说，尤其是山西作家赵树理、马烽、西戎的小说，读了不少，对山西就很憧憬。更重要的是四川美术学院和当地的政府官员②，从区委书记到下面的基层领导，学院的领导、老

注释：

① 前身为山西省纺织工业学校，创办于1958年。1960年，更名为山西省轻工业学校，1965年升为山西省轻工业师范学院，次年又更名为山西省轻工业学院。"文化大革命"中一度停办，1972年复学，后更名为山西纺织工业学校。2000年更名为太原理工大学轻纺工程与美术学院，2013年又分为轻纺工程学院和艺术学院，为山西省的轻纺行业培育了大量人才，贡献巨大。

② 1948年秋，贺龙将军在临汾创建西北军政大学后，随即又成立西北艺术学校，分为两部。一部设在边区首府兴县，以七月剧社专业骨干为基础，晋绥文协参加，隶属晋绥分局领导；二部设在临汾，以军区战斗剧社为基础，以西北军大训队为基地，隶属联防军区领导，由西北军大代管，又称"军大艺校"，为前线部队培养文艺干部。1949年5月西安解放，二部随军迁校，成立西北军政大学艺术学院。当年11月，贺龙调任西南军区司令员，军政大学一分为二，一部分留在西安，一部分随军入川。留在西安的随后组建了西北艺术学院，后来分为西安美术学院和西安音乐学院。入川者后来创建西南人民艺术学院。1953年，全国大专院校调整，与李有行担任校长的成都艺术专科学校合并，音乐系成为四川音乐学院的前身，美术系则成为四川美术学院的前身。可以说，西北军大艺术学院是新中国西北、西南艺术教育的摇篮，这些高等艺术学府在干部和专业骨干上存在着密切的学缘关系和历史渊源。在这一时期，山西输出了大量人才，如四川音乐学院首任院长常苏民（山西长治人）、四川美术学院院长范朴（山西临汾人）、版画家尹琼（山西新绛人）、马西广（山西临猗人）。

师，大部分都是山西人。大西南解放后，他们就留在当地工作，我们基本上把山西人看作是解放者。四川美术学院的院长范朴①，就是你们临汾人。我的班主任老师钟茂兰②，也是艺术设计系主任，后来成为他的妻子。所以说我跟山西人渊源很深啊。

张：还记得您刚来时的情景吗？

陆：印象太深了。我的行李很少，不到10公斤，到学校报到时，教务科长在门口迎接，他长得很漂亮，又魁梧，说给我们派了两辆平车去拉行李，我当时还莫名其妙，这么点东西还需要车拉？他有些吃惊，说我们是书生，不知道北方冬天有多冷。过了几天，学校通知我去财务科领补助。我当时的实习工资才42.5元，可一下就补助40元！这样的慷慨，让我很感动。结果，置办完所有的过冬用品，也还没花完。我留了12元作为生活费，其余的全部寄给老娘。第一次挣工资，很激动，还给老娘写了一封长信，说北方人对我很好，跟在家里一样，我打算在这里安家。从那以后，年年都给我生活补助，探亲还给路费补助。虽然家里也给我在四川找过单位，有的地方我还回去看过，但是总舍不得这个地方。

张：一生中最好的时光都留在山西了。

陆：山西的人实在，而且我对这里的气候也很适应，有些还很吻合我的艺术需要。第一次见黄河，正是黄昏，天上略有余光。车窗外一片黝黑，突然看到一条金线由远及近而来，时分时合，十分神秘。看到我一脸的好奇，周围的人说："这就是黄河么！"在我的印象中，黄河应该奔腾咆哮，怎么

注释：

① 范朴（1934— ），山西临汾人，1948年，在晋绥边区"西北人民艺术学校"学习，1949年，在西北军政大学艺术学院美术系学习，1950—1954年，在西南人民艺术学院美术系学习。毕业后留校任教，曾任四川美术学院副院长、院长，重庆市文联副主席，重庆美术家协会名誉主席。作品有年画《他是一个好学工》、连环画《赤卫军》、组画《游击队员》、宣传画《毛主席著作像太阳》等。

② 钟茂兰（1937— ），四川成都人。1958年毕业于四川美术学院，并留校任教。编著有《民间染织美术》、《中国少数民族装饰》、《装饰色彩写生》等。

▲ 图8 黄河乾坤湾

竟成了一条条的细线？（笑）黎明时分，火车到达晋中。太阳光照在山上，轮廓线异常分明，一面是玫瑰色，透亮，另一面则是青蓝。这样奇怪的色彩，在四川从未见过，那里雾气太大，反差就小。车窗外，一蓬一蓬的草也在变色，有的竟变成玫瑰红。我好奇的不得了，周围就有人逗我，说那是萝卜。后来讲课时，对学生讲你们这儿太好了，连萝卜都长得这么好看。学生不信，听我讲了形状后，有个学生跑到门角拿出一把扫帚，说我看到的不是萝卜，而是扫帚苗，野生路长，秋天发红。没见过，尽闹笑话（大笑）。

张：您那时怎么教书？

陆：我跟学生年龄差距小，人也随便，处得很好。一天到晚都待在教室，下了课要么自己画，要么辅导他们画。这两年最开心。"文化大革命"开始后，要焚书，批判"封资修"，画册好多都烧掉了，课也没法上了。我最崇拜李有行教授，他的授课笔记最珍贵，怕被抄家烧了，我把衬衫做了夹层，走哪儿带到哪儿，绝不离身，这才得以幸存。

张：学校也搞批斗？厉害吗？也是学生斗老师？

陆：先是烧书、烧画，我只保留下一张没被毁掉，因为我画的内容是大字报，大字报撑开时，铺天盖地，我把这当风景画来画。搞武斗，闹派性，我是"八一八"兵团的成员，负责画漫画、写大字报，还写点小文章，很受重用。我和老伴就是在"文化大革命"时期结的婚。四川武斗得很厉害，她

▲ 图9 芦芽山 　　　▲ 图10 黄崖洞 　　　▲ 图11 大槐树

块然独立能陆沉　山人泼墨尚萧森

去了重庆大学找她四姐，但是重庆大学也搞武斗，真刀真枪地打，连住的地方都找不下。她走投无路，就到北方找我来了。

张：这也算是因祸得福。

陆：此前我们已经订婚了，她在老家开了一个证明，跟她母亲打了声招呼，就来了。有一天，我莫名其妙地收到一份电报，说"赵家荣几日几时由重庆坐哪一班车去山西"，我一看着急了，火车再过几个小时就到石家庄了，兵荒马乱的，这怎么得了！去找校长借钱，我们是一派的，他掏了20块钱，二话没说就到了石家庄。刚下车，她坐的火车就进站了，等了半天不见人，正着急呢，听到背后有一声很别扭的四川普通话问路：同志，到太原的车几点？回头看，见一个年轻女子穿着打了补丁的灰布衣服，还背了一个四川人常背的筐子，像个逃荒的。我一步过去，把她的背筐接下来，她紧张地回头看，很吃惊，问了一句："哎，你怎么在这儿啊！"（大笑）

张：您跟赵老师是同学？

陆：我比她高两届，还是有点缘分。从我宿舍的窗户能看到校门口，有一天看到一个女孩进来，穿着朴素的粗布衣，但对比很明快，白色运动裤，旧蓝布衫，辫子很长，走路端端正正的，但辫梢会翘起来，图案很生动。

| 249

（笑）此后几天，看她都是准时到校，偶然看不到还很失落。时间长了，就想多了解些，又不敢直接闯去问，有一天碰见她们班上体育课，就在旁边腻歪着不走，等集合点名，最后终于听到了，赶紧往教室跑。这是我生平上学第一次迟到，就是为了听这个名字。（齐笑）这种关注，一直持续了好几年，高中我们还是在同一所学校，能经常看到她精神饱满的样子，就很满足，当时也没想到这就是恋爱。1962年，她高中毕业，我已经是四川美术学院大二的学生了。暑假回家，正赶上她们的毕业典礼。我下了决心，这次一定要正式亮相，和她说上几句话。她是毕业生代表，要上台讲话，我就坐到台阶边上，这是她的必经之路。也没顾上听她讲了什么话，只顾构思自己的发言了。突然听到掌声响起，抬头看，她正往下走。一紧张，想好的话忘了一半。她越走越近，到了身边，再有一步就过去了。我顾不得那么多，突地起身拦住她，不知说什么，就叫了一声她的名字。她停下，应了一声，奇怪地看我，我问她："你认识我吗？"她说不认识，就要跑。幸好身边有个老师认识我，把她一把拽住，这又多说了两句，她还是溜了。这就是我们的第一次见面，很不艺术。（齐笑）

张：过了50年连细节都记得这么清楚，这比艺术还厉害。

陆：开学以后，我就给她写了封信，不长，却改了好多次。但是她毕业了，也不知道家庭地址，往哪儿寄？想了半天，只能寄到学校，但是我在信封外边又套了个信封，防止被别人乱拆。最后，通过她妹妹，信还是到了她手里，在老师的鼓励下，她还回了信。我那封信很讲究，里边全是提问题，考上学校没有？有什么想法？需不需要我帮助？等于是回信的提纲，她能不上钩？上钩了她就跑不掉啦，那半年我所有的文学才华全施展出来了，一个月两封信，后来专门弄了个小箱子，"文化大革命"时害怕抄家，只好烧掉，烧得我好心疼。

张：什么时候夫妻团聚的？

陆：1980年。我不愿意回四川，一直找借口拖。有一天，学校通知我到财务科领补贴，300元，那是半年的工资啊！让我回去搬家，把她调过来。她不愿意坐办公室，就去教党史，还挺受学生欢迎，到处都学她的"川普"，后来还当了个省级劳模。学校对我们一直很照顾，60岁时不让退休，延聘期间这才评上教授，算是绿色通道吧。所以我现在不管到哪里，这辈子就这一个单位，永远都是我的家。带上学生天南地北地跑，我不嫌辛苦。遗憾的是，只有西藏没有去。

张：一直没去？

陆：退休后去了，2006年青藏铁路全线通车，那一年我68岁，儿子买了票，我俩就匆忙赶到北京，先到拉萨，再到林芝，转大峡谷，目标是上珠穆朗玛峰。那时路上还不太好走，很惊险，但是也有趣。那地方有种松果，是从紫色向蓝色过渡的那种色彩，1尺多长，很漂亮，有气势。最后到了大本营，海拔是5000米，因为不是专业登山者，不让上了。只拍了几张照片，珠穆朗玛峰还是没有看全，但是那种肃穆的神秘感，我感受到了。

张：陆老师，您是从什么时候学习画画的？

陆：我学画跟家乡有关。我的家乡合江县凤鸣镇，地形很高，其势如凤凰展翅欲飞。镇上有三棵风水树。一棵是黄桷树，千年树龄，现在还在，30里外就能看见。一棵樟树在我家背后的山上，直径大概有3米。一棵梅树，在我家斜对面的永兴寺门口，也得几个小孩才能抱住。榕树满身是树根，樟树气势磅礴，梅树开花，山坡上如同一团彩霞，加上周围绿色树林的衬托，美极了。我一生爱画大树、奇树，晚年尤其喜爱画梅，与童年的印象有关。梅

▲ 图12 范朴先生为成立李有行艺术研究会写牌匾

▲ 图13 陆贤能伉俪与谭兴渠合影，2010年

花共有400多种，我比较熟悉的大概有40多种，经常画的就是三五种，而画得最多的就是我家门口的那一棵。永兴寺每年春秋时分，要举行春祭会、秋报会，大概是儒家的传统。对这些仪式，我最喜欢。我家是庙里的佃户，要提供服务。祭祀的时候，主持人不是和尚道士，而是当地的文人学士，是儒生，敲钟打鼓，吟诵唱歌，古色古香，特别有味道。

张：永兴寺不是佛教的庙吗？

陆：是佛寺，但祭祀却是儒生在办。办会的时候，母亲要干活，让我和别的小孩在老梅树下玩，庙里还有安放许多屏风，上边题诗作画，大多是梅兰竹菊，也有山水人物，又庄严又文雅。春祭时还有个仪式，放一个沙盘，上边用吊杆吊一支笔，由威望最高的老先生主持，笔在上边似乎乱画，最后形成一首诗词，很有文化气息，根据诗词的内容预判今年的收成。春祭是祈求，秋报是感恩，仪式略有差别。但都是文化人主持，大家都穿着长衫，很雅致。两会加上平时的节日，这是我们全部的文化生活。

张：您对上学学的课程还有印象吗？

陆：我们那时是新旧交替。最初学过几天四书，后来又学国民政府推行的共和国文。上新学堂，我是跟着姐姐去的。学堂里有专门的老师教国画，我姐姐画得最好。美术老师是个带枪的武人，大概是地方团防局的头，一脸大麻子，但是擅长花鸟画。上课的时候，长衫大褂戴礼帽，又很文雅。我姐姐叫陆维君，是个绣花能手，能把学到的花鸟画绣成作品，老师很欣赏她。

▲ 图14 讲授李有行体系，2010年　　▲ 图15 山西水彩画艺委会太谷写生，2013年

贵州有个地方叫十省，离我们那儿很近，日本人以为是个大的指挥中心，三天两头派飞机来炸。那时我姐姐正在念高小，躲飞机的时候把腿摔断了，一辈子因此受罪。

张：可以说，姐姐是您画画的启蒙老师。

陆：对。我喜欢乱画，但是学校里也没有什么正经的美术老师。7岁时，因为父亲去世，就失学了。临死的时候，父亲很清醒，老不落气，眼睛一会儿看看我一会儿看看我母亲。母亲明白了他的意思，把我拉过来跪下，喊着他的名字说："陆金鳌，你放心地去吧，我不出姓（方言，即改嫁），我一定让你这个么儿读书成人。"父亲这才闭了眼。

张：您父亲喜欢读书？

陆：他不识字，但是一辈子就喜欢文化人。这里还有些故事。我母亲是泸州人，外婆早年孀居，那时家境还不算坏。那时候四川总督叫赵尔丰①，他有一个替身，同时兼任厨师，就是我外公。外公是个孤儿，12岁以前讨吃要饭，但是手脚勤快，人机灵，后来学了一手好厨艺，就成了赵尔丰的私人厨师，两人都是一口大胡子，仪表堂堂。辛亥革命后，赵尔丰知道事态不好，不愿连累人，就将家中下人全部打发走，走之前送上盘缠路费。对我外公更是格外优待，让他随便选，而且还必须马上走，以免受牵连。这是他们那个时代文人的修养和气节。外公不识字，但崇拜读书人。他看赵尔丰手边有块砚台，写完字都要擦一次，很珍惜，还经常翻看一本段玉裁的《说文解字注》，就要了这两样东西，跪下磕了个头，走了。从成都跑到泸州，开了一家叫永丰恒的餐厅，几年后死了。外婆守寡后，觉得自己命不好，就信了

注释：

① 赵尔丰（1845—1911），字季和，1884年任山西静乐知县，1888年调永济县令。1906年7月，清政府设立川滇边特别行政区，赵尔丰任川滇边务大臣，实行改土归流，废除土司制度和寺庙特权，密切了川边藏区与内地的联系，促进了川边藏区经济、文教、卫生事业的发展，为民国设立西康省奠定了基础。1908年任驻藏大臣，维护了国家主权，1911年8月，调任四川总督。因执行清廷旨意，镇压保路运动，惹起四川民众的愤慨。四川宣布独立后，被尹昌衡斩杀于成都皇城坝明远楼。

佛。她每年都要去朝拜峨眉山，又一次就碰上了我祖父。祖父是个草药医生，在我们当地很有名，还凭借他的善良与威信，被推选为区长。他也信佛，每年去一趟峨眉山，顺便采药。这一年朝山时，大水冲坏了桥，祖父就把女人们背过河。外婆觉得这个人很善良很规矩，决定两家定亲，把我母亲从城里嫁到偏僻的农村。那年我母亲只有12岁，比我父亲整整小了10岁，就成了我们家的童养媳。几年后生了孩子才回娘家，我大舅因为把妹妹嫁到那么一个荒野地方感到惭愧，让她从家里拿些东西顶嫁妆。母亲只要了当年外公拿回来的端砚、《说文解字注》，又让给我父亲做了身读书人穿的长衫。我们家世代文盲，她想改变门风。过年的时候，母亲让父亲穿了长衫上街，碰上东家的少爷，挖苦他，说他斗大的字不认识几个，还敢穿这样的衣服上街。父亲很受刺激，回家把衣服一脱，说这套衣服我不配穿，但我的儿孙一定要穿。从那时起，我们家人就重视读书。

张：怎么重视呢？

陆：首先就是尊重孔夫子，顶礼膜拜，只要上边有字的纸就不能糟蹋，更不能擦屁股，否则一定挨打！每年收下粮食，第一是交租，第二就是给教书先生交学费，剩下的才安排全家的生活，米不够就上山种菜种红薯。一年四季吃红薯，有时候连过年也是红薯。这样才保证了我们所有的孩子都能上学。母亲很能干，祖父去世前交给她厚厚的一叠账单，嘱托她代理区长，偿还债务。母亲接下了这个重担，过了清明节，经过公选正式担任区长，直到新中国成立后还发挥作用。有人打官司，就用滑竿把她抬去，母亲先听双方陈述表态，然后劝解调和，不一定公道，但是人们一般都认她这个理，比司法机关还管用。本来嘛，都是乡里乡亲，自家亲戚，哪有那么大的仇怨，往往就是些鸡毛蒜皮的小利闲气。我父亲不会做事，但是种地种菜的好手。我家很受敬重，家风好。过年前家家户户要买菜，父亲卖菜有规律，一定要腊月二十八。这一天，他叫上他的哥们，拿上漏兜、扁担、筐子，十几个人砍的砍，刨的刨，割的割，把菜挑到镇上卖。他卖菜的方法很怪，上午他从镇子的西北头往东南头走，街道两边的住户自己拿自己称，剩下的挑到大榕树

▲ 图 16　巡回展开幕式，2007 年

▲ 图 17　为汾州文瀛湖景区设计砖雕照壁图案，2008 年

下面，那里有一个小破屋，是叫花子集中的地方，父亲让他们也挑一些。下午母亲带上另一批人，拿着箩筐、口袋，原路再走一趟，专管收钱，买了菜的人见了她就喊："陆幺婆，上午我在你家拿了几斤萝卜几斤青菜，一共是多少米多少钱。"有的给铜钱，有的给米，最后算的钱跟预计的不相上下，没有人欺骗，大家都很实在。那时就是那样做生意。我们那儿还有一个风俗，正月十五镇上的人要下乡偷青，就是偷蔬菜，偷得越多越大，这户人家就越吉祥。我家一到元宵节，就把离镇子最近的一块菜地留出来，路修得整整齐齐，两边的草劈得干干净净，让人家晚上不要摔跤。第二天上街，就有人说："陆幺婆，你家的菜太大了，我们一伙人满头大汗也砍不回来。"（齐笑）

张：父亲去世后，您还上学吗？

陆：本来我的母亲许愿一定要让我上学成文化人，可是谈何容易？此前，因为抓壮丁，哥哥跑到茅台镇当收税员，每年拿回来一半工资一半茅台酒。父亲死后，哥哥回来种地种菜，我的任务是放牛，一直到新中国成立后。这4年也是我以后画画的真正基础，我现在所画的山水和隐藏在山水中的内在情感，都是当放牛娃时积累的经验。

张：您在四川美术学院学的是什么专业？

陆：上四川美术学院之前，主要是画梅花，中学时也跟着老师出外写

块然独立能陆沉　山人泼墨尚萧森

| 255

▲ 图18　肖连恒作品《春光扑来》（漆画）　▲ 图19　肖连恒作品《花的祝福》（漆画）

生，画画家乡的山水。我有个同学叫杨洪烈，现在是著名的美术设计师，他比我先一年考到四川美术学院。他告诉我四川美术学院最厉害的老师叫李有行，在中国创立了李有行体系，特点就是色彩，他的色彩体系在世界上都是一绝，建议我学染织美术，专门学色彩。我听了他的建议。现在如果说我在山西有点名气的话，首先就是因为我的色彩，这也是我们学校几十年来最出名的地方，一说纺校就说色彩全省最好。之所以如此，就是因为我们有李有行体系作基础。我是地地道道学完这个体系的。为什么？第一次是在学校，他是我的主讲教师，教完我们班以后就不再上课了，专门当教务主任。李先生留学法国，他一手创建成都艺术专科学校，新中国成立后因为他的政治背景，被解除了职务。他完整地教完我们班，送得毕了业，说得俗一些，我自觉算是他的得意门生。第二次是在"文化大革命"后。我听说他带了一个研究班要到云南大理去写生，就不顾一切带了厚厚的一摞纸在洱海边上找到他。他穿着劳动布工作服，像个工人老师傅，手里提着一个布提包，里面装着色彩盒和几只笔。我们在大理、洱海、长沙画了一个月，后来又去鸡足山，那里是佛教圣地，虚云大师的驻锡地，风景优美。很不幸，老先生在山上摔了一跤，断了两根肋骨，这事我到现在想起来还后悔。这次写生，我与李先生同吃同住，收获极大。他画画的时候，我就在一边专心看，看他怎么用笔，怎么布色。他一般两个小时画一张，笔法沉稳，我得用一天来临摹。经常是白天一块出去写生，晚上我就在旅店里临摹他的画。下雨了，不能出门，就继续临摹。一个月下来，他那批画我全复制下来了，不仅对李先生的画法有了深刻的了解，而且几乎可以乱真。过了几年，肖连恒①老师来山西招生，他是四川美术学院另一位我最尊敬的老师。我认为，他的水彩画特色鲜明，旁人难以比拟。我决心抓住机会，跟他好好学习，就陪着他一块到麻田、晋祠、五台山、莽河、交城等地写生。

张： 那是什么时候的事？

陆： 1985年，四川美术学院第一次到这里来招生，此后连续来了三年。跟肖先生去莽河写生时，我步步紧跟，不论白天黑夜，寸步不离，他画什么我画什么。他骂我没出息，几十岁的人了，还跟在老师的屁股后面，人贵在创立自己的风格，能临摹别人，还不能自己画？他骂我听着，但是态度不变，该临还临，再骂也不改。为什么呢？因为我这时候已经有了临摹的诀窍，不一定要一模一样，像了就好，关键是要领会。他画画的时候，我坐在离他稍远一点的地方，先自己很快地画一张，再根据他的画法，照猫画虎来一张，然后对比两张画的不同。通过这样的反复对比，我发现肖老师画画的诀窍就在于前面的铺垫，猛一看好像跟对象距离很大，有时甚至很难看，但是越到后面越集中，特别是他在关键部位画龙点睛的那几笔，就像火把一样，把一块一块又分散又难看的画面连缀起来，整个画面一下子变得光芒四射。再回头看前边所有的铺垫，才发现都是有意安排的，都有用，缺一不可。这是我从肖老师那里学到的功夫，受用终生。有时候，我把自己画的那张给他看，他觉得不满意，拿起笔在上边加几笔，画面就亮了，有了精神。我就揣摩他是如何选择颜色，加哪些不加哪些，理由是什么。就这样，我从

注释：

① 肖连恒（1925— ），四川金堂人，1953年毕业于成都艺专漆艺美术设计专业。毕业后，留校任教于四川美术学院，擅长漆画、水粉画。作品有漆画《公叶菊》、《水仙》、《山城新貌》等。

▲ 图20　梅花

他那里领会到了许多用色的奥妙。

张：当了这么多年老师，您觉得教学对创作有影响吗？现在有很多艺术家也在大学中担任教职，但并不认真教书，觉得那样太浪费时间，得不偿失。

陆：这可能跟个人的认识有关。我喜欢教书，喜欢看到学生学有所成，能跟我一样热爱这个事业，在40年的教学中，我更多的是享受一种乐趣。虽然不敢说像古代圣贤那样传道、授业、解惑，但是看到自己喜欢的东西能够被越来越多的人接受，而且在这个传播过程中，自己也能时时有长进，就感到充实，那是一种由衷的快乐。

张：在好多地方，我看您都会提到李有行体系？

陆：李有行体系最大的特点，就是生发性，不过时。所谓生发性，就是能够时刻站在最前沿，总是与时俱进。为什么呢？就是因为这个体系产生于工业革命时代，这就注定它要与市场需求紧密相连。因此，在李有行体系中，艺术创作、文化、生产三位一体，缺一不可。这就涉及艺术创作的根源和目的问题。任何艺术，包括绘画，都离不开文化的滋养，对于中国画而言，更是如此，没有文化内涵，艺术创作就是干瘪的，无关人性的，最多就是一堆技巧的炫耀，一具没有头脑的肉体，人云亦云，粉饰太平，与娱乐节目差别不大，甚至不如照相机来得真实。这是一个方面。另外，从艺术创作的目的来看，任何艺术既是表达，更是接受。单纯的表达不过是作者个人的宣泄，它必须切中时代的脉搏，抓住社会的心理，能深刻反映，更能给人以启示甚至引导，让人在审美的愉悦中、在有趣味的思考中，有所收获。这个过程，实际上就是艺术创作的接受过程。接受比表达更重要。而市场在很多

▲ 图21　五台山　　　　▲ 图22　创作"无地域"系列山水画，2009年

时候就是最公正的接受者，它有规则，有标准，能判断，能取舍，顺之者昌，逆之者亡。就此而言，工艺美术设计是绘画艺术中跟市场联系最密切的，所有的绘画作品，必须通过中间手段，才能被市场接受，才能大规模普及，成为人民群众共同的审美作品，用在日常生活中。这个必不可少的中间手段，就是李有行体系，就是他所创造的色彩教学法。它既是水准很高的艺术创作，又能通过大规模生产的手段转换为市场上的商品，所以它永远不会过时，它是艺术家与商人之间沟通的桥梁。

张：李有行体系在全国美术界都得到公认，又保留了工业革命时期的特征，还有法国时尚产业的影响，这些都跟李有行先生当年的个人经历有关。现在在山西传播的情况如何？

陆：榆次纺校是个传播重镇。我们学校中的好多老师都毕业于四川美术学院，深受李先生的影响。自20世纪60年代建校之初，我们就设立了染织美术、装潢美术、陶瓷美术几个相关专业。20世纪80年代有过一次课程调整，又增设了服装设计、室内设计、装饰工艺等新专业。很多欧洲学者、设计师前来考察，对我们的教学水平赞不绝口。那个时候，山西轻纺系统的装潢美术行业、纺织印染行业、陶瓷美术行业的设计主力军全部是我校的毕业生。这些成绩，可以说都离不开李有行体系的指导与应用。从我个人来说，在山西工作了50年，如果不能将这一体系完整地传承下去，未免太可惜，我这几十年也算是白干了。我教过不少学生，但他们大多像盲人摸象，各取一段，没人完整地研究过。这样做，虽然在他们各自的专业领域也够用，但对于这个体系来说，却有失传的危险。这种担心，在四川美术学院也存在，我过去的一些老师、同学也跟我说，希望由我来把这个体系传承下去，让更多的人知道全貌，让它发挥更大的作用。我现在是人到晚年，这件事是我所有事业中的重中之重，第一位的。我想到的一个办法是在山西建立李有行体系学术研究会，现在已经开过筹备会。我希望这件事情能有人热心参与，给予支持，让它一代一代地传下去。这是我的心愿。

张： 听说您还有不少头衔，不会分身乏术吗？

陆： 虽然兼职不少，但是我投入精力最多的，除了李有行体系的研究与传播，就是山西省工笔画协会和山西省水彩画艺术委员会事务，这些事情其实是一脉贯通的，都跟山西的历史文化有关。山西省水彩画艺术委员会隶属于山西省美术家协会，已经有34年的历史了。我已经当了两年山西省水彩画艺术委员会会长，换了一批人，补充年轻的新鲜血液。同时，在全省各地市成立水彩画研究会，榆次、阳泉、临汾、运城、长治、晋城、高平，现在连

▲ 图23　三晋览胜

晋北也发动起来了，老画家的热情也很高，大家拧成一股绳，创作精品，都想闯一闯全国的画展。上一届展览会只有80多件作品，这次就猛增到400多件，弄得经费十分紧张，很狼狈，但是心里高兴。我还有一个头衔是山西工笔画艺术研究院的院长，这是个民间组织，没有背景，也没人管，自力更生，艰难生存。但是，在我看来，这却是一个宣传山西、研究山西的文化平台。在我手里，就要把这个平台垒高夯实，作出成绩。我在北京宋庄有个300多平方米的画室，有时在那里搞搞艺术沙龙，很多人都会去，我就说自己的这些想法，他们很支持。为什么？山西的文化从根上就是中华文化的代表，山西的题材做好了就是全国的，就有国际性，绘画是这样，戏曲音乐，古建寺观，甚至历史、思想，莫不如此。同时，工笔画最善于表现大题材，你看《清明上河图》，它反映的就是一个大的时代，一个大社会。山西在这方面的题材，可以说是无穷无尽，现在政府也在说要实现文化转型，强调传统文化。这样好的条件，这样好的机遇，不做，太可惜了！连我这个"冒牌"的山西人都要大声呐喊，希望有更多的同道加进来，大家甩开膀子一起干。

陆先生对山西很熟，也很有感情。自从1964年来山西，50年间，从晋北到晋南，汾水畔，村寨边，山岭沟壑，到处都留下了他的足迹。日常交谈，听他用四川普通话说"咱们山西"，让人有一种怪怪的亲切感。待的久了，身份也就在不知不觉中变了。听到有人批评山西美术的水平，他甚至会着急地辩解，指出山西拥有的国家级文物保护单位全国第一，寺观壁画、宋明彩塑保存最多，优秀画家，英才辈出，古有王维、荆浩、关仝、董源、巨然、米家父子、傅山，彪炳千古，20世纪七八十年代，董寿平、力群、亢佐田、蔚学高、王迎春、杨力舟，声名昭著，怎能罔顾历史，一概抹杀？假以时日，谁能说现在仍很活跃的一批画家，就不能独树一帜，崭露头角？爱惜之情，溢于言表。

陆先生又最感恩，他是在感恩中继往开来，让艺术之美浸润日常生活。回忆童年经历时，他的眼中全是暖洋洋的美色，古寺屏风，黄桷老梅，父母手植的青翠菜地，温文尔雅的长衫先生，即便敌机轰炸，军队抓丁，他想起的仍是痛饮茅台的酣醉无赖，诚信待人的淳朴乡风。在"文化大革命"中，他作为反动学术权威的"黑骨干"，遭批斗，做检讨，夜半绘画，掩藏画稿，但是在他看来，这些都不重要。相反，倒是日暮黄河的条条金线，路边野草的色彩变化，更让他分外动心。他的感恩，是对传授他知识、技艺的诸位师长的没齿难忘，是对相伴他 50 年的三晋大地上的厚道人民的赞不绝口，更是对天地造化的神奇仁爱的顶礼膜拜。

他知道自己的根在哪里，所以，他喜爱苍劲有力的老梅，钟情于祖国各地的名山大川。一生奔走，阅尽千山，暮年壮志，勇攀珠峰。这一切，在他而言都自然而然。就如同他童年放牛时的爬山越岭，如同他临摹老师作品时的恭敬诚恳，甚至，如同他少年时期对待心仪女子的羞涩与勇敢。艺术源于生活，固然不假，但倘若能够将艺术生活化，时时处处，美感呈现，山水花鸟，无不仁善，似乎有遗忘或过滤之嫌，人生如寄，却又终于明乎取舍，删繁就简。这是艺术吗？分明不在那薄薄的纸面。

谁知燕赵悲歌士　多在鱼盐版筑中

——宋光华先生访谈录

被采访人： 宋光华（简称宋）
采 访 人： 张焕君（简称张）　李德仁（简称李）
录音整理： 牛娜娜
执 笔 人： 张焕君

引人入胜的故事，总能让人心潮澎湃。如果故事关乎命运，切中人心，既有日常起居中的细节，也有颠沛造次间的抉择，就不仅可以满足一时的好奇之心，更能生发出饱含历史沧桑的向往之情。两千年太久，回首百年间，城头多变幻。国家民族皆成主义，如电影中定格的战旗，旗下之人神情规范，一律呈现出逼人的坚毅。革命如洪水，号称要唤醒迷茫，冲决网罗。一时间百舸争流，泥沙俱下，风平浪静之后，定睛看去，却难免疮痍遍地，民生多艰。这是流行的大视角，看待历史，质疑优先。

当然会有例外。古人以30年为一世，百年则可绵延三代。倘若世道太平，家道康宁，无论是耕读传家，习武强身，还是修桥铺路，造福桑梓，上者可为乡绅，下者亦不失为自食其力的小农，日兴而作，日没而息，籍田而食，击壤而歌，也算

▲ 图1　李德仁先生、宋光华先生、张焕君主编（从左到右）在宋光华先生家中访谈

263

一派田园风光。但是如果生逢乱世，便难觅画意诗情。外敌恃强凌弱，固然令人义愤填膺，国内兵连祸结，征敛抄没，更让人朝不保夕，谋生艰难。何况还有无处不在的新旧碰撞，观念改良？延续千年的天道人性遭受质疑，托身其中的家族伦理严厉批判，破旧立新，除旧布新，新旧之间壁垒森严，宛如天敌，用暴风骤雨的手段，清洗昔日的习惯与观念，人便成了纯洁的白纸，任由权力者泼洒涂抹。再休提什么乡绅小农，田园风情，还讲什么仁义道德，士人恒心！"权力造就伟大，也成就猥琐"。这样的世态常情，原也无需多发议论。但于旷野乡间偶尔一瞥，得见稀疏而立的沉默之人。窥其立身行事，俨然君子古风，慎独中正，惟德惟仁；叩门拜谒请益，温而厉，恭而安，自有家学渊源，幼承庭训。一生或无事功，平日里诚敬待人，课徒授业，孜孜不倦，同道切磋，师徒对讲，家学得以弘扬，身心得以安泰。世间自有众生相，名利追逐不入心。这般人生，固然无预乎功名富贵，但却与时代变迁下的家族传承息息相关。风雨百年，遭遇种种顺境逆境，有守有立，处变不惊，豹隐山林，自在为人。偶尔言及技艺传承，顿时神情开朗，二目炯炯，隐逸之士平添英气，混沌之中转见清平。感动油然而生。

宋光华先生正是这样的隐逸之士。采访之初，例行公事看材料，知道先生1932年生人，祖籍北京宛平，世居山西太谷，出身形意拳世家。祖父宋世荣、宋世德，乃神拳李洛能入室弟子，精擅内功，开宗立派，号称"二宋"。先生一生与世无争，淡泊宁静，退休之后，致力于宋氏形意拳之推广发扬，先后出版《宋氏形意拳》、《宋氏形意拳续编》，将祖传技艺和盘推出，深受好评。平日授徒之余，他数度远涉重洋，前往香港、澳门、欧美传授武艺，诲人不倦。2002年以来，他在香港先后注册成立宋氏形意拳协会、国际宋氏形意拳总会和几个国外分会，建立"形意宋氏堂在线"网站，筹建宋氏形意拳历代宗师纪念碑，创办"形

▲ 图2 宋世荣先生　▲ 图3 宋世德先生
（1849—1827）　　（1857—1921）

意拳希望小学"。2006年,他被世界武术功夫段位制总会授予"师范级十段"。这样的履历,较之于以往的采访对象,谓之丰富可,谓之简单亦无不可,可以有浮泛的敬意,却不足以产生深刻的感动。

采访之前,对形意拳略无所知,甚至不知道它是北方影响最大的三大内家拳种之一,与太极、八卦齐名。虽然自幼向往武侠,但所有的武术知识几乎都来自武侠小说和动作电影。通读了金庸、梁羽生、古龙等港台作家的武侠著作,耳闻了少林、武当、昆仑、峨眉各种或正或邪的武林门派,知道在庙堂巍峨之外,有一个民间的江湖,那里舞刀弄剑,快意恩仇,挥金如土,但与充满人间烟火气的现实生活相隔千里万里,只能遥想,难以亲见。看电影中的动作片,关注的就只是一招一式的动作,如何快捷有力,如何舒展美观,史泰龙的《洛奇》展示的是力量与速度,李安的《卧虎藏龙》则突出东方武术的舞蹈之美。观看时都让人赏心悦目,观看之后呢,一笑了之,回归生活。在日新月异的现代城市生活中,这样的阅读与观看,无非就是辛劳之后的一点放松,又哪里能够当真呢?

2014年元旦之后,走进宋先生在太谷老城朝阳道上的古朴小院之前,抱持的正是这样的轻浮态度。小院方正,正房三间,东西各有数间厢房,屋里屋外皆长短兵器,正房山墙上高悬一匾,上书"武术世家"四字,下悬照片两列,分为宋世荣兄弟及四大弟子之遗像,照片两侧是一副对联,云:"内功圣典贯易筋洗髓理气兼修法六合,形意名门融八卦太极形神相济冶一炉。"中堂之处摆放八仙桌一张,两边各设太师椅数把,皆光洁如新。心神为之整肃。宋先生气象端庄,威而不猛,先介绍宋氏形意拳历代祖师、宗师,又带领一干人等参观设在东厢房的陈列室,神态从容,娓娓而谈,引人入胜,敬仰之心渐生。

暮春时分,李德仁老师来电通知,说宋先生近日要举行收徒仪式,嘱我一同前去观礼。拜师之礼,会是怎样的礼仪呢?虽然古已有之,书上不乏记载,但对于从小受新式学校教育的人来说,终究十分隔膜,更不知武行中有何规矩,于是欣然而往。仪式不算复杂,时间也不长,但是气氛却十分严肃,尊师重道的内涵贯穿始终。李德仁老师是宋先生亲炙门下，以师兄身份担任司仪。仪式开始，先由宋先生率领所有门人按照在师门中的班辈，依次向宋氏先师上香，行三跪九叩之礼，随后由李老师逐条宣读《宋氏形意拳武德教育》，然后新入门的四位弟子递交拜师帖，向师父师母行跪拜礼、敬茶，请求接纳为弟子。宋先生端坐太师椅中，面色凝重——收帖、饮茶，并赠送每位新弟子《宋氏形意拳》和《宋氏形意拳简介》各一套。最后，新弟子就自己的学武经历、拜师机缘、对武术的认识逐一介绍，并感谢师父的接纳栽培之恩。堂上仪式结束，移步院中，师兄弟间切磋技艺、展示功夫后，宋先生拿出一篇文稿，就形意拳的历史、宋氏形意拳的特征、武德教育与传承，耐心讲述；弟子门徒数十人团团围坐，洗耳恭听。宋氏收徒，自祖辈以来，从不收学费，甚至常有家贫弟子远道而来，食宿皆在师父家，动辄一年半载，宋氏从无半分嫌弃。唯一的例外，就是新弟子在拜师当日要出钱请师父以及前来观礼的众同门聚餐一次，算作酬谢师父的束脩。不过为了帮弟子减轻负担，宋先生常常是五六人、七八人一起举行拜师礼，由众人分摊费用。其中良苦用心，昭然可见。不由心中感念，宋先生一生看似平凡静淡，却不仅秉承了旧时武人视为拱璧的德行礼数，更能将一生技艺，毫无保留，倾囊传授。这般磊落行径，变家学为国宝，较之先辈收徒时的规行矩步，恪守门规，胸襟之畅达，能不让人肃然起敬？

形意拳自李洛能之后，影响日增，在晋、冀、京、津传播尤广。李氏门下弟子众多，佼佼者八人，其中山西的车毅斋、宋世荣，河北的刘奇兰、郭云深，尤为翘楚。四人各有绝技，名震江湖，宋世荣的"盘根冲空"，与车毅斋的"游鼍化险"、刘奇兰的"腾龙搜骨"、郭云深的"连珠快崩"，并称为形意拳四大绝技，四人也因此被称作形意拳四大金刚。同时，宋世荣因其"柔"、郭云深因其"猛"、白西园因其"滑"，在京畿地区号称形意拳三大圣手。形意拳又称心意拳、心意六合拳，起源说法不一。或以为乃宋代岳飞所创，明末山西蒲州（今永济市）人姬龙峰于终南山访得武穆拳谱，世代相传。或以为创自北朝时来华传教的印度僧人菩提达摩。也有人认为姬龙峰创立形意拳，所谓武穆遗书，不过假托其名，扩大影响。龙峰先生本名际可，醉心武术，尤擅枪法，当时号为"神枪"，撰于乾隆年间的《六合拳序》和《姬氏族谱》，对其一生事迹皆有记载。因刀枪技艺多用于乱世自卫，太平之日，刀兵销毁，难以随身携带，于是他将"六合枪"转化为六合拳，枪、拳一体，五行变换，至今练习形意者多习枪术，正与此相关。岳飞亦擅枪术，又是抗击胡虏的民族英雄，假借其名，骨血相通，顺理成章。

形意拳崛起于晚清民国，当时正是国势孱弱、外侮深重之际，因此最讲保国强种。光绪十四年（1888），车毅斋远赴天津打擂，击败日本剑术名家坂三太郎，被清廷授予顶戴花翎，五品军功。此后，孙禄堂、韩慕侠在沈阳、北京战胜设擂的外国大力士，名扬华夏。庚子之乱，李存义、尚云祥师徒挺身而出，手刃外敌。30年后，尚云祥改编形意刀法，传授二十九军，最终在喜峰口会战中大显身手。1911年，李存义、张占奎等人在天津成立"中华武士会"，与霍元甲在上海成立的"精武体操会"南北呼应，共同呼吁习武强身，振兴国魂。宋门弟子中，宋虎臣（1881—1947）、宋宴彪（1881—1930）均曾在晋军中担任武术教练；王嗣昌（1880—1953）曾参加辛亥革命，在晋军历任师长、军长；赵守钰（1881—1960）先后就读山西武备学堂、保定陆军速成学堂，历任西安警备司令、第八军军长、护送班禅回藏大使等职；贾蕴高（1885—1941）则因秘密从事抗日活动，与夫人、长子、徒弟被日寇杀害；宋铁麟（1885—1978）武艺精绝，人称"老铁"，民国二十四年（1935）任太谷县国术馆馆长，兼任太谷城关六所小学的武

▲ 图4　贾蕴高与门徒合影，1936年　　▲ 图5　任尔琪与弟子合影，1937年

▲ 图 6　宋铁麟先生与弟子合影

术教员，传播武学，不遗余力。抗日战争时期，宋铁麟因声望卓著，日寇欲委以官职，断然拒绝，隐避乡间数年，一生铁骨铮铮，与假死躲避伪职的著名书法家赵铁山并称"太谷二铁"。任尔琪（1877—1945），曾任山西晋祠国术促进会会长，宋氏《内功四经》注释本即出自其手。日寇入侵，太原沦陷，任尔琪辞去一切公职，闭门谢客，专心授徒。

形意拳以五行拳（劈、崩、钻、炮、横）和十二形拳（龙、虎、猴、马、鸡、鹞、燕、蛇、鼍、骀、鹰、熊）为基本拳法，以三体式为基础桩法。动作简洁朴实，严密紧凑，大多直来直往，攻防一体，技击性很强。练习时要求"六合"，即心与意合、意与气合、气与力合，此为内三合，肩与胯合、肘与膝合、手与足合，此为外三合。对战时强调上法上身，手脚齐到，一发即至，一寸为先，故有"太极十年不出门，形意一年打死人"之拳谚。因此，历代名家授徒传艺时，特别重视武德教育。在众多形意流派中，宋氏形意拳又独具特色。

宋氏形意拳注重内功修炼，以《内功四经》、《易筋经》、《洗髓经》为指导，在严格遵守传统形意拳象形取意、六合为法、四象为根、三节为用等要求的基础上，从脉络、格式、气路入手，内外相合，上下互撑，左右争衡，前后互为作用，全身整体配合，瞬间发出鼓荡震颤的弹性爆炸力。宋世荣先生认为拳术有道艺、武艺之分。一般人只知讲求武艺，动而轻意，重刚而轻柔，重阳而轻阴，重魄而轻魂，虚实不分，而道艺则不以体魄用事，故能以魂制魄。二者之别，在于养气。养气之说，出自《孟子》："其为气也，至大至刚，以直养而无害，则塞于天地之间。其为气也，配义与道；无是，馁也。"世荣先生以武技修为为正道，融于生活，一以贯之。先生之容貌，不怒自威，凛然正气；先生之为人，侠肝义胆，济危扶困。一生所学所思，贯通于日用之道，技艺与道义，俨然一体。

宋氏一门，历来重视文化修养。开派宗师宋世荣、宋世德贤昆仲，自幼聪慧好学，广泛涉猎儒、道、释诸家之学，擅长诗词歌赋，曲艺围棋。后代子孙相承，蔚然成风。民国二十七年（1938），铁麟先生为避日寇伪职，冒险躲避乡下；光华先生当时年仅6岁，风雨如晦，世局板荡，一灯如豆，犹能秉烛夜读，未尝少辍。庚子之乱，李存义因杀洋人遭到清政府通缉追捕，逃到太谷投奔师叔。世荣先生盛情接待，略无畏惧，数月间朝夕过从，相切相磋，多年习武心得和盘托出，毫无保留。世荣先生一生慷慨好义，家中访客终年不断，客人缺少盘缠，他甚至不惜典卖家产，竭力济赡，故有"小孟尝"、"玉麒麟"、"义侠"之美誉。家教如此，门风自然不同。我们采访光华先生时，曾见先生手书祖训数则："尊师重道，树德树人。戒骄虚怀，精益求精。""未曾学武先学礼，未曾学艺先学德。""学武育人，习武可以改变人的气质，可以提升生活质量，倡导尚武精神，树立浩然正气。"光华先生略作解释，说宋氏形意拳老少皆可学习，但需具备三个条件：第一，明德守礼，否则则成暴虐之徒，无礼之辈，对社会害处更大。第二，要有文化知识的基础，否则连宋氏最重视的《易筋》、《洗髓》和《内功四经》都读不懂，义理不明，自然难求上进。第三，要有恒心毅力，否则容易半途而废，难成终身事业。

宋氏先祖世代以修理、贩卖西洋钟表为业，世荣先生17岁时弃儒从商，随父来到经济繁荣、号称"晋商之都"的太谷，开设钟表行。此后，他拜师李洛能，学成一身绝学，但不改旧业，心志淡泊。山西总商会会长曹润堂为之感怀赋诗，云："赌槊超屏技最工，老年犹觉气如虹。谁知燕赵悲歌士，多在鱼盐版筑中。"自古英雄多寂寞，明时既难逢，明主复难遇，以致贩夫走卒之中，多块垒难平之士，所谓"大隐隐于市"，岂非约斋先生之谓耶？先生精通音律，尤擅昆曲，家人友朋，暇时小聚，慷慨悲歌，所唱皆忠义侠烈之事，岂非先生揽镜自照直抒胸臆之语？时乎？运乎？风流散尽，惆怅难平。

张：宋老师您好，对于武术，我是门外汉，您能先介绍一下宋氏形意拳的来龙去脉吗？

宋：宋氏形意拳传自李洛能，李洛能是从祁县戴龙邦那里学的。原来叫心意拳，李洛能把它改名为形意拳，不过民国初年的书上写的还是心意拳。李洛能出师后，从祁县来到太谷，在太谷大族孟𫂃如家作护院，同时传授拳艺。开门弟子是车毅斋，人称车二师傅，再下来便是我祖父。他17岁来太谷，开始学形意拳。

张：您祖籍北京，怎么到了山西？

宋：根据家谱记载，最初祖籍金陵，跟随燕王朱棣迁居北京，曾经也有封地，属于官宦人家。世荣公的祖父文魁公，曾在清宫造办处任职；父亲永禄公，曾受清政府派遣，到欧洲学习钟表制造维修技术，归国后，正值鸦片战争，因永禄公精通洋文，被派赴广州充任翻译数年。后来他厌倦仕途，专门以钟表买卖、修理为业。乾隆之后，以山西太谷、祁县、平遥为主的晋商，实力雄厚，驰骋商界，山西商人遍及大江南北，横跨欧亚大陆，太谷城内更是商贾云集，票号林立，是山西乃至全国的金融中心，享有"金太谷"、"小北京"、"中国华尔街"之誉。当地人生活富裕，家中多有钟表之类的时尚消费品，但不懂维修。因此，永禄公经常被晋商大户邀请到山西修理钟表，往返既多，于是在太谷城内开设钟表制造局，局名"永善兴"，生意十分兴旺。

张：对，曹家三多堂就收藏了很多西洋钟表。

宋：太谷那时候富人多，集中在南溪、上庄那一带。世荣公在同治四年（1865）来到太谷。他自幼习武，学的是家传的少林拳，同时研读家藏的《洗髓经》、《易筋经》，根底很好。随后拜师李洛能门下10年，一同学习的还有车毅斋、李广亨、贺运亨以及先祖世德公，当时人称"五星聚太

▲ 图7 三多堂外景之一　　▲ 图8 三多堂外景之二　　▲ 图9 太谷老城

谷"。从门人传承来说，车毅斋和世荣公弟子较多，影响较大。但二者也有不同。车毅斋功夫精湛，一生以保镖护院为业，门下弟子多出自农村，文化水平普遍不高。世荣公修钟表、做生意，从小受过较好的文化教育，武术只是他的一个业余兴趣，不靠这个吃饭，态度上就相对不保守，对文化水平的要求也就比较高。

张：保守？是指传授武艺时有所保留，教会徒弟，饿死师傅？

宋：差不多吧。世荣公选择徒弟也很严格，不随便传人，他的弟子大多比较有文化，层次较高。王嗣昌、赵守钰都曾在政府担任要职，任尔琪曾任晋阳煤矿总经理，贾蕴高精通书法绘画。因为择徒过严，传人不是太多。

张：您是宋氏形意拳的第三代？

宋：是第二代。世荣公、世德公创立，下边的子侄辈有虎臣公、铁麟公，他们是第一代，我是第二代。在形意拳各门各系中，能够家族一脉相承的，只有宋氏。河北的郭云深、刘奇兰，山西的车毅斋，后人现在都不练了。

张：形意拳主要在北方传播？

宋：对，原来是北方，主要是山西、河北，河南的传人是马学礼，回族人较多。现在已经不分南北了，全国各地甚至国外都有，我国的香港、澳门、台湾，以及美国、日本、韩国、新加坡、马来西亚、德国、希腊、英国这些地方都有。

张：形意拳，或者说心意拳，是什么时候创立的？

李：明末清初，蒲州人姬龙峰创立的，时代和傅青主差不多。姬龙峰原来是个文化人，但是酷爱武术，赶上乱世，就专

▲ 图10　宋铁麟80岁拳照　　▲ 图11　宋铁麟与其子宋光华对练拳照

研武术，尤其精通枪法。后来，据说在宋朝建的一所岳王庙里，因为年久失修，塑像开裂，他从里边找到一本武穆拳谱。经过几年的认真研究，领悟了其中的道理，从而创建了形意拳。所以，形意拳起初称作心意六合拳，被认为是岳飞原创。

宋：对，有这个说法。

张：也就是说，形意拳是借鉴岳飞的武术理论而创立的？

宋：对。但是现在从岳飞到姬龙峰之间的传承，搞不清楚。不过这条线索应该没问题。

李：姬龙峰在世时名气就很大了，少林寺还请他去教过拳，而且据说不教俗家弟子。后来的曹继武、郑南山，也都是十分重要的传人，曹继武还中过武状元。后来就是戴龙邦、戴二间父子。

张：这么看来，形意拳与少林拳还很有渊源？

李：从武术体系上来说，形意拳是内家拳，少林拳是外家拳。

宋：对，是这样的。

张：内家、外家的区别是什么呢？

李：说得简单点，内家拳是修道的，外家拳仅仅是为了技巧，能打就行。

宋：这也是武艺和道艺的区分。宋氏形意拳，不管什么练法，都是以《内功四经》为指导，以任督二脉分阴阳。更重要的是，通过习武，修身养性。

张：宋氏形意拳中的《易筋经》、《洗髓经》，好像少林寺也有？

宋：是的，据说是达摩祖师传下来的。

李：这是假托。实际上，春秋、战国就有，湖南马王堆出土的汉墓帛画里还画有《易筋经》、《洗髓经》的内容。说穿了也没什么，不过就是些健身益气的法门。

宋：宋氏形意拳讲究上层功夫，要炼精化气，炼气化神，炼神化虚，通过长期的练习，达到易骨、易筋、易髓的效果。所谓易，就是改变。台湾的一个医生来我这里，做了个解释，很有启发。他说人体有脊髓、骨髓，脊髓与神经相关，通过锻炼，神经反应灵敏，动作变得敏捷。骨髓是造血干细胞，通过锻炼，造血干细胞可以对修复内脏起到帮助作用，细胞旺盛，身体就健康了。所谓练内功，讲究内壮才能外强，心、肝、脾、肺、肾包在肚皮里，看不见，但借助锻炼，是可以变得强健的。同样，筋、骨通过合理锻炼，也能变得结实，骨小板排列有序，骨质密度增加，这些都有科学研究成果。这些方法，既符合运动科学，又符合人体力学。不少练拳的，都能延年益寿，到老身体还很壮实，反应灵敏，这就是锻炼的结果。像我父亲，活了94岁，一生没得过什么病。

张：练习这些内家功夫，都要配合呼吸吧？内练一口气？

李：外家功夫也要配合呼吸，二者的区别不在这儿。内家拳，特别是形意拳，将中国传统文化中的儒、释、道都容纳吸收了。心意拳是从心学来的，心学从宋代陆九渊到明代王阳明自成体系，真正是三教合一的，这跟朱熹的理学不同。

张：这样说，会不会有问题？当年收徒，徒弟的文化水平都很低，很多人还是文盲，怎么能听懂这么高深的问题？

李：宋氏收徒，没文化的不收。

宋：因为有了文化，就能传承，会表达，看古书，读《内功四经》就不发怵。宋氏形意拳的特色就是《内功四经》，这是基本的指导方法。有了这个方法，练功就不会出毛病。前一段时间，有几个从安徽宿州来的学生，练了二三十年形意拳，方法不对，有的头晕、血压高，有的身上疼，越练越僵。我给他们用这个方法调了一段时间，才慢慢恢复。

张：《内功四经》是祖上传的，还是自己创的？

李：应该说跟世荣先生密切相关。世荣先生在该书的跋语中说，清初有一个王姓的官员从水底捞出一个石函，里边盛放的就是这部书，但当时无人能懂。百年之后，有人识破，这才知道是修炼内功的。晚清时存放在沈阳的工部库房中，刘晓堂有抄录本，后来送给了世荣先生。世荣先生将其与自己的练功实践相结合，发现功夫长得快，而且不出偏差，就将这部书作为练功的理论指导。这部书一般人不好读，按照次序分为内功、纳卦、神运、地

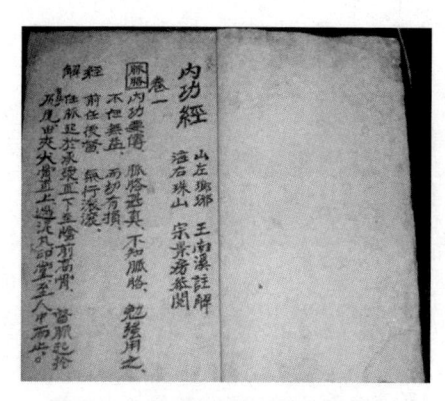

▲ 图12　车润田先生手抄《内功四经》首页

龙，文义精深，读不懂，徒弟就教不成。所以，过去晋中有句话，说宋氏形意拳门槛太高。

宋：任何门派，一定有它的理论依据和实践传承，不是随随便便就能立起来的。宋氏形意拳的基础理论就是《内功四经》，现在也传承了上百年了。时代越变，越觉得这些东西宝贵。譬如说，形意拳原名心意六合拳，讲究内三合外三合，手跟脚，肩跟胯，肘跟膝，这是外三合；内三合是形与意合，意与气合，气与力合。象形取意，由外观内，通过外在的形体考察内在的功力，反应快才能出手快。怎么才能反应快？就要不断有内功的练习。

李：就是要知行合一。形意拳是心学，心学就讲究知行合一。

宋：对，形意拳讲究天人合一，人法天，天法道，道法自然。身体变化，跟气候、季节、方位都有关系，体现在医学上，就是脉络、气路。眼睛虽然看不见，但确实存在。遵守这些规律，身体就会受益，益寿延年。

张：世德先生后来出家了？

宋：对，他是我的亲祖父，40多岁出家。远游数年，东到朝鲜，北到俄罗斯，手拿一柄月牙铲，走哪儿住哪儿，一路上行侠仗义，悬壶济世，做了不少好事。

李：内家拳讲究修道，层次越高，越能看破人间俗事，专心修道。世荣公的次子国秀先生，也是在沁县安禅山法华寺出家，于雁门关镇边寺受戒，法号真空。先后在北京广济寺任知客师，在太原白云寺任主持。长子虎臣先生虽未出家，但因酷爱武术，终身不娶。不过，二宋在当时名气都很大。世荣先生被称为北京武术界的三大圣手之一，与郭云深、白西园齐名。

张：世荣先生在北京做什么呢？开武馆？

李：宋氏在太谷、北京都有生意。他家的祖坟在酒仙桥，北京也有宅院，就在东城齐化门南边的火神庙附近。老北京有好几个火神庙，都是形意拳的固定场所，找到火神庙，就找到自己人了。

张：学形意拳要有文化功底，了解传统文化，您都读过哪些古书？

宋：我上学不多，小时候读过一些古书，《三字经》、《百家姓》、"四书"都。主要是通过老辈们的言传身教，对旧传统，对忠孝节义、礼义廉耻，有些体会。

张：对，像贾蕴高先生那样，日寇入侵，敢于挺身而出，舍生取义，恐怕还是出自传统的儒家节义精神。

李：形意拳尊重岳飞，视为鼻祖，不仅因为他是武术上的来源，更重要的是岳飞的忠义精神。形意门人，能抗击胡虏，却很少做官，与这种观念有关系。郭云深、宋世荣、白西园、李存义、尚云祥都不愿做官。抗日战争时期形意门人很多参加革命，抗日杀敌，民族英雄很多。世荣先生的徒弟王嗣昌，是辛亥革命的元老，在阎锡山手下担任军长，中原大战时蒋介石派人拿金条收买他，他毫不动心。但后来阎锡山却因此怀疑他，他就辞职不干了，义不受辱。

张：有古君子之风。

宋：也有民族气节。日本人打到太谷时，任命了一个伪县长。因为我父亲懂武术，声望高，伪县长让他到保卫团做事，遭到父亲的拒绝。日本人不肯罢休，三番五次地找，没办法，父亲就带上全家跑了。

李：民国时期，太谷有两个人，人称"二铁"，宋铁麟、赵铁山，一文一武，声望都很高。太原沦陷后，太谷的政府官员、警察都跑了，有一段时间，太原成为政治真空，没人管。太谷是山西的经济中心，商会

▲ 图13 赵铁山（前排左二）与友朋合影，1940年

| 275

自然着急，就请铁麟先生出面维持。他推辞不掉，只好迎难而上。找来不少门下弟子，又招募了不少人，组成民团，保护城里城外的商业安全，维持治安。直到日军快进城时，这时商家的财产也大都安全转移了。他又宣布解散民团。而且，很讲策略。每人两块大洋，拿上钱就必须走，这个从东门出城，那个从南门出去，第一批出了城，才给第二批发钱，防止他们乘乱抢劫。世道乱，真要结成团伙打劫，谁管？可见铁麟先生的谋略。日本人来了让他做官，他不能答应，但也不能一直对抗，要不就成抗日分子了。于是带上老婆孩子，跑到清徐、太谷、祁县交界的游击区躲避，一躲就是好几年。赵铁山倒是没跑，他自有办法，那就是装死，门上贴上白纸，挂了讣告，实际上躲在铺子后边的小院里头，有人每天送饭。国民政府专门为他在西安举行追悼会，蒋介石还送了花圈。

张： 晋中地区的晋商大院，都有保镖。以前人说穷文富武，是不是经济越发达，武术也就越发达，二者有个相互促进的作用？

李： 确实如此。当时晋商都要雇用很多保镖，平时看家护院，如有大批银两物件押运，也由镖局承担。当时很多著名的武师都以押镖为业，比如戴龙邦、戴二闾父子，左二把，王正清，安晋元，李存义，他们都是一流的高手，待遇当然也十分优厚。这些或多或少都与晋商有关，好多练形意拳的后辈也都跑到山西来找工作，宋世荣、车毅斋就推荐过很多人做护院武师。

宋： 形意拳的传承原先比较保守，我的师兄们也大多已经去世，在我看来，必须解放思想，该传就传，决不能再保守。形意拳是非物质文化遗产，不传就是自生自灭，只有传承才能发展，才能发扬光大。所以，我希望通过各种渠道，介绍形意拳，让人们了解它，喜爱它。

张： 一般的拳法都有套路，按照套路练习，似乎比较容易。形意拳有套路吗？

宋： 也有套路。

李： 真正的武术不讲究套路。练武之人，精力都放在套路上，就成了花架子。真正的武术是实用的，既能强身健体，更可以随时实战。套路最适合什么？表演！比赛！拿奖牌！套子货，不中用。

宋：武术概念中有功法、套路、格斗，有这样解释的。

张：有人说，中国武术近似舞蹈，适合表演，拳击、泰拳，实战性更强。

李：你看拳击、泰拳有什么套路？拳击就是三个动作，直拳、摆拳、勾拳，合起来就是个组合拳，非常实用。

宋：不过仔细看，每个套路都有攻防的含义。

李：宋老师教我们动作时，对方一拳打来，要格挡、反击，一般的拳法是分开的。形意不能分开，一旦出招，这一招就既是防又是打。

宋：打也是顾，顾也是打。

李：顾打合一。形意拳讲究万法生于三体，这个思想来自老子的"道生一，一生二，二生三，三生万物"。在形意拳里，千千万万的打法都是由"三"生出来的，每个打法里都包含"三"，所以只要一动手就是"三"。形意拳之所以威力大，是因为它在理论上就比别的拳法高一筹。这些东西说起来简单，真正领悟很难，特别是一动手就能把"三"体现出来尤其难。当然，如果有名师指导也很快，民间有一句传说："太极十年不出门，形意一年打死人"，学了一招，反复练，体会攻防合一，学完了，再教第二招，一招一招地学下来，每学一招都能用于实战，所以才能一年见效。

张：刚才看照片，发现里头还有些是入门仪式，这跟古代的拜师礼有关吗？

宋：中国人讲究天、地、君、亲、师，老师是没有血缘关系的人中最重要的，不仅传授谋生的技艺，也通过言传身教，传授做人的道理，这是中国传统文化中很重要的一个特征。古代的师徒关系，跟现在学校里的师生关系还不一样。师徒朝夕相处，感情很深，彼此都负有责任。师傅要认真传授技艺，通过徒弟来传承，而且还要负责徒弟的人品德行，如有败坏则要逐出师门。徒弟呢，除了要好好学习技艺之外，也要维护师门荣誉，有很强的凝聚力，这些都有具体的要求，所以古人说"一日为师，终身为父"，指的就是这种亲密关系。

李：拳道通于天道，天道通于人道。学拳之后，为人处世都会了，懂了，还符合道德。

| 277

▲ 图 14 宋光华先生收徒仪式

张：在您小的时候，师兄弟拜师的仪式、规矩与现在一样吗？

宋：差不多，现代稍微简化了一些。不过有些仪式是一样的，比如要给先师三跪九叩、上香行礼，拜师要有引荐师、拜师帖，徒弟要给师傅磕头、敬茶，这些礼节一直保留，没变。

李：古人讲究博之以文，约之以礼。传授武艺，先传武德。德怎么体现呢？就是通过礼节来体现，要有外在的仪式性的规则来约束，不能只是嘴上说说，否则无法执行。拜师仪式就是一种礼节。

宋：实际上，也是通过这么个仪式，确定师徒的名分，这对师傅和徒弟都是一种约束。徒弟要学会尊师重道，师傅也要以身作则，树德树仁。这样师徒之间才能在长期共处的教学、生活中，形成凝聚力。我们常说的"师徒如父子"，就是这个意思。

李：习武的过程也是情感的交流，通过师傅和徒弟、长辈和晚辈、师兄弟之间，既有名分上的约束，也有情感上的联系，都能给人归宿感，感染力就特别强。一个年轻人没学拳的时候，是个愣头小子，在街上横行霸道，诈诈唬唬，拜师学拳以后，过上几年，这个人就会变得文雅，有教养。这种修养就是从师门慢慢学来的。

张：这就像宋代以来的书院，师生白天晚上在一块，交流很多，感情也很深厚，传道、授业、解惑融为一体，几十个学生，和老师相处三五年，感情自然不一般。老师年老生病，学生端茶倒药，养老送终，按时祭奠。我觉得武行的师徒关系，也是这样。

李：对，也是这样。读过《岳飞传》，就知道岳飞与师傅周桐的感情，周桐无儿无女，岳飞为其养老送终。

宋：武术界这种例子很多。学武术，就是学做人的礼数。（指着屋里一个年轻人）比如，那个孩子是从福建来的，在我这里住了半年了，每次来的时候，恭恭敬敬地先鞠个躬，走的时候再说一下，打个招呼。这是中国的传统文化，传统礼节。古代年轻人做人先学礼，洒扫应对，都有规矩，这就是教养。

张：现在很多人不懂礼，举手投足都显得粗鲁。以前看过一本书，说一个清华大学的学生去拜访陈三立先生，那是位老先生，也是民国时期著名的大诗人、大书法家，是著名历史学家陈寅恪的父亲。这个学生去的时候，正好陈寅恪先生也在，陈先生是他清华大学的老师，但是因为他来拜访陈三立先生，是客，就要按宾主之道落座，而陈寅恪先生只能站在父亲椅子背后侍坐。父亲待客，儿子不能坐，只能一旁侍候。为什么呢？这是待客之道，是老辈的规矩。现在都不讲究了。

▲ 图15　在宋光华先生家中采访，2014年1月

宋：对，以前大户人家都有这种家教，不同的场合，不同的辈分，有不同的礼数。这需要从小培养，耳濡目染。

张：宋老师，您现在还带徒弟吗？

宋：带啊。有百十多个，都是正式拜过师的，一般学习的就不算了。拜师的目的，不只是学习，更重要的是传承。武术的技巧、武术的精神、武术的修养，都需要人来传承，传下去才有可能提高、创新、与时俱进。

张：拜师之前，您对学生会进行考察吗？

宋：对，要考验一下。主要考察道德品质，为人处世，武术基础有了更好，没有的话也不怕，只要真心喜爱就行。

李：形意拳跟外家拳不同，不用大幅度地压腿下腰，正常人都能练，男女老少都适合，练起来没有任何难度，朴实无华。只要能做正常的动作，就能打形意拳。因为形意拳认为武术动作不能有难度，如果做起来很费劲，还怎样用这个动作去打人？最简单的动作，打人才最有效。

宋：现在国家为了评定等级增加了技术难度，比如太极拳，一下跳起来，空中旋转720度才落下来，落地时还必须单脚着地。这样的动作，一般人能做到吗？在实战中能用吗？花拳绣腿太多，武术的性质就变了。

张：形意拳有武艺、道艺，道法自然，自然就是生活日用。

宋：对，现在练拳，实战的机会少，但是可以强身健体，延年益寿。所以，我们教的方法是"练养结合"，不仅要锻炼，还要会保养，要对人的身体结构、经脉、关节有所了解，通过修习内功加以调理；还要戒除一些不良嗜好，如酗酒、抽烟。只练不养，损害更大。

张：宋老师，您的孩子们现在还练拳吗？

宋：两个儿子，以及下边的小孙子，都在练。我自己文化水平低，当年练武也是受家庭的熏陶，耳濡目染，就这么一代一代传下来了。民国三年（1914），车毅斋先生去世，李存义从河北赶来吊唁，与毅斋先生的大弟子李复祯、我父亲铁麟先生以及布学宽等形意拳同门商定，以"华邦维武尚，社会统强宁"十字，作为形意拳排辈的次序。我父亲是第一代"华"字辈，我是第二代"邦"字辈，李老师是"维"字辈，现在已经传到"社"字辈了。

李：世荣先生是宋氏形意拳的创始人，他这人兴趣广泛，轻功也好。喜欢喝茶，每天清早都要去城外的凤山上提一罐水回来泡茶。出去时城门不开，他就翻城墙出去，跟走平地一样，拎上水回来，城门刚开。他还精通围棋，喜欢唱京剧。每天商号关门后，一个人就是一台戏，唱念做打，样样精通。

宋：形意拳在技击上的基本原理，就是顾、打合一，而且可以一招多用，比如用劈拳迎击，根据对方的位置、力道，既可以直击，也可以变成拿，还可以使用腿法。长拳讲的是四击：踢、打、摔、拿，形意拳则是七种击法：打、踢、拿、摔、点、顶、靠，全身七个部位：头、肩、肘、手、胯、膝、脚，都可以打，而且左右都可以，称作七拳十四处打法。

李：宋老师就很厉害。他和徒弟试招，脚上稍一用力，徒弟就受不了。铁麟师爷85岁时，就在这个屋子，有两个祁县的年轻人来请教。他们20年前来过，一动手，不顶事。这次来先是假装看书，乘老先生不注意，想把老先生摁倒。结果，老先生一抖，俩人就跌倒了。

宋：我祖父有一次到上庄给财主家修钟表，回城时，财主派马车送，车夫坐在车上，从背后突然拍了他一下，算是招呼他上车。结果，"啪"的一下，祖父就把他拉下来摔到地上了。这说明祖父警惕性高，而且因为长期习武，反应特别快。练形意拳，首先要学会放松，功夫越高，各个部位才能越放松，这样才能反应敏捷。这里边有拳理，需要好好体会。

中国古代就有武侠的传统，《史记》中有《游侠列传》、《刺客列传》，豫让、专诸、荆轲、郭解，重义轻利，行事傲岸，千古而下，读来仍让人向往。但在中国还有一种传统，那就是对"侠以武犯禁"的防范，侠者挟技自雄，路见不平一声吼，最易犯上作乱。两种传统，各有立场，相持不下。1955年，国家体育运动委员会①在工作报告中说，要对厂矿、企业、学校、机关原有武术小组加以整顿，"农村中坚决停止发展，原有的武术活动可由乡政府、青年团加以领导，不要被坏分子利用做坏事"，沿袭的仍然是传统的防范思路。虽然不久之后政策调整，要"变害为利"，但武术的技击功能再不提起，摇身变成"表演之术"。到今天，除了增加些许健身、养身的功能，依然如旧。所以，我们听到中国武术花拳绣腿缺乏实战性的恶评早已安之若素，某个武术冠军被几个小流氓群殴也不再是新闻。无他，武术已成舞术而已。

太极拳家于志钧先生曾用《易经》中的卦象来解释中西武术的差别。于先生认为，《易经》中第十一卦泰卦，其卦形是上卦坤为地，下卦乾为天，地上天下；天轻而向上运动，地重而向下运动。天地相交而生万物，阴为虚，上虚下实为泰，"内阳而外阴，内健而外顺"，体现在中国传统武术中就是要求根基稳，要站桩，立地不动摇；上肢轻灵，出手敏捷。中国武术，讲求以静制动，后发制人，内充实而外安逸，岳峙渊渟，气度雍容。否卦的卦形正相反，上卦乾下卦坤，天上地下，天向上移动而地向下沉，天地分离，阴阳不交，这正是西方拳击的经典打法，蹦来跳去，重拳出击。东西方技击术

注释：

① 现为国家体育总局。

在哲理上就是相反的，这种相反一直延伸到训练方法和实战方法。

这与中国传统文化的特征一脉相承。在对抗性斗争中，中国文化尚智不尚力，柔克刚，弱胜强。老子云："天下之至柔，驰骋天下之至坚。坚强居下，柔弱居上。""柔胜刚，弱胜强。"《孙子兵法》云："弱胜强，智胜力。""形人而我无形。"正是在这种西方人无法理解的"弱者哲学"的指导下，才会出现太极拳这样"以柔克刚"、"以小力胜大力"、"以静制动"的实战技术，出现除暴安良、铲强扶弱的侠义精神。西方信奉的则是强者哲学。孟德斯鸠在《罗马胜衰原因论》中写道："罗马人为了能够使用比其他人的武器更重的武器，他们就得更多地锻炼。他们做到这一点，是由于他们不断地努力劳动以增强自己的体力。他们还通过各种练习以取得动作的灵巧，而这种灵巧不外是正确地分配自己的力量。"最强壮者得胜，这种强者哲学一直是西方文化的核心。在这种强者哲学思想的指导下，一切体育比赛都是"强胜弱"，奥运会不过是一场贯彻西方强者哲学的体育赛事，它的口号是"更快、更高、更强"。

20世纪以来，传统文化成为中国未能迅速实现现代化、落后挨打的替罪羊，从口诛笔伐到破旧立新，传统文化百年间饱受摧残。要肃清遗毒，自然需要"西天取经"，西学成为准绳，科学精神成为指导中国社会文化转型的最高标准。相应地，作为俯首好学的好学生，中国既有的一切都需要与西方接轨，武术如是，中医、国画、礼仪、学术、信仰乃至衣食住行种种习惯，莫不如此。只可惜，天不遂人愿，膜拜百年，奈何西自西，东自东，人家既不无私授受，接轨总成一厢情愿，沦为笑柄。

好在庙堂之外，中国另有道统。礼失求诸野，草根民间，自有血脉传承，无关名利，甘心淡泊，倒是一派勃发生机，郁郁葱葱。成王败寇，百年历史走马灯。且任他经济潮起，政治潮落，翻滚旋转无休时，俺只信穷变通久，君子笃行，礼义廉耻传后人。渔樵耕读，屠沽负贩，不减凌云之志，虽有家国之忧，不忘日常之乐。习武强身，更能修身养性，太平年月，一生修为，虽难应用，但君子养气，道义存焉，尚武精神不灭，乃国族之大幸，受益的又岂止是武者本人？

遗山诗教甘豹隐　书画余事爱林泉
——陈巨锁先生访谈录

被采访人： 陈巨锁（简称陈）
采 访 人： 张焕君（简称张）　行卫东（简称行）　李星元（简称李）
录音整理： 武俊杰
执 笔 人： 张焕君

尘世中人，无不歆羡自由，却无时不在局限牵扯之中。如果说自由是精神对肉体的脱离与超越，那么或许可以说，读书是最好的解脱之道。世间有书千千万，好书的特征却始终如一：智慧永远比知识更重要。读这样的书，可以感受沧桑变换中的生命之美，可以体悟人之为人的真谛所在，仰天长啸可见其烈，故国神游可见其哀，上下求索可见其诚，禅房花木可见其幽。展卷而读，虽身处容膝之陋，却能思接千载，视通万里，神游物外，心灵通彻，这是读书人的福分。倘若所读之书中有钦佩之人，向往之事，乐趣又自不同，读书便成神交，不仅见其面貌，且能迎其精神。久处其中，水乳交融，与前贤往事起居唱酬，不免沾染许多清爽之气。蓦然低头，看人间自家皮囊，迎来送往，夙夜营营，恍惚间竟不知今夕何夕，身在何处，难免兴起庄生梦蝶之叹。天清地浊，上下判然，如非借彼青箱黄卷，何能脱此人间躯壳，轻盈物外？于是，

▲ 图1　行卫东先生、陈巨锁先生、张焕君主编、李星元先生（从左到右）在陈巨锁先生家中访谈

就格外珍惜上天赐予的福缘。

顾亭林有言：读万卷书，行万里路。读书与行走，一静一动，恰似人生之两面，然尚不止于此。静室读书，身形巍然不动，心思早在千年之上，万里之外，与所思所慕之人，谈可悲可喜之事，飞鸿雪泥，飘摇不定，此为静中之动。万里行走，无分东西南北，但有山川奇胜，便可不辞劳苦，探险寻幽，然驻足流连之际，兴致飞扬之时，忽地笑声渐小，语转低沉，山河俱在，逝者如斯，天地或可不仁，人力终究难为，不免黯然悄然，心神遂而静穆，此为动中之静。动静消息，阴阳翕张，天地之道，尽在其中。然欲合而观之，起而行之，持之终身，乐而不疲，亦非易事。个中缘由，人人尽知，不说也罢。

近读陈巨锁先生诗文，感触不少。先生癸巳年曾作自况诗一首，颇见性情。诗云："平生无多嗜好，性喜读书游山。书画系为余事，摄影以为系年。读书不求甚解，游山偏爱林泉。腰脚差强人意，尚堪西北东南。"先生一生爱书，涉猎甚广，书画之外，经史佛老，性情小品，无不寓目。每有外出游玩，抽闲必逛书店，数十年间累积，家中已是俨然书海，四壁煌煌。无事之时，坐拥书城，随意翻阅，如将军点兵，似旧友重逢。偶有会心，满心欢喜，浑然不觉人间风云浮沉。先生又爱看山，年逾七十，每逢春暖花开，或秋气纵横，便思入山游玩，赏心悦目。山不必有名，却需幽静；花无需贵重，只要怡人。先生自言，往昔曾"东临沧海，西出阳关，两凌泰岱，三上华岳，登武当，攀峨眉，跻匡庐，访黄山，普陀听潮，九华看竹，青城寻幽，雁荡探奇，三峡放舟，漓江选胜，塞外草原，云南石林，湘西张家界，闽南泉州湾"，所

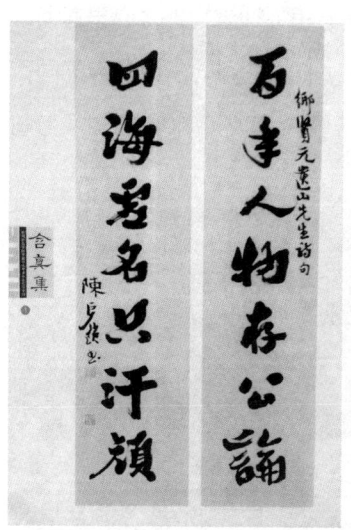

▲ 图2　陈巨锁先生作品

到之处，或吟或默，或临或写，清纯之气勃发，野逸之心舒展。负手而立，远观近玩。当斯时也，物我两忘，遂有大欢喜。

读书看山，乃先生天性所好。人生在世，能顺应天性，枝条畅达，心志无碍，自然是第一幸事。然而，对于真正的读书人而言，却是心愿未了。世间好书众多，奇峰林立，人寿却有穷尽，千卷在手，所为何事？千山阅尽，身心何益？倘无此念，纵使读破万卷，看遍万山，仍是流于皮相，难见真章，不免做一个两脚书橱，游方和尚。先生则不然。观其60年来行脚所至，待人处世，恪遵严守者，无非一"诚"字。诚者，真实无妄之谓也。无论从游侍坐于师长之侧，还是教诲提携于后学之前，皆能以诚待人，真实不欺。久而久之，反诸己身，则灵性洞明，立身行事，刚毅木讷，中正仁和，浑然自然，无需外饰，不假外求，此为待己之诚。《中庸》所谓"唯天下至诚，为能尽其性；能尽其性，则能尽人之性；能尽人之性，则能尽物之性；能尽物之性，则可以赞天地之化育；可以赞天地之化育，则可以与天地参矣"，此为儒家修养的本真功夫，施诸先生之身，孰谓不然？

略举数例以明之。先生僻居忻州，但痴心于书画艺术，多年来尽心竭力，培育人才，至今硕果累累，桃李盈门，此即《中庸》所谓"诚者非自成己而已也，所以成物也。成己，仁也；成物，知也"，成就自身，固然要紧，但能成就有志之士，更见博大气象。先生素喜黄庭坚奇崛之气，尤喜其"愿为雾豹怀文隐，莫爱风蝉蜕骨仙"之句。20世纪80年代，先生欲为书房求匾额，遂拜托其师王绍尊先生代向楚图南先生求字。楚先生乃当世名家，有感于先生读书之诚，慨然允诺，不仅题写堂号，此后更是多次题赠诗联，以为扶持奖掖。先生一生师友众多，授业之师，如段体礼、柯璜、赵延绪、王绍尊，多次著文怀念，情真意切；恩遇之师，如潘絜兹、赵朴初、张颔、董寿平，字里行间，反复致意，宅心昭然可见；生平好友，如王朝瑞、亢佐田、陶福尔，念兹在兹，未曾片刻或忘，王朝瑞不幸早逝，壮志未酬，先生嗒然若丧，痛哭不已，真情毕现；书界同道，无论长幼，但有些许指点之功，酬和之义，皆再三致谢，纯乎发自真诚，故先生文集中多有此作，李苦禅、沙孟海、卫俊秀、钱君匋、阎丽川、力群、姚奠中、丰一吟，难以枚举。先生一生交往，最见性情的是与上海周退密先生的交情。周老乃诗词名家，二人素不相识，却因鸿雁传书，奠定一生友谊。2013年，继《隐堂师友百札》之后，先生又出版《周退密致陈巨锁翰札》，以贺周老百岁之寿。忘年之交，君子酬唱，何止疑义相与析，竟成艺林席上珍。

　　心诚则体正。读书既可明心见性，行走亦能体道悟本。目遇神交，无非阅历。能阅人，始可阅己。《大学》所谓"大学之道，在明明德，在新民，在止于至善"，修身立德之本在明白一己之本心，心所向往，志则从之，至善之境虽未可必，然心思由此而能恒定。先生自20世纪60年代离开家乡，游学四方，就教于有道，日就而月将，阅人既多，本心愈明。平生所好，读书游山，则世间功名可有可无，文人傲骨却隐然可见。与先生对谈，亲切和平，如沐春风，但观其文章书法，却大气纵横，奇崛暗生，笔墨之下自有高贵之气。先生读民国书法家王荣年墨迹后，感触丛生，提笔撰文，引其致友人信中语："心长才绌，性刚器狭，难为人下，将来如有机缘，能予我以参政监察或其他清高位置，颇思一试，否则，懒为五斗米折腰矣。"先生称之为"学人本色"，正为对其刚傲之气心有戚戚。即便游山赏花，本为怡情而来，也难掩一腔刚烈之气。在阳泉狮脑山偶遇野刺梅，幽香浮动，恢弘密集，他以为苏州邓尉的"香雪海"虽有气势煊赫，曾经得到康熙、乾隆品题，文人雅事咏赞，其野逸与清纯，较之这荒山无名的野刺梅，只怕也有不如。花色浅黄，枝干带刺，这是它的傲骨，无需达官贵人之品题，隐居高山之上，得天地之灵气，吮雨露之精华，花开满山高洁，

▲ 图3　著名篆刻家李树恩为陈巨锁先生刻画像

花谢果实殷红，此等璀璨生命，岂非先生的夫子之道？难怪觥筹交错之后，先生辞别众人，独自返回，在野刺梅盛开之处，放浪形骸，临风长啸低吟，要"相期林和靖，月下觅新诗"。赋诗犹未尽兴，又坐卧花丛，不知时过几许，"落花还兼坠露，冷香共湿衣衫"，这样的孤独清纯之美，乃先生此生钟情之处。得此良友抒怀，怎忍遽尔别离？

先生 1939 年生人，祖籍山西崞县（今原平市）屯瓦村，父祖从商，少年家境饶裕。后虽家道中落，却凭天资与勤奋，15 岁时考入省立范亭中学。范亭中学是三晋名校，师资雄厚，学风淳朴。范亭中学求学 6 年，奠定了先生扎实的书画功底。1960 年，先生与同学王朝瑞、亢佐田等人一同考入山西艺术学院，专攻美术。两年后该校并入山西大学。在太原求学，是先生人生的重要经历，赵延绪、王绍尊诸先生是授业恩师；因缘际会，得遇柯璜先生，更使先生无意中确定章草的创作路径。

大学毕业后，先生辞去都市繁华，返回忻州。小城固然偏僻，却有读书人最中意的清静。修为在我，只需勤奋有恒，目标坚定，何惧此生碌碌？"文化大革命"中，先生住在文庙。昔日圣人之所，早已蝉鸣鸦噪，瓮牖绳枢。先生身居此地，不嫌其陋，饭疏食饮水，不厌糟糠，人虽不堪其忧，无改孔颜之乐。华山写生，天寒地冻，既有美景在前，血气沸腾，虽呵墨融冰，卧病客寓，又何苦之有？先生一生最有恒心。外出游玩，凡有人文胜景，林泉幽静，必不辞劳苦，千里探访。兴尽归来，无论如何疲倦，当日之事，必笔之于书，从无例外。先生喜清洁，爱养花，家中四季花香袭人，无论是最为常见的凤仙卷丹旱地莲，还是难得的悬崖菊、蟹爪莲，抑或是来自海天佛国的水仙，巴山蜀水的墨菊，先生都一视同仁，细心呵护。宅中室外，嫩枝葳蕤，花团锦簇。花事自古养人心，花得枝条舒畅，气质高雅，人在花中，内外浸染，暗香盈袖之处，清白人生，历历可见。

1986 年，先生初出茅庐，在太原举办个人书画展，崭露头角。4 年后，在深圳举办第二次书画展，声名鹊起。2012 年，先生赴京举办第三次书画展，群贤毕至，胜友如云。章草艺术，因先生而复兴。先生是国家一级美术师，

▲ 图 4　陈巨锁先生与张颔先生（左）合影

历任中国书法家协会第二届、第三届理事，山西省书法家协会第二、第三届副主席。现任中国书法家协会评审委员会委员、山西大学书法艺术研究所研究员、山西省美术研究会副会长、山西省山水画会副会长、山西省诗书画印艺术家联合会副主席等。书画之余，辛勤笔耕，怀人记游，笔下饱含真情。所撰《隐堂散文集》、《隐堂随笔》、《隐堂丛稿》、《隐堂琐记》，下笔凝重，文风老练，深受学界好评。放眼当今书画界，有这般心胸与才情者，能有几人？《陈巨锁章草书元遗山论诗三十首》书法长卷、《陈巨锁章草书金刚般若波罗蜜经》线装书等著作，奠定了先生在书界之地位。杨仁恺先生为之题跋，云："我国文字中之草书，以章草开先河，历代名家以章草名家者，寥寥可数。今观陈巨锁先生之章草，既承传统，又有新意，为今日书艺开辟一种新途径，值得称道，因缀数语，藉申欣慰之忱云耳。"沈鹏赞其"朴茂真淳"，孙其峰称其"古朴厚拙"，钱君匋誉其"儒雅风流"，游寿更以"喜见汉人章草笔致，久不见此矣"而赞叹不已。著名书画艺术家王学仲多才多艺，书画之外，精擅国学文史，创立"黾学学派"。虽久处盛名之下，而甘心淡泊，无意名利，与先生最为同道。早在1990年深圳书画展时，王学仲便决然断言："巨锁善写章草，为书法家；善诗，有元遗山幽并之气，为诗人；善写文章，颇多波澜，为作家；善画花木山水，为水墨画家。人在中年，已涉猎中国文学艺术的几个领域，潜心致志，会通书绝画理。其作不矜才，不使气，水墨画妙合自然，神融于物。于书法取简牍而丰富章草，绍米颠而旁汲青主，从师承中延伸出个人朴实严整的格调。"学仲先生平生不轻易许人，对后辈能有如此嘉许，情真意切，可见其期待之深。

壬辰盛夏，"陈巨锁墨迹展"在京城政协礼堂开幕，一时冠盖相属，水起风生。盛会之后，席散人空。先生重归朔南小城，散淡依旧，读书写字，游山看花，未觉寂寞。癸巳岁杪，《山西档案》一行数人登门拜谒，先生容色奕奕，神态宁静。言语间似无主题，一生用力处不经意间已然精毫崭现。先生自言：退休之后，十数年来无俗务缠身，得清心而适意。诸事随缘，为而不争；一念不起，平静散淡；逍遥自在，夫复何求。观先生气度雍容，信哉斯言！说话间，敲门声起，先生亲自开门，返回时手捧若干枣馍，口中还在连连道谢。一问之下，才知道是小区的保洁员，知道陈先生爱吃，刚出锅就端了来，热气蒸腾；虽至今日，眼前仍见此景。陈先生笑语邻里亲睦，说自己与领导来往少，倒是和老百姓处得很好。

同行者有山西师大美术学院行卫东先生，山西大学书法研究所副所长李星元先生。李先生与陈先生交往多年，采访之事，费心谋划，令人铭感。

张：陈先生，您一生最喜欢看山。听说您在黄山写生，一个月就画了90多张，还几乎病倒在山上。这是哪年的事情？

陈：我前后去过两次黄山。你说的是第二次，那是1978年，画了91张，全是写生稿。那次写生很有收获，沿路还拜访了许多老先生，像李苦禅、侯恺、钱松岩，在黄山还邂逅了李可染先生。

行：您的山水画好像有些受钱松岩先生的影响。

陈：我有一段时间特别喜欢钱老的画，尤其是他晚年笔法中的屋漏痕。后来才慢慢明白，这跟年纪有关。钱老晚年眼睛非常不好，眼皮老是往下掉，画画的时候必须将眼皮绷起来，而且由于年龄大了，有时候手到不了位，行笔就特别慢，笔锋时左时右，不是直的，而是有顿有挫，结果就特别有味道，反而有了屋漏痕的感觉。这跟金错刀手法有些相似，虽粗糙，却是一种自然形成的笔法。现在有人刻意去模仿，就很不自然。

张：李可染先生也是去写生？

陈：对。李先生当时已经年过70，而且脚趾头刚做过手术，行走有些不便。但老先生很有毅力，步行上山，这很不容易。起初，老先生有些保守，他画画的时候不让我在旁边看。我一过去，他就不画了。后来，我跟他儿子小可晚上聊得很投机，白天画画时我就在李先生附近，照他的笔法画。晚上拿上画让他提意见，老先生很热情，建议提得特别细，我自己很是受益，也很感激。这样过了几天，他又看了我的画，特别惊讶，说："士别三日，刮目相看，你这么快就有了我的面目。"（笑）还给我提了许多建议，说："写生不要仅仅局限于自然景观，也可以有变化，取舍要自然，要会移景，移步换景，有时候还需要夸张一些。"又建议我先画局部。李先生画画特别慢，特别细，几天也画不出一张画，例如画迎客松，他不是用毛笔直接画，而是先用铅笔将松针一根一根地描出来，这跟常人的画法不同。

我就喜欢游山，中国的每个省我都跑遍了。

张：听说您一年之中就去了三次华山？

陈：不是，是总共上了三次。第一次是1965年，和潘絜兹先生从永乐宫去的，潘先生画工笔重彩很有成就，对山西感情很深。第二次是打倒"四人帮"之后，去西安复制批判"四人帮"的漫画，路过华山时就上去了。那是11月份，天寒地冻，零下27度。水在砚台里还没磨上几圈就成了冰碴，很快就冻上了。毛笔也变成了硬笔，必须用嘴里的热气去融化，没想到画出来却很有味道。为什么？水画上去成了冰，再上一次墨，因为有冰，就不粘了，只留下一层层的水渍，反倒显得自然别致，这可是一般临摹达不到的效果。（大笑）不过，代价也不小，重感冒，发高烧，在临潼住了好几天，盖了几层被子，还是冷得不行。第三次是在1981年，去省里开完美术工作会议，就和亢佐田、祝焘几个人出游，先看了登封嵩山、洛阳龙门，然后三上华山。越往后条件越好，以后有了照相机，好像是省事了，但需要透视、需要夸张的东西，离开现场，感觉就没了。第一次去华山时，当时我在芮城永乐宫迁建后修复壁画，潘先生是总顾问。那年国庆节，我去华山写生。记得写生时，坐在华山中峰上，一边画，一边下着毛毛雨。雨不大，正好把纸打湿，但又不是全湿。凡是有雨点的地方，勾线条时，就会渗化，笔墨就有了洇化的效果，此种情趣十分难得。那时候从风陵渡过黄河，铁路桥还没修好。在等船过河时，看到黄河激浪一泻千里，河对面是潼关要塞，天外三峰，想起谭嗣同《潼关》诗中的句子："河流大野犹嫌束，山入潼关不解平"，就有些心潮澎湃，急忙铺纸挥毫，觉得很有气势。从华山回来后，这幅写生稿被我的老同学武尚功看到了，他十分喜欢，要拿他临摹的永乐宫壁画中的侍女图跟我交换。尚功专攻油画，水平很高，是山西最早的国家一级美术师，全国的金、银、铜奖都拿过，很厉害。他也是我们原平人，2011年去世了。

（沉默）

张：陈老师，能简单谈谈您的经历吗？

陈：我的经历很简单，从家门到校门。在农村长大，当时叫崞县，1960年改成原平县，现在又改为原平市。上小学时，正值"土改"，家庭成分不好，一开始是地主，后来纠正为富农。被扫地出门，家中一贫如洗。不过上学也没受影响，所以也没太在意。我10岁上学，比较晚。在村里念完初小、完小后，考入范亭中学。范亭中学是省立中学，很不错，当时号称"南有康杰，北有范亭"。学校设在崞阳镇，是续范亭将军亲自设立的。学校离我们村60里，背上行李，要整整走一天才能到。不过，那时的学生都很能吃苦。学校有许多好老师，年龄大的过去在国民党政府工作过，说是有历史问题。我觉得没有啥，只要有学问就好。我们一个生物老师，不仅教书厉害，还和蒋介石照过好几张照片，平起平坐，一看就知道是了不起的人。可是，最后还是被清除出去了。欧阳山的女儿欧阳代娜，是我的语文老师，"反右"时也出了问题，不过还好，没被打成"右派"。所以，我觉得很幸运，中学阶段遇上了这些好老师。

张：那个时候的中学老师水平很高，跟现在的中学老师完全不是一回事，很多大学者也都在中学任过教。您还记得那时开设的课程吗？

陈：跟现在差不多，语文、数学、化学、物理都有。我喜欢学地理、历史，最感兴趣的是美术。我们的美术老师是段体礼，很厉害，在山西很出名。1952年，全国第二届国画展览，山西有两件作品参展，一件是赵延绪老师的画，另一件就是段老师画的《崞县来宣桥》，这座桥是金代建筑，后来因为地震塌了。1959年，他又被抽调到省城，为国庆十周年创作献礼作品。在他的影响下，我们形成了一个美术组，大家在一块儿画画，他是我的美术启蒙老师。

张：高中毕业后，您就考入山西大学？

陈：这个说起来还挺复杂。"三面红旗"，教育界也搞"跃进"，一年之间，全省成立了28所高等院校。我去的山西艺术学院，本来是个培训干部的艺术干校，乘这股东风，从全国抽调了不少人，也上马晋级，成了高校。

张：我所在的师大也是"大跃进"时建立的，原来叫晋南师专。

陈：很快赶上"三年困难时期"，到1962年，撤销了20所，山西全省只剩下8所高校。为了挽留这批来自全国各地的老师，山西大学成立了艺术系，下设音乐、美术两个专业。这样，我就转到了山西大学学习。

张：谈谈您当时的入学考试吧。

陈：中学时，段老师教中国画、书法，也教点素描。去太原考试时，我啥也没带。考试前老师问我带了什么工具，这才赶紧出去，花3分钱买了一支铅笔。

行：当时考色彩吗？

陈：没有色彩，只考素描。此外，还要交一幅创作，形式不限。我画的是国画，就把在崞阳一个面粉加工场画的写生交上去了。系主任是赵延绪老师，对我比较满意。说实话，我的国画底子还可以。就这样被录取了，文化课也不用考了，高考也不用参加了，我原来的到北京大学图书馆系念书的梦想也就画上句号了。（笑）

李：您毕业之后为什么不留在太原呢？

陈：这个说来话长。我在报考艺术学院之前，因为山西省画报社缺人手，和晋南的三个同学就被招进去了。当时说好，无论考上与否，都可以去画报社上班。我当时家境困难，祖父病休在家，他本来做生意，公私合营后工资只有28块钱，因为病休打6折，每月只剩16块8毛钱。就想早点工作，挣钱养家。有了这个工作，就有了保票。（笑）考上之后，画报社所属的文联和宣传部都想要人，经过协商，最后我和新绛的陶福尔继续上学，另外两个同学先去工作。这样，我的身份就成了文联的"代培生"，毕业之后自然要服从组织分配，就到了忻县地区文联，离开了太原。

张：赵延绪先生也是从外地招聘来的？

陈：赵老师很有来历。他是寿阳人，字缵之，家境殷实，他父亲在两广经商，还是太谷著名的广誉远药店的股东，是寿阳的望族。1922年，他不顾家庭反对，去日本东京美术学校留学。此前，他在北京大学画法研究会，曾经跟徐悲鸿、胡佩衡、凌直支学习国画。1923年日本关东大地震，他当时回国探亲，躲过一劫。震后又赴日本，1926年学成归国。先后在阎锡山办的国民师范学校、成成中学任教。他志向大，想在1937年前周游世界。"七七事变"后，梦想破灭，逃难到西安，后来又到了四川，再从太谷辗转迁到金堂的铭贤学校任教。那是孔祥熙办的学校，培养了不少人才，阎丽川、赵子岳、力群，都是他的学生。

李：力群先生是他什么时候的学生？

陈：是他在成成中学时的学生。赵老师是山西第一个引进西洋画法的人，开设了素描、水彩、油画等课程，特别注重户外写生。过去画国画，就是临摹画谱，师傅带徒弟。汾阳卫天霖是1920年去日本留学的，在东京美术学校学习，这也是当年李叔同学习的地方，但是卫先生主要在北京活动。对于山西美术来说，赵老师的贡献最大，他是奠基人，但是，现在人们都忘记他了。

李：姚奠中先生还有歌颂赵先生的诗，说的就是这方面的贡献。"资望教坛最，艺术功力深。期颐仁者寿，桃李早成林。贺赵延绪先生百岁。"

陈：赵老师特别关心学生，我印象很深。有个学生是晋中人，抗日战争时期避难到了四川，生活上很困难，赵老师自己虽然也不宽裕，还是常常资助他。后来这个学生做了成都市的市长，还专门回来看赵老师。1959年国庆十周年，山西美术协会组织画家献礼。我家境不好，赵老

▲ 图5　陈巨锁先生与姚奠中先生（右）合影

师看我连支像样的毛笔都没有，就送了我一支大兰竹。这支笔跟着我回了忻州，用了很多年，可惜在一次笔会上弄丢了。这是老师给我种的一个善根。这些年我的书画也能赚点钱了，也算是报恩吧，我在忻州师范学院设立了一个奖学金，我捐了100万元，专门资助那些家境贫寒的好学生，这也是对恩师的报答。

李：赵先生高寿，1996年过的百岁寿辰，1998年去世。但是晚景有些凄凉，住的房子很小，破衣烂衫，一辈子到退休还是讲师！他一生桃李满天下，去世时，薄一波还专门打来电话。老先生对这些都不讲究，但是在山西大学工作了一辈子，竟是如此结局，还是让人伤感。以前陈先生每次到太原，都看望恩师，还要给老师留些钱。

陈：确实，赵老师的学生不仅仅在书画界，各行各业都有不少。抗日战争胜利后，他沿着长江一路写生，到上海办画展。没钱，就去找孔祥熙借。他们两家有亲戚关系，孔祥熙不仅借给他500块大洋，还出面张罗。画展顺利举办，徐悲鸿、刘海粟也都前去捧场，题词祝贺。展览的作品很快就卖完了，确实很了不起。后来回了北京，赵老师和冯友兰同住一个院子。有一天上街，碰上当年的老学生程子华，师生寒暄几句，程子华说自己要回太原主持山西省政府的工作，邀请老师一起回来，就这么才回的山西。回来以后，新政府刚刚成立，比较乱，程子华事务繁忙，也找不到他，可能给忘了，这就把赵老师给搁下了，可他还有一大家子人要养活呀，心情十分糟糕。后来偶然见到力群，他当时是省文联的副主席，很快把赵老师安排到太原第二师范学校教书，后来又调到艺术学院、山西大学，但是时运不佳，不受重用。戎子和是财政部副部长，也是赵老师的学生，有一年给山西省委打电话，说要回来看望老师。省委给山西大学打了招呼，学校这才派人将房子粉刷了一遍，又给了500块钱，让买了一身衣服，原来的破衣服太寒碜，怕丢人。学校对这些老先生的生活很不关心，这说起来就让人寒心。

张：王绍尊先生也是您的老师？

陈：王老师是齐白石的弟子，花卉画得好，以印章成名。他是北京师范大学生物系的学生，"七七事变"时正在郊外采集标本。中日双方一交火，王老师进不了城，生活从此颠沛流离。从河南进入山西，在运城、临汾住了一段时间，又到了西安，参加了张仃、陈执中组织的抗敌漫画宣传队。后来，日本飞机炸得厉害，又入川，最后到了昆明。在云南时期，结识了李公朴、楚图南、闻一多、李何林这些很厉害的人。为了维持生计，在教学之余挂牌治印，名气很大。和闻一多互赠印刻，给周恩来、董必武、邓颖超刻章，也给云南省国民政府主席龙云、卢汉刻过章。

李：王先生的写意花卉水平也很高。

陈：他的影响不只是在学校范围，在社会上的影响也很大。王老师曾经送给我一支斗笔，是他北京师范大学附属中学的同学徐绪堃送的，徐绪堃收藏了70年。徐绪堃是民国大总统徐世昌的侄儿，其父徐世襄的篆书写得也很好。这是老师对我的情意。几十年间，我们的通信有上千封。我都做成了册子，裱成手卷。对老师的恩情，此生难忘。

张：王先生"文化大革命"以后回了北京？

陈：是的，还写了好几本书，出版了《篆刻述要》、《绍尊刻印》，楚图南题签，李苦禅题"绍尊师弟，白石师继人"，赵少昂题了"直逼秦汉，凌古烁今"，蒲汉英和潘絜兹分别写了前言和评论。王老师为人大方，对生活上的事情不关注，经常上当受骗。"文化大革命"后期，我去太原，他送了我一幅《石门铭》的大幅原拓，又让我看明代四家之一的张瑞图的立轴，说你爱写字，拿去吧，可以剪成块，夹在《红旗》杂志里，别人也不容易发现。东西太贵重，我没敢接受。他爱逛文物书店，骑个破自行车，有空了就去转悠。收藏的好东西非常多，有好多印章，搬家时箱子抬不动，打开一看，里边全是上好的图章，明清著名印家的都有。他还有一件藏品是石涛的，据说是从张之洞家里流出来的，后头有个很长的题跋，是我写的。这个东西本来想捐给故宫，鉴定后说靠不住，王老师有些生气，又跟上海博物馆联系。那是一个横轴长卷，在潘絜兹主编的《中国画》上发表过。王老师眼睛不好，跋语让我写，还让用简化字写。我只好从命，字写得很小。这个东西很有价值，尤其对石涛生卒年的确定有价值，大了好几岁。

张：您的章草是跟柯璜先生学的？

陈：可以这么说。柯先生是浙江黄岩人，祖上是元代著名书画家柯九思。柯先生就读于京师大学堂，毕业后就来到山西，是山西大学的第一批老师。在教书之外，还办图书馆、博物馆，影响非常大，交往也广，阎锡山的很多事情都要向他请教。抗日战争时期，避难四川，住在歌乐山云顶峰，是国民政府主席林森隔壁。他很能写，为抗日救国奔走呼号，卖字募捐，揭露日本人的罪行。抗日战争胜利后留在重庆西南艺术学院，担任院长、文联主席。20世纪50年代又回到山西，成立图书馆、博物馆，他对山西有感情，这是他的第二故乡。我上大学时，他住在精营东边街62号，这个房子力群、赵树理都住过，现在大概是赵树理故居，与我在文联的住所很近，我就经常去他那里串门。他写字时，我就给他研墨拉纸，一边看着。他写字的时候喜欢唱，唱的就是他写的内容。他怕掉字，写完第一个字就唱第二个字。

张：吟唱？

陈：他这习惯由来已久。后来在北京，听李苦禅先生讲，当年柯先生担任故宫陈列所所长时就有这习惯。李先生是山东高唐人，口无遮拦，说话直白，他说柯先生字写得不错，但是他唱得要多难听有多难听。（大笑）老先生们都有一些有意思的习惯，李可染、赖少其都是这样。

行：赖少其先生的画您怎么看？

陈：赖少其先生的版画我很喜欢，尺寸不大，黑白色，反而有大境界。情趣不在于尺寸。他的画属于黄山派，很有气势，有时虽然不够严谨，但笔下有味道，苍茫的那种，很大气。

李：柯先生本来是省图书馆馆长，怎么到山西大学教书了？您又是怎么跟他学习的章草？

陈：柯先生名气大，政府供养，董必武、陈毅等国家领导人来了，都要去看他。我就是给他当书童，不知不觉，耳濡目染，就开始模仿。当时也不知道那是章草，后来省博物馆梁俊先生对我说："你才20多岁，怎么写出这么老气的字？柯老固然写得好，但你还年轻，不该有暮气。你应该学习明代的宋克，柯老参考就足够了。"这以后才开始留心宋克的碑帖，勤加钩摹。

张：您年轻时还有个笔名叫"梦石"？

陈：1962年，山西省首届书法展之后，我题写了跋，是一首诗，很幼稚，叫《梅花叹》，盖的章就是"梦石"，字不过还是柯先生的字体。我当时崇拜齐白石、傅抱石，做梦也想，就取了这么个别号。当时写了不少诗，诗稿还蜡刻出来，我用黑纸白粉写了一本，还让柯先生题了个签：《梦石诗抄》。后来我去河曲参加文学戏曲培训班，回来后"文化大革命"就开始了，铺天盖地的大字报。我出身不好，也有人批判别人时捎带上我，自然很害怕。更让我担心的是，梦石有歧义，齐白石、傅抱石是"石"，蒋介石不也是"石"吗？如果有人这么揭发我，说我企图为蒋家王朝复辟，那可是百口莫辩了！赶紧烧掉诗稿，从此再不写诗。要写也只写打油诗，随写随扔，不当个事儿。

李：柯先生的书法作品中，也有好多魏碑的东西在里面。

陈：章草是一个过渡的书体，古代也没有留下多少。宋克的章草作品最完整的是《急就章》，此外，元代赵孟頫，近代王蘧常、王世镗、沈曾植，写章草都参用金文、魏碑以及简牍，这些都是正统的章草写法。柯先生也不例外。郑诵先又以《爨宝子碑》中的意趣参入章草，各具特色，各有千秋。我倒是没有刻意的追求，不过是一直在坚持，没有中断。而且我喜欢买碑帖，临摹了不少。我有绘画的基础，学得很快。此前写字、画画，什么都学，很杂，结识柯先生后，面貌逐渐单一了，专心写章草。除了"文化大革命"期间写魏碑，就是新魏

▲ 图6　陈巨锁先生作品展

碑，大的对联、横标，都用这种字体，显得有气势，当时说新魏碑是革命的书法。（笑）

张：魏碑适合搞宣传，所以具有革命性。

陈：对，就是比较大众化。"文化大革命"时，我一直搞展览，从河曲回来，在地区搞展览，住在文庙，一住十几年。总的来说，"文化大革命"对我没有太大的影响。

行：毕业后，您直接回了忻州？

陈：1965年毕业，先在永乐宫和潘絜兹先生修复壁画，有3个月的时间。

张：柴泽俊先生当时也在永乐宫？

陈：对，当时人们都叫他小柴，他年纪比我大一点。翻修永乐宫成就了他。那个东西全靠实践。

行：您的主要工作就是修复？

陈：可以说就是临摹、切割、编号、搬运，将整面墙全部切下来，从永乐镇运到50多里外的芮城城北。要修补缝隙，部分破烂的地方要修复。原来保护得不好，老百姓将画上的金粉刮下来，都弄坏了。其实，一两黄金可以打成1亩2分大的金箔，夹在书里，一翻书，金箔就可以飞起来。金粉太薄，没什么用，但老百姓不管，就损害了很多。所以要用许多好颜料，将壁画填补起来。

行：现在看永乐宫的壁画还是有缝隙。

陈：对，不可能完全修复好，首先它的墙皮就没有粘好，但是，整体上没有大的缺陷。

李：这也算是一种机缘吧。

陈：此前还在上学时，一次艺术实践是去广胜寺水神庙临摹壁画，就是那幅著名的"大行散乐忠都秀在此作场"，泰定元年（1324）的题记。现在省博物馆挂的画就是我们临摹的，用了一个星期。

张：您写过文章，好像是王绍尊先生带队。

陈：是的，当时临摹壁画所用的颜料非常珍贵，全是皇宫里面的，有龙纹、云纹，十分漂亮。几十块钱买的，全是好颜料，直接打碎泡上就可以用，不像现在的颜料，化学成分多。

李：永乐宫之后就回忻州了？

陈：是的。我的经历很简单，1965年到了文化局，1979年到了文联，1999年退休。所以我说自己是从家门到校门，再到机关门，最后还是回到家门。

张：我看到您跟许多名家都有书信交往，这个机遇对许多人都很难得。

陈：是的，与许多老先生有缘分。

李：说一下您和周退密先生的第一次结缘。

陈：与周老结缘，是因为买书的事。华东师范大学出版社出了邓云乡先生的《水流云在丛稿》，在忻州买不到，我就给编辑写信，他给了我邓先生的地址，就开始了与邓先生的通信。邓先生回了一封信，又说要给我寄几本书。为了表示感谢，我弄了两方定襄的砚台寄给他。老先生很快给我写了一首诗，是个条幅。这期间书信往来不断，我还去了一趟邓先生的家乡灵丘县东河南镇，写了一篇比较长的文章。邓先生看后非常感激，让我把家乡的照片也寄过去。后来他写了一篇《吾家祖屋》的长文章，里面引用了我许多文字，这是我们的文字缘。我的《隐堂随笔》出版后，邓先生已经作古，我在上海也没有认识的人了。编辑告诉我，说他认识几个老先生，他们也特别喜欢诗词字画，问我愿不愿意交个朋友，给每个人寄一本。后来，我寄了几本签过字的书，他送给几位老先生，其中，就有周老。周老看过后，挺喜欢，先用钢笔回了一封信，后来我们互相寄送对联、条幅，交往慢慢增多。他90岁寿辰时，让我给他画一幅梅花，他在上边题了一首咏梅诗。

张：您和邓先生没有见过面？

陈：没有。跟施蛰存先生也是这样，都是文字之交，未曾见面。后来慢慢熟悉了，我给施先生写了一副对联。他在福建的北山住过一段时间，自号北山，藏书印也是"北山私藏"，"文化大革命"中又是"右派"，所以对联是这样写的："公车上书康南海，右派加冠施北山。"他看后非常高兴，说："我怎么能和康南海在一块。"

李：张颔先生曾经给您刻过一方印章，能否说一下？

陈：这方图章有点意思。1980年，全国要搞首届书法展，我当时在太原开会，碰上了徐文达先生，徐先生时任省博物馆副馆长，他让我也写一条。我当时也不报什么希望，答应下来后，没地方写，就到老同学王朝瑞家写，笔不合适，用四尺宣纸，一裁两半，用章草写了两幅。写完后，图章也没有，就拿给徐先生。徐先生说他去找一块石头，请张颔先生刻一下，就刻了个"巨锁书画"，用上了，结果还入选了。我当时就想，这肯定是沾了张先生图章的光了。故事还没完。这枚小小的图章，与徐文达、王朝瑞、张颔先生都有关系，但张先生不刻边款。几年前，我让林鹏先生把这段轶事作为内容，补刻了边款。

李：谈谈您与王朝瑞先生的关系吧。

陈：我们是大学同学，同学5年，感情很深。他是文水人，家庭出身也不好。他喜欢看电影，常偷偷地跑去看，因为他是团员，就经常受批评。有一年八月十五，学校给每人分了两个月饼，我与朝瑞、亢佐田、陶福尔、赵光武我们5个人，凑钱买了一瓶葡萄酒，一起喝酒聊天，完了又合作画了一幅花卉秋色图，朝瑞还题了字。转天开了学，诗和画都挂在教室的墙上，马上就

▲ 图7　元好问塑像　　▲ 图8　李星元先生、陈巨锁先生、张焕君主编、刘国华社长（从左到右）在陈巨锁先生家中采访

有人批判我们是小资产阶级，有士大夫阶级的趣味。我和亢佐田是老百姓，没事，朝瑞却受到严重警告。他喜欢隶书，王绍尊先生从北京给他买了一本上好的《衡方碑》，他朝夕临摹，进步神速。被系主任批评了，也不当回事。现在很多画家不会写字，一出手就把画糟蹋了，而且文字功底也不行。中国画，怎么能离开书法？人心浮躁，人品不高，书品也就难臻上乘。

李：人和文字是高度统一的，人是文的根本，文是字的基础，字是人的再现。

张：读您的游记感触很深。1988年您去西北，看敦煌月牙泉，走了20多天，每去一个地方都有自己的路线、想法，有空则去书店买书，晚上就看书写日记。有时从书上看到一个新路线，从大阪山直接去西宁，虽然很危险，也就去了。

陈：从兰州到西宁，要绕一个大弯，我不愿意绕远。那次改变路线还是挺冒险的，车到青石嘴的时候又坏了。那是11月份，十分寒冷，能冻死人。我又饥又冷，都以为自己快不行了，再也回不了山西了。

张：读您的游记，眼前似乎能看到当年顾亭林的身影，是个读书人，有追求，有想法，不像一般的画家。您是不是出门都要带日记本？

陈：是的，都是当天记，晚上再晚也要记。当天不记，过后就记不住了，而且每天都要走好多地方，时间也不够用。

行：您那幅"天山在望"锥画沙的字，是那次写的吗？

陈：大沙漠里不好走，就脱了鞋袜，兴致很高，山也很有气势，有点动心。就用他们照相的三脚架写了"天山在望"四个字，有相

▲图9 野史亭

机，就留下纪念了。我一生喜欢游山，特别是游历名山。看见好的风景，走哪儿画哪儿。古人说读万卷书，行万里路，这也是我的梦想。走的地方多了，好多自然景观就像印在脑子里，画画时自然就出来了，这是一种追求。我以前出外写生多，光是黄山就画了90多张。每天出去，背一个军用水壶，带上几个馒头，4毛钱租一件棉衣，嘴都上火流血了也不顾。李可染先生也一样。在黄山上写生，他怕风吹乱头发，就用一方手巾绑到头上，绾四个疙瘩。我当时有照相机，但是只有12张胶卷，没舍得给他拍。他一个月吃不上蔬菜，嘴唇溃烂流血，晚上睡不着，也很辛苦。

行：陈老师，您觉得一个书画家要往上走就得多读书，靠天分能补吗？

陈：肯定能补。我自己读书不是要达到什么目的，就是一种喜爱，读书对人的影响是潜移默化的。再说了，抽烟、喝酒、跳舞、打牌，我什么都不会，只会看书，一个读书人而已。（笑）

李：有人说王朝瑞先生的字，尤其是他的隶书，自成一体，在全国都能站住脚。

陈：朝瑞的字已经形成独特的风格，他的隶书，在我们这个年龄段的书法界，独一无二，一眼就能认出来。他重视汉碑的临习，能下工夫，而且非常敬业，作风严谨，能脱俗气。现在好多人只是为制作而制作，太关注市场。说实话，市场对艺术家是好事，起码可以衣食无忧，可以专心搞创作，心态自由。但凡事不可太过，不可太急功近利，毕竟钱不等于艺术，好作品从来不是炒作和包装弄出来的。否则，迟早会把自己毁了。另外一个原因就是无知，总觉得自己好得不得了，能中西结合，就能胜过古人。这是典型的无知无畏。别说跟历史上的高峰比，即便跟民国时期的水平相比，只怕也差了好多。

张：传统的重要性大家都知道，但如何创新，就有些把握不住，容易忘形。

陈：我从来都不谈创新，总说自己是保守派。创新是自然而然之事，水平不到，不能强求，那是一个不知不觉的过程，并非有意而为。只要坚持不懈，勤加琢磨，日积月累，总会有进步。跟自己比，算不算创新呢？在临摹前辈大家的作品时，有体会，有心得，笔墨能体现出来，这算不算创新呢？创新是个漫长的过程，不能急于求成。

陈巨锁先生曾言：书可自悦而悦人。此为书法之用，只需历练日久，感悟日深，自能书与时进。此乃性情之事，其中自有乐趣。进而言之，习书法者，当有学术之涵养。治学乃根本，书法不过余事。今人盲目求进，闭门造车，生吞时兴理论，刻意求新，不惮怪异，自以为能超迈古人，然如置于历史坐标之上，适足见其不自量力而已。

忻州古称秀容，乃朔南重镇，并州门户。于乡贤之中，先生最爱元好问。50年来，无数次登读书山，访野史亭，祭五花坟，遗山典籍未尝须臾离身。遗山诗文雄壮，周振甫先生称其"八百年来第一人"，观其"孤亭突兀插飞流，气压元龙百尺楼"，"风流千古短歌行，慷慨缺壶声"，"曹刘坐啸虎生风，四海无人角两雄。可惜并州刘越石，不教横槊建安中"诸句，豪迈之气，震古烁今。然又不尽于此。"不入麒麟画里，又不与巢由同调"，固然可见品格清高，"问世间情是何物，直教生死相许"，又分明是情之浓时，骚人痛语。陈先生以遗山为人生参照，久处芝兰之室，自有绕体之香。道德文章之淳，为人处世之诚，夫子虽不言，观林下蹊径纵横，世间岂无体察之人。

秋蝉盈耳桐叶落　汾水无声拥雪翁
——陶富海先生访谈录

被采访人： 陶富海（简称陶）
采 访 人： 张焕君（简称张）　田建文（简称田）
录音整理： 牛娜娜
执 笔 人： 张焕君

少年是做梦的好时节，虽然梦境未必都让人愉快。有那么几年，总是梦到同样的情景：一个人在山崖上攀爬，想象着山顶上的旖旎风光，无限神往。突然一个失足，身子瞬时悬空，手足乱抓，终于稳下身形，却手攀脚蹬，困在半山腰，上不去，下不来，龇牙咧嘴，十分惶恐。梦醒之后，擦去冷汗，就琢磨着如何才能摆脱这般困境。那时想的简单，以为只要能爬到高处，眼界自高，境界自远，这些恐惧与尴尬自然不在话下。然而事与愿违，咬牙切齿十几年，读书走路，自觉增益不少，但每每低头，总能看见脚下虚浮的云气。为增信心，极目远眺，扑入眼帘的云团中隐隐可见圣贤英豪、帝王将相，簇拥了奇花异草，如同置身娜嬛仙境。然而终究因了冷云湿雾的阻拦，不免显示出许多的虚无缥缈，冰凉地僵立，凛然不容接近，就有些胆怯。

在路上。或许，仅仅是因为自己还在路上，功力太浅，阅历不足？《大学》不是提倡

▲ 图1　陶富海先生、张焕君主编、谢耀亭博士（从左到右）在陶富海先生家中访谈

要"明德、新民、止于至善"吗？不达目的，永不停止。然而，让我困惑的是自己竟不知可以持之终身的"至善"——那样一个散发神圣光芒的"理想国"——在什么地方？长什么样子？或许，可以寻找"以水为鉴"般的参照，如同当年对鲁迅、张承志、王小波的痴迷。然而，无论是眼前活跃的各界伟岸人物，还是号称可以改写某类历史的"扛鼎之作"，无论形象何等端庄大气，行文如何流畅犀利，看得多了，端详得细了，人前人后，字里行间，总难免让人产生一种稻粱谋、名利场的幻觉。更要命的是，虽然气势如虹似雄文四卷，考证精当如老吏断狱，但要么是阴暗处捅刀子下绊子，要么是大白天讲瞎话欺负人，无权无势者则以学识渊博自诩，沉迷于饾饤之中，不厌做两脚书橱。这样的知识与学问，充作谈资夸口可，藉以滋润身心难。和光同尘，心既不甘，能不彷徨复盘桓？

青天遥遥不可扪，不如收敛下凡尘。人本血肉之躯，地载天覆，天生地养，食五谷杂粮，随四时推移。虽有生老病死之苦，但能挺身而立，便心无愧怍，脚下有根。孟春之月，地气蒸腾，草木萌动；秋冬之季，地气下降，草木黄落。立根坚实，应时而动，虽有败落，终有繁荣。草木如此，人岂不然？《中庸》所谓"天命之谓性，率性之谓道，修道之谓教"，人人皆有天性，虽有智愚敏钝之分，如能顺从本性，自然发展，眼前便有道路，青灯黄卷自可彻夜把玩，春花秋月孰云玩物丧志？举凡日用百物，柴米油盐，无一不可澡身浴德，快乐呈现。

这样的想法由来已久，却因为少了可资参照的机缘，没有活生生的例证，终究不能觑看得真切。甲午仲夏，一行人赶到丁村。在建于明代万历年间的四合院中，一张茶桌，两棵梧桐，三五人藤椅闲坐，新语旧谭，错落纷呈。日影偏西，溽暑已消，茶味犹浓。拍拍桌下的线装《史记》，看看稿纸上的龙蛇纵横，心潮渐落，悠然起身，道别珍重。

主人陶富海，1935年生，襄汾县汾城镇南贾村人。自称完小毕业，无任何学历，却曾在考古界的顶级期刊《考古》、《文物》、《考古学报》、《人类学学报》上接连发表论文，59岁时被评为研究员，是山西省文物考古甲等先进工作者，名声不小。他的学术研究领域很宽，除成名的丁村旧石器及地质时代研究之外，大崮堆山新石器、陶寺文化、金元墓葬、明清民居，甚至晋南民俗、风水景观、文物鉴定、书法诗词，无不深得其趣，妙得其真。围绕身居之地，陶富海撰写著作多种，已经出版的便有《平阳古镇汾城》、《平阳古村落南贾》、《中国老村丁村》、《丁村文化遗址》、《丁氏家族与丁村》、《丁村民宅与民俗》、《陶寺文化遗址》、《发现丁村人实录》等十余部，大小不一，雅俗共赏。田建文先生也是襄汾人，对这位前辈乡贤钦佩不已，称赞他不仅是山西省优秀考古学家，也是卓有成就的民俗学家、古建专家，还是书法家、诗人。陶先生听后只是微微一笑，无可无不可。

初识陶先生的人，往往会被他俊朗洒脱的相貌震惊，10 年前如此，如今陶先生 80 整寿，仍是如此。头发茂密挺拔，似有冲冠之力；额头平洁，略无縠纹，面色红润，声似洪钟，腰杆笔直，腿脚利索，怎么看也不像 80 岁之人。有人问他有何养生秘诀，他笑而不语。接触多了，察言观行，似有所悟。丁村地处晋南膏腴之地，北临姑射山，东依塔儿山，地肥水美，风雨不侵，又有汾河绕村而过，枣树成林，棉麦飘香。生活在这样的环境中，天蓝水清，最宜养生。再想想，又觉得不止于此。人间福地不少，却未必人人都能精神矍铄，鹤发童颜。水土固然养人，但最养人的只怕还在人心。

陶先生天性活泼，语言诙谐，本是爱说爱动之人，又喜欢舞文弄墨，写写画画。年轻时，因为擅长漫画，福祸相连。1957 年"反右运动"，被定性为"有右倾言论"，很受打击。后来因为同样的原因，被派到北京学习，为省城的国庆游行画人物背景。1966 年返乡后，在文化馆工作，被吸收到"毛泽东思想宣传队"，歌舞说唱，走村串乡，十分逍遥快活。按照这样的轨迹发展，一辈子走下来，可能就是民间一个有些文化的热闹人，虽然不乏机智幽默，却难有今日的建树与见识。

1969 年，因缘际会，陶先生开始与文物结缘。不经意间的一个选择，激活了他心中更深沉的智慧之火。他骑了一辆破旧的自行车，跑遍襄汾大大小小的乡社村镇，调查文物现状，呼吁文物保护。当时"破四旧"甚嚣尘上，寺庙古建莫不在扫荡之列。三天两头传来的坏消息让他忧心如焚：明朝修建的释迦寺被拆，明代高平王墓被挖，谁家的祖坟被刨，哪里的石碑塑像被砸。他加快步伐，四处奔走，不仅列出了全县108处文物保护名单，而且促使襄汾县"革命委员会"发布《关于保护文物的公告》，惩处破坏文物者。那是1972年，革命犹酣，能有这样的战绩，何等不易！星星之火，终可燎原。1975年，汾河涨水，冲毁了曾经发现丁村人牙齿化石的54：100地点，国家文物局、省文物工作委员会决定抢险发掘，陶先生临危受命，参与组织"亦工亦农文物考古训练班"，跑前忙后，成就斐然。这次发掘，除了发现大量动物化石、石器，最引人关注的是发现了一块保存较好的幼儿右顶骨化石。这块化石与1954年发现的3枚牙齿一起，证明丁村人是介于北京猿人和现代人之间的古人类，而"铲形门齿"与"顶枕间骨"的确定，更表明其所属个体具备黄种人的特征，而与白种人相去甚远。由此推论，丁村人正是现代黄种人的祖先，此前流传的"中国文化西来说"不攻自破。

此后，陶先生便定居丁村，勘探发掘，收集资料，访师问友，培训学员。光阴荏苒，不觉已近50年。岁月如刀，切割砍削，在在处处，都是减法。身躯健壮？不见了。多情多欲？寡淡了。理想消亡，现实是在日日的雷同中如何保命多活几年。50年，足够一个人充分地衰老成一棵村头的千年古树，风蚀成一堵暗影斑驳的苍苔石墙。然而，这一切的常态活法，在陶先生身上居然难觅踪影。眼中看见的，是一个神完气足的人，不乏阳光雨露，时有会心之笑。逆反于习见之世相，能不让人惊诧莫名？

陶先生经常说他一生幸运，能够结识贾兰坡、裴文中、吴新智、王建这样的名师益友，这让他虽然僻居弹丸乡村，视野却在九州之内，四海之中。他承认自己依赖脚下这片土地，早晚在村头散步，每一寸土地都那样熟悉。哪里有十万年前的化石，哪里曾是披毛犀、大角鹿、纳玛象的觅食之地，村子的东头西头，哪座院子是明代建的，哪座是康熙时建的，建成之后家道门风如何，各支各房何以有兴有衰，无不了然于胸。春暖花开时，村人盖房上梁，设宴摆酒，他欣然前往，微醺而归。岁末年终，张贴对联，他挥毫泼墨，赠

▲ 图2　与老友张守中（右）、田建文（中）在丁村合影

予乡邻。有客来访，他在工地上讲说翻检，小院中品茗畅谈，意兴深浓。独处清静，饱览史书方志，整理对联民谣，乐在其中。是学者，也是农民，是有俸禄的国家干部，更是受人敬重的在籍乡绅。他的学问，写在纸上，是有头有尾的学术论文，挪到脸上，却是有血有肉的智慧人生。我以为，这样用生命之火填充的才是真学问，顺应天赋性情，耐得寂寞，嚼得菜根，心魂贯注之处，整个人便是天地间最真诚的大学问。

这样的人，哪里能够轻易衰老？想起《大学》中的"至善"之境。陶先生真乃有福之人，未到不惑之年，就找到一生最合性情之事，遵循天命，率性而为，日将月就，集腋成裘。所谓"知止而后有定，定而后能静，静而后能安，安而后能虑，虑而后能得"，心志既定，再不妄动，随遇而安，处事精详，最终必能得偿所愿。天地间的大道理从来最是纯朴，正如人世间的真学问，学问中的真人生。两两对照，半世风云，一腔赤诚，岂非天人之间最动人的印证？

田建文先生与陶先生自是莫逆之交。采访之日，田老师亲自陪同。他言语不多，却因性情之合，相知之深，往往要言不烦，能切中肯綮。又惠赐几年前的大作《亦雅亦俗陶富海》，多有参考之便。金秋时分，田老师与侯马梁子明、石莹、高青山诸师友同仁，再赴丁村，为陶先生欢声祝寿。宾朋济济一堂，农家酒肴飘香。虽无如椽笔，夜色浓时，笑语穿空，百里外姑射山上绰约千年的仙人未曾惊动，星辰之下，真人真性情，一个个青丝白发红颜，却映照得分外清明。

张：丁村的古代民居现在保存下来的还有多少？

陶：一共有40座院子。其中，民俗博物馆占了6座。丁村的历史可以追溯到明初，到崇祯年间，已经建起土城墙，里面有42座院落，但是普查时只剩40座了，所以编号只到40。我住的这个院子最早，建于明代万历二十一年（1593），最晚的是民国二十三年（1934）。这40座院子，已经有21座被国家收回，其他的还是老乡的。20世纪80年代，国家文物局支持从老乡手里购买。黄景略当时是文物处处长，我们很熟，这个工作由他负责，从1980年进行到1984年。他的想法是把丁村民居买下来，当作华北地区考古资料研究中心。民居收回之后，就把华北地区所有的考古资料都弄过来，这么多院子，连研究带居住、存放，都可以，很宽敞。后来因为别的原因，他不干了，这事就搁下了。

张：所以，后来就建成民俗博物馆了？

陶：是的。我费了不少力气，从民间收集文物，分类、编目、建陈列厅，想的就是把晋南人民的日常生活、礼仪习俗、农业生产，方方面面，都展现出来。

张：陶老师，您是襄汾人，怎么说一口流利的普通话，还有京味儿呢。

田：他有语言天赋，学得快。

陶：那倒不是，我是脸皮子厚。五几年我还在太原，当时号召学普通话。我那时在太原夜大学习古典文学，就跟着学。学了两年，改不了了，自己也觉得好听。回家探亲，村里人听不惯，嫌我张扬忘本，老挨骂。

张：梁子明先生也是襄汾人，他的普通话也很好。

陶：我俩性格差不多，算上田建文，别人说我们是"襄汾三烧"，三个大烧包么，厉害咧。

张：谈谈您的学习经历吧。

陶：我1952年夏天完小毕业，10月份就去了太原。我本来考上了临汾一中，家里穷，供不起。正好山西省行政干部学校干部训练班在晋南地区招生，招14个，我就去考了，考了第一，被录取了，这就到了太原。

张：在太原念了几年书？

陶：只有几个月，速成班。不过，讲课的都是大人物：讲群众路线工作方法的是裴丽生，当时是山西省政府主席；讲共产党员修养的是王世英，讲工商业政策的是邓初民，这是两个副主席；讲联共（布）党史的是李慰，是省委宣传部部长。

张：毕业就到了文博系统？

陶：没有。先去建设厅，后来到华北建筑二公司，在工地上干了两年。后来又到子弟学校当了两年老师。1957年，人家说我有"右倾"言论。

张：被打成"右派"了？

陶：没有，是"右倾"言论。我出身好，历史清白，不然就是"右派"了。这事现在说起来时也挺有意思，我还写过东西，结论就是人不要太烧包，不要太撑了。当时各个机关单位都学联共（布）党史，里边说俄国农奴在桎梏下生活。我们校长在政治学习时把桎梏念成"叠古"，我就犯了烧包的毛病，当场给他纠正。这下子被记住了，千方百计找我的茬。正好反"右派"开始了，报纸上刊登储安平、葛佩琦的言论，他批判党天下，说国务院12个副总理都是党员，没有民主人士。我呢，又烧包了，就一个一个数咧，数完发现确实都是党员，都是中央委员。好了，第一个罪状就出来了，说我同意党天下的谬论。我这人嘴里不放货，一说出来，就被记下了。后来就不让工作了，做检查。在家里也不得安生，搞什么爱国卫生运动，到我家里来检查卫生。这儿摸摸，那儿看看。我当时哪有心思干这个？心情不好，不配合。他们走的时候，也没有起身，拿脚把门啪一下蹬上了，就说对爱国卫生运动不满意！有抵触情绪。又是一条。

张：后来咋处理的？

陶：给弄了一个"右倾"言论，说我受资产阶级思想影响，工资降两级。我当时已经是行政二十一级了，从科员又退回到办事员，下放到建设厅在太原南沙河的劳动基地劳动。我去的第二天，村里唯一的一个老师死了，让我当老师。也就是在这段时间，我和《山西日报》联系上了，开始画漫画。此前，《山西日报》发表的第一张反"右派"漫画就是我画的。没想到，我自己也差点成了"右派"。好玩吧？

张：您后来为什么不在太原了？

▲ 图3　1959年与贾瑚、李静、石礼志、赵奋合影

▲ 图4　1966年在襄汾县文化馆门口，右一为陶富海

陶：1959年，省委要办一个劳动干部下放锻炼的展览馆，知道我会画画儿，就把我抽回去了。后来又把我抽到太原展览馆筹备处，它归太原市政府办公厅管。从那年开始，介入太原市每年国庆节、五一节大游行的设计，五一广场那些马克思、恩格斯、列宁、斯大林的大画像，都是我们设计组设计的，每年做，一直做到国庆十七周年。后来，我家里的（爱人）从山西医学院毕业，分到襄汾医院，我闹得要回来夫妻团聚，闹了几年，总算回来了。

张：那正是"文化大革命"发动的那一年？

陶：对。回来没啥干的，组织毛泽东思想宣传队，我当了队长，连唱带跳，宣传毛泽东思想嘞。我的优势就是从外地回来，谁也不认识，逍遥派。只有一张大字报，说我在太原画反党漫画，揭我的老底，但是只有一张，不算数，我还照样干我的宣传队。

张：您是从1969年开始接手文物这一块的？

陶：是的，原来负责的一个老先生退休了，我才接手。我这个人的性格，不干就不干，要干就干出个样。接手之后，骑上自行车，跑遍了全县的340多个村庄，复查了所有的文物单位，拉出保护名单。1972年，襄汾县革委会发布《关于保护文物的公告》，各公社大队全部贴，这在山西是没有过的。这是我干的。为什么这么干呢？就是因为破坏太严重。邓庄有一个朱元璋孙子高平王的墓，叫附近村子的书记带头"破四旧"，弄了个大盗洞下去，破坏得一塌糊涂，里边永乐时期的青花瓷和定窑瓷器，弄了四五背包，全踩碎了，彩绘墓俑漂亮极了，也都破坏得不成样子。古城镇明代的释迦寺，村里边盖学校给拆了，塑像全砸了。针对这两件事情我做了处理，两个地方的书记做了检查，处分撤职，通报全区。可以说，"文化大革命"期间襄汾县的文物工作，做得还是不错的。第二年，山西省文物工作现场会议就在襄汾县开的。

张：那还真是不容易。当时"破四旧"是主流，一切工作都服从政治需要。

陶：抓革命，也要促生产嘛。在地方上也不是那么绝对，要不，全国也不会保留下这么多文物古迹。有一年山西省文物工作会议在大同召开，我代表襄汾县做典型发言，县委书记亲自审定讲话稿，用的名义不是文教局，而是县委，领导的态度可见一斑。所以，当时襄汾县的文物工作做得还不错，一直到1975年汾河发大水把100号冲了。

田：丁村遗址，1954年发掘，出过同一人体的三枚牙齿，编号为54∶100。

陶：对，我们开始抢救100号，1976年正式发掘，一直到1980年。跟这个工作同时进行的，就是保护丁村古院落。当时院子有的要拆，有的要卖，都开始往下溜瓦了。我跑了许多路，三天两夜没睡觉，到省里边要钱，到地区找人。省委宣传部卢梦部长非常支持，给省文管会讲，钱拨下来，所以万历四十年（1612）的那个院子才能保存到现在。这样的例子还不少。像侯马那个战国时期的奴隶殉葬墓，就是"文化大革命"期间发掘的。"四旧"嘛，破归破，业务部门还在，一些工作该做还得做，关键是看你怎样做。1978年，贾兰坡先生来丁村，我们陪着他在翼城、沁水转了一大圈。回来之后，他跟地区建议成立工作站，临汾地区丁村工作站正式成立，我的工作关系也就回临汾了。那次贾先生还在临汾电影院做了一个学术报告："中国旧石器考古的现状与展望"，你们山西师范大学的人也参加了。录音稿整理后就在《山西师范大学报》发表了，后来收入他的文集。后来安志敏也来讲过，山西师范大学的人也去听。当时和山西师范大学的关系不错咧,卫文选、李孟存、张玉勤、周征松、马志正,都还可以。

张:丁村之外,您还做了哪些研究?

陶:主要是丁村,也挖过不少墓葬。在《文物》、《考古》、《考古学报》上也发表了一些文章,有墓葬的,有遗址的,旧石器的比较多。

▲图5 与著名考古学家安志敏在丁村

张:您在考古专业上也没有受过专门训练,全靠自学?

陶:自学是一方面。另外呢,丁村特别好的地方就是来的专家多,这是我受益最大的。贾兰坡先生、王建先生,他们都是言传身教,我跟着学。有时候也去侯马,要不我怎么能认识苏秉琦、黄景略?苏秉琦给我们讲过陶片,讲侯马分期。不是专门讲课,他坐在陶片堆那里边讲,整理发掘的人围坐而听。所以,我接触过中国的顶尖人物多,在旧石器方面,像裴文中、贾兰坡、吴汝康。现在的吴新智院士更是我的好朋友,我们在一块工作过两年,人类学的知识就是从他那儿学的。他给学员们发的人类学讲义,他写稿子,我刻钢板,油印下发,很多东西都是手把手教。我也爱学,慢慢地时间长了,得到老师们的信任,也能帮他们做点事。比如说,贾兰坡的《西侯度》那本书,就是我和王建在临汾做最后一校,校完以后,直接寄到文物出版社。后来贾先生在北京西苑餐厅,拿稿费请客,来往很密切。1979年,北京猿人第一头盖骨发现50周年纪念会在北京召开,山西去了5个人,我在旧石器方面的论文在会上宣读,这是第一次。从那开始,我在旧石器方面研究就偏重一点。1980年,临汾地区举办文物干部训练班半年,请各地方的专家来讲课。古建筑是柴泽俊,商周是陶正刚,新石器是中国社会科学院考古所的高炜、高天麟,旧石器就由我来讲,边学习边讲,又是老师又是学生。随后到洪洞永宁堡实习,发掘西周墓地,又是我们

▲ 图6　1986年与李兆祥、解希恭、贾兰坡在100地点

▲ 图7　和张颌先生交流

带队，那等于是一个半年之久的大讲座。那个训练班培养了临汾地区各县的文物干部，后来临汾地区所有的文物局局长、博物馆馆长，做业务的全是那一批。我们管那一届叫"黄埔一期"。

田：阎金铸、高青山，都是那一期。

陶：阎金铸做了柿子滩的发掘，拿着化石、石器，在我这个院里住了一个月，成果发表在《考古学报》上。做学问就是这样，越学越深刻。我是半路出家，没啥学历，能评上副高、正高，凭的也是这样的积累。1987年报副高，虽然没有文凭，但居然上了。1994年报正高，不敢报。柴泽俊他们几个鼓动，让我试试。文博系统都是国家评，要到北京去，23个评委封闭到西山，关门评审，很严格。最后呢，稀里糊涂给评上了。所以，我这辈子就是从一个六年级的小学生，靠着自学，靠着老师和朋友们的提携、帮助、言传身教，最后成了这么个结果。

张：我也觉得奇怪，跟陶老师第一次见面，觉得陶老师年轻的时候一定性格活泼，是个文艺青年，唱唱跳跳，（**陶**：我还说相声儿）结果却搞了一辈子旧石器，热闹人做冷清事，转型挺大。

陶：（哈哈）我还偏偏硬给转了，而且还能静下来。

田：而且水平还不错，地质底层认得准。

陶：丁村遗址地层比较复杂，好多地质学家都来过。有的不发言还好，有的呢爱说，他一说这是什么，学生就记住了，然后就写文章，把好多东西弄得很混乱。我们住在这个地方，每天钩钩叉叉，一点一点追，一层一层追，追了几十年。我写的《丁村遗址地层的侵蚀面》，发表在《地层学杂志》上，提出丁村旧石器地层早中晚期的划分依据，经常被地层学界引用。学术研究得动脑子，要里里外外地想。比如说石片命名的问题，我在研究80：01地点石器的时候，有一个新的命名：修背石刀，过去旧石器考古里边没有这个词，因为特征抓得准，大家也都采用了。丁村的地质年代问题，历来说法不一，从1954年发掘开始，一直到现在，都在争论之中，焦点就是属于中更新世还是晚更新世。如果说两个时代都存在，那么中更新世、晚更新世如何划界？很复杂。

张：教科书上说的就是10万年前。

陶：对，属于晚更新世早期。这样一来，丁村这个小盆地之内的每一条地层互相之间的关系，谁压谁，谁贴谁，谁冲谁，谁先谁后，从上到下，你不把它吃透，就没办法说。我们沾光就沾光在这个地方，我们每天跑，所以说得比他们实在一点。现在基本上可以定论，属于晚更新世早段或者是中更新世晚段，就在这个交叉段，十几万或二十几万年前。这个观点大家都基本接受了。

张：原先总是认为，学问只能在大城市做，信息、资料充分，交往也多，听了您的事儿，又觉得不然。丁村是个小地方，也是一个大码头。

陶：退休以后，我主要写文化随笔、散文。这些年，也有20多万字了。最近有两个集子正在印，都是一两千字的短文章。其中有一篇叫《小屋》，在《山西日报》上发表过，写的就是你问的这个问题。好多人问我，你长年累月住在这个地方不寂寞吗？农村条件艰苦，怎么过？我说寂寞与不寂寞是相对的，我这屋虽小，通天下。

张：屋子虽小天地大。

陶：屋小朋友多。我这个小屋里，不光接待过中国的知名学者，外

▲图8 丁村遗址

国的也不少。美国的宾福尔，来得最早，日本京都大学的松藤和人，法国的，三教九流，都在这儿喝过茶，聊过天，人物不少。

张：您常年住在这儿，有地利之便，学术跟生活融合起来。

陶：我能在这儿待下来，和我对这个业务的痴迷有关系。即使现在，我对考古研究也不舍得放下。无论到野外去散步还是在丁村转悠，在任何地方，我的眼睛看的不是灰坑，就是土层，要么就是石器、陶片。不由人，形成一种癖。这是职业习惯，也成了生活习惯。

▲ 图9 1975年和美国考古学家宾福尔等在丁村

张：除了丁村，您还研究别的？

田：旧石器、新石器、丁村遗址，等等。第一是丁村遗址，第二是丁村民俗，第三是晋南。

陶：也做些民居古建研究。

张：原先想着陶老师是个垂垂老矣的老头，今儿一见居然这么年轻。刚才还不敢握手，怕认错人了。

陶：80岁还不是老头？山西考古界有十几头"猪"，陶正刚，王克林、柴泽俊、邓林秀、张守中，梁子明、我、王向前，还有吴振禄、叶学明、吴克华，都是1935年出生，都属猪。

田：他们都是1995年退休，那一年是杀猪年。腾下多少地儿，能上职称，高兴啊！

张：您是什么时候开始研究丁村民居的？

陶：跟旧石器基本同时。丁村遗址是1961年国家首批重点文物保护单位，同年丁村民居成为省级保护单位。最初只有一个院，1965年重新调整以后，就40座了。当时主要就是保护，还谈不上研究问题。村民要拆的就去做工作，往回收购，坏的要找钱修缮。在这个过程中，慢慢开始研究。因为你必须说清楚它是什么时代的，建筑、文化特点有哪些，主人是谁，怎么盖的，怎么发展下来的，这就需要收集资料，弄清楚来龙去脉。这些知识我以前也不懂，都是现学。在这方面，主要跟柴泽俊、吴克华学习。尤其是吴克华，他是考古所的工程师，现在已经不在了。他到丁村来，从整体建筑到每一个建筑构件，一件一件扒拉着给你讲，不保守。同时，我自己也看中国建筑方面的书，逐个对照，慢慢体会。后来挖金、元墓葬时，里边有好多仿木构的砖结构建筑，也拿来比较。好多线图都是我自己画的。刚开始不会画，尤其画转角、斗拱，拐弯的地方最难。怎么办呢？又去请教考古所所长杨富斗，他也不在了。他是金墓大家，教了我很多知识。晋国史的知识，就请教田建文这个高人，学了不少东西。

张： 丁村除了古建，还有家族问题。丁氏有家谱留下来吗？

陶： 有，我收集了不少，还有他们的商业来往信件、地契、房契、碑刻，内容很多。建筑和人文历史相辅相成，建筑是人盖的，盖上建筑是为了人住的，只有这两种文化融合在一起，才能够完整反映这一段建筑历史文化的社会影响、社会经济情况、民俗甚至政治情况。可以说，建筑本身承载的分量，就成了中国社会在某一个阶段的化石，不能单纯地说，柱子就是柱子，梁就是梁。

张： 所以说，不能把建筑当成静止的、死的东西来研究，那样就成了死学问了。

陶： 明清的建筑考古、宋金墓葬，我做了不少。西周墓、汉墓也做了一些。我和考古所的3个钻工，我们4个人钻了半年，从那以后学会了钻探，我是从钻探入手学习发掘的。

张： 您的经历，现在的学校可培养不出来。

陶： 本本是必要的，实践是主要的。我见过好多科班出身的学生，理论懂得不少，一碰到实际纯外行。

张： 对，您这个看法跟柴泽俊一样。他也是完小毕业，边看边学。他说

▲ 图10 2014年和吴新智院士

应县木塔要落架大修，很多搞力学的说应该怎么怎么弄，柴老师说不行，你这么弄会破坏原来的结构，会塌，现在塌不了过几年肯定塌。他有经验。我们当时问他壁画的问题，宋辽金元时期的壁画为什么能很好地保存下来？他说因为泥皮结实。泥是怎么和的，在太阳地下怎么晒，要多少时辰，都有讲究，书本上学不到，这都是实践。

陶：他是受益于永乐宫搬迁。那几年，把建筑构件吃那么熟，学下了真东西，这才成了古建筑专家。

张：您对风水有研究，也是自己看书揣摩的？

陶：对。我主要看阴宅，这个跟发掘墓葬有关。挖墓就得看走向、方位、周围的环境，道理是通的。然后再找这方面的书看，去琢磨，这个田建文就知道。

张：晋国的墓葬也讲风水？我还以为战国以后才会有。

陶：西周初期就有了。中国的风水学本来是纯自然风水，汉代以后加进许多迷信的东西，郭璞的《葬经》里边有很多迷信成分。纯自然风水新石器时代就开始了，虽然没有形成文字，但作为观念、民俗存在。比如说选址，要地势平坦，阳光充足，前边靠河，后边靠山，要保险、安全。好多新石器遗址选址的特点，后来被风水家总结起来，什么近水、平坦、向阳，哪边有避风，哪边藏风聚气。

张：是按照活人的感受，活人住着合适舒服，是宜居之地，死后也是好风水。

陶：对了，最早的风水应该产自阳宅，产自人类对自己生活居住条件的选择。后来，人类有了宗教意识，要解决灵魂的归宿问题、对待死者的情感问题，就产生了葬礼、葬仪。

张：事死如事生。郭璞是闻喜的，离这儿也不远。《晋书》里有郭璞的传，记载了很多占卜风水的事情，好像还很灵验。

陶：《晋书》已经把他美化了，有些就是胡说八道。司马光有一篇文章，收在《司马温公文集》里，提出风水七条，他也不信这个。我准备写一篇文章，专门讨论这个问题。

张：不同时代的风水学有什么差别吗？

陶：大规律都差不多，所有的风水都离不开环境、气候。比如说北派风水讲究坎宅、巽门，这绝对没有问题。我这个院子就是北方的经典院落，必须这边开门。如果坎宅开乾门，那就是凶门。但是长江以南都开乾门。为什么呢？我们这儿如果开了乾门，一到冬天西北风就都进来了，而南方如果开了巽门，潮水一来，台风一来，顺着门，"哗"就进来了，所以不能开，不吉利。

张：所谓吉凶，就是根据自然形势，添加上人事上的因素，本来是生活上的便利问题，后来就成了吉凶休咎。

陶：对了。我现在给人看坟地，主要是选择符合藏风聚气特点的。实在不符合，那就算了。哪里黄土不埋人呢？埋了就完了，就这么回事儿。完整的好风水，皇帝家都要求不了，要不中国的封建社会也不会完了。（哈哈）

张：陶老师，听说以前你淘了一个好东西，实在忍不住，写了篇文章发表了，国家就把那个宝贝给没收了，这是真的假的？

陶：有这事。那是从清代的一个墓葬里发掘出来的。墓已经被盗得很厉害，但在清理棺材的尾部时，我发现这把紫砂壶，做工、品相都很好。自己留下把玩了好多年，后来想烧包一下，就写了一篇文章寄给《文物》。文章发表了，东西引起关注。故宫几个文物大家来侯马鉴定，原来是省级，他们一看，二话没说，定了国家一级文物。一篇文章把个几百万的东西没了。（哈哈）

张：真事倒是真事，只不过不是没收，是上交。

陶：墓葬出来的东西都是国家的，反正也不是我的。这是清代的。另外一个是明代的龙纹石匣，是我们搞博物馆时从老乡手里200块钱收下的，买下以后就放那儿了。后来又烧包得不行，觉得这么好的东西，应该宣传宣传，写了文章，让梁子明拍了照片，又投给《文物》发表了。专家又来了，鉴定之后，异口同声说一级，又成了国家的了。这是真的，做文物这一行这种事情难免，贪污也就贪污了。但是我没有贪污的本性，干不了这事儿，主要就是烧包写文章。

张：要不还能多玩两年。

陶：过去有规定，搞文物、考古、博物的，不能搞收藏，这是个职业道德问题，也是个人的操守问题。否则，你每天接触这些，又懂行，看见哪个好就抓，都发大财了。我们这一行，我不能说百分之百，绝大部分都有这个操守。我就是之一，决不搞收藏，也没有收藏，说不清。玩玉倒是可以，那是新的。我们发掘永宁堡西周9号墓时，铜器都被盗了，但是玉器散落了一地，几百件，大家一件一件捡，没有一个人敢拿一件。当时要是弄一个回来，现在可是值钱了。（笑）

张：陶老师，丁村这种民居院落，都是有钱人家才能盖的吧？

陶：有钱没钱，盖房的风格都这样，就是用料、规模大小有些差别。这个地方可怪了，他不胡盖，财力不够，分几十年盖，一代人盖不起，两代人继续盖。这代人盖北房，下一代盖厢房。这是我们中国人，我们中华民族，一丝不苟做事的精神所在。盖房子烧的砖，都是兢兢业业的。你看明清建筑上那些砖，多规整，那个泥和得多瓷实呀。工匠把砖泥放在砖模子里，用手往开推，四角都要推匀，染上手印儿。你想想他做的这块儿砖出来，质量有多高！为什么现在有人拿这些砖当砚台？拿起来敲，"当当当当"地响，是金属声，多结实，多美观！古人做的一种空心砖，也叫琴砖，因为它下边是空心的，弹琴的时候，把琴放上去，下边就是个共鸣箱，琴声也因此更浑厚，更优雅。这是咱们老祖宗做事的精神。

陶先生喜欢散步，有时候三两人信步闲谈，更多的时候是独自行走，边走边看边想。田老师说这样的散步也是消化、反刍的时候，襄汾土话叫"吃砖拉塔",十分形象。有时候突发奇想,一个人从 30 多岁就这么走到 80 岁,在同一片土地上,眼前不仅有 40 座古色古香的明清大院,还有那么多发掘过古化石的考古地点,信手拈来,空间没变,时间上却从十几万年前丁村人的打猎捕鱼一直延伸到当下,见面问候的声音犹在耳畔,丁村独特的臊子面的香味又扑入鼻端。古耶?今耶?今夕何夕,身在何处?想到这,不知脑子会不会乱?

陶先生经常说自己是烧包,而且,身边的襄汾同道还为数不少。察其言,观其行,这样的自诩,分明又是一种肯定。因为其中贯穿了一种严格的专业精神,有对生活的珍惜热爱和透彻理解,不好高骛远,能实事求是,无需自设畛域,心安即是真诚,天道与地气由此贯通,学问与生命血肉相连,难解难分。如此说来,可谓之"烧包精神",放之四海,以利苍生,不知陶、田诸先生以为然否?